马克思主义哲学与现代文明

马克思主义哲学与现代文明

马克思主义研究的学术化探索

徐长福 ◎ 著

社会科学文献出版社
SOCIAL SCIENCES ACADEMIC PRESS (CHINA)

　　项目说明：本文集的部分论文为教育部新世纪人才支持计划（编号为 NCET－06－0738）和教育部人文社会科学重点研究基地重大项目"马克思主义视野中的西方自由思想传统"（编号为 06JJD710010）和中山大学三期 211 项目"意识形态与学术的关系"的阶段性成果。

伟大的时代要求：
马克思主义与中国现代化实践相结合

（总序）

  坚持马克思主义哲学研究与中国现代化建设相结合，这既是在中国推进马克思主义哲学研究的必然要求，也是中国进行现代化建设的需要。

  如果说 1840 年鸦片战争以来，外国列强用枪炮使中华民族第一次直面他们所输出的"文明"——一种扭曲的和以野蛮的形式表现出的现代文明的话，那么洋务运动、戊戌变法和辛亥革命等则是中国人自觉地进行自己的现代化运动的尝试。这些尝试不论涉及的是新的物质文明生产方式还是社会制度层面上的变革，都先后以失败告终。在深重的历史灾难和民族危机面前，中国共产党人作为民族的先锋队和无产阶级的先锋队自觉地选择了马克思主义，从文化层面上为中国现代化奠定了基础。从这个时候开始，中国人民才真正地开始自己气势磅礴、创造历史的现代化进程。马克思主义不仅成为中国共产党人领导中国现代化运动的指导思想，而且成为主导中国现代化运动的文化基础的核心和理论支柱。从这个意义上说，中国的现代化运动是与中国共产党人对于马克思主义这一指导思想的选择分不开的。中国共产党人选择了马克思主义，由此开创了中华民族迅猛地迈向现代文明的崭新历史时代。中国共产党人以马克思主义思想为指导，带领中国人民所进行的革命和建设，应该从中华民族走向现代文明的历史高度来理解。如果从这个角度来理解，那么马克思主义中国化的历史也就是中国共产党人把马克思主义和中国现代化的实践结合起来的历史，也就是马克思主义指导中国现代化运动的历史。马克思主义和中国共产党人所开创的现代化的事业的结合不仅使中国的现代化事业不断地走向辉煌，而且使马克思主义在中华大地上不断地得到新的发展，使马克思主义走向一个又一个崭新的历史阶段。毛泽东思想和中国特色社会主义理论体系就是马克思主义理论和中国现代化实践相结合的过程中产生的理论成果，就是中国共产党人运用马克思主义的立场、观点与方法解决中国现代化运动的不同历史阶段现实问题中凝结而成的思想精华。

马克思主义和中国的现代化运动相结合，并成为中国现代化运动的指导思想和文化核心，既是历史的机遇，又是时代的必然。"十月革命一声炮响给我们送来了马克思主义"，这只是就马克思主义在中国传播的历史机遇来说的。而从时代的必然性来看，当资本主义的文明以血与火、枪和炮的形式与中华民族遭遇的时候，中国人民一方面深刻地体会到自己在物质文明方面的落后，产生了对现代物质文明的向往；另一方面又对这种以血与火、枪和炮的形式表现出来的制度和文化产生了强烈的感情上的反抗和深刻的思想上的反思。这种以血与火、枪和炮的形式表现出的资本主义制度和文化就是我们应该追求的现代文明吗？有没有另一种不同的现代文明形式呢？从一定意义上说，新文化运动与其说是新旧文化之间的冲突和论战，不如说是对新的中国式的现代文明的寻思——对一种既不同于中国的传统文明形式，又不同于现代资本主义制度和文化的全新的文明形式的思考。五四运动时期所产生的那些形形色色的主义，从中国的现代化历史进程的角度来考察，不正是人们对新的现代文明形态的思考和理论诉求吗？而马克思主义从它产生的一开始就是一种对当代资本主义文明的批判和反思的理论体系。这个理论体系不仅触动了资本主义文明的基础，对它的制度和文化进行了深入的分析和批判，而且勾画了一个超越既有的所谓"自由"、"平等"的社会制度安排的，以追求"人类解放"为目标的崭新文明形态。马克思对资本主义的现代文明的批判不是什么后现代主义的，而是要解答资本主义现代化进程中所出现的致命性问题，致力于探讨一种不同于资产阶级的"理性王国"的"自由王国"。马克思在理论上所探索的东西正是中国共产党人在实践上所追求的东西。由此，把马克思主义和中国的现代化建设的实践结合起来就成为中国共产党人的必然的选择。

马克思主义和中国现代化的结合是一种历史的必然。马克思主义和中华民族走向现代文明的历史运动相结合不仅使中国的现代化不断地迈上一个又一个新的历史台阶，而且使马克思主义得到一次又一次的新的发展——毛泽东思想、邓小平理论和"三个代表"重要思想以及科学发展观等等。虽然在不同的历史时期，中国共产党人所面临的历史任务不同，但是中国共产党人带领中国人民所为之奋斗的历史目标都是一致的，这就是建设一个富强文明的新中国。这是一个崭新的东方文明国家，是一种新的现代文明形式。今天，我们建设中国特色社会主义就是要建设这样的新的文明形式，就是要努力使马克思主义理论在中国得到实现。

马克思主义从产生的一开始就探讨一种不同于资本主义文明的现代文明形式——一种超越既有的形式主义的自由、平等和实现人类解放的"自由王国"。中国共产党人所领导的中国的革命和实践也是要实行一种不同于资本主义的崭新的现代文明形式——建设中国特色社会主义。以马克思主义指导中国的社会主义现代化运动，既是马克思主义自身发展的要求，也是中国的现代化运动的必然要求。正因为如此，马克思主义在中国的发展离不开对世界现代化历史进程的反思，离不开对中国的现代化运动的深刻思考。离开了对现代文明的深入思考，离开了对中国现代化实践活动的深入分析，马克思主义的发展和创新就成为脱离实践基础的空中楼阁，成为无根基的形而上学的玄思。或者用维特根斯坦的话说：在这里，我们的语言"放假了"。反之，如果我们的现代化建设离开了马克思主义的指导，那么就有可能使我们的现代化运动偏离从物的奴役和人对人的奴役中摆脱出来的"人类解放"这一现代性的主题，滑入一种"野蛮"的现代性。由此，我们认为，中国的现代化的发展离不开马克思主义，而在中国要实现马克思主义的理论创新和发展，也离不开中国人民的轰轰烈烈的现代化运动的伟大实践。只有把马克思主义哲学的研究和不断深化的现代化运动结合起来，中国的马克思主义研究才能真正地结出累累硕果；同样，只有以马克思主义为指导，中国的现代化建设才能避免资本主义的现代化所走过的曲折老路。这就是中山大学马克思主义哲学与中国现代化研究所的根本立意，也是我们编辑和出版这套丛书的基本思想。

我们说，马克思主义哲学是一种批判的哲学。因为马克思是在批判资本主义的过程中阐明自己的本体论、辩证法、历史观和认识论的，西方马克思主义的某些学者甚至直接把马克思主义贴上"批判理论"的标签。但是，马克思主义哲学又不仅仅是一种批判的哲学。马克思强调，他的理论工作就是要在"批判旧世界"中发现和建设"新世界"。因此，完整地理解马克思主义哲学的基本功能，我们可以说，马克思主义哲学既是批判的哲学，又是建设的哲学；既是革命的理论，又是建设的理论。马克思就是在批判资本主义文明形式的基础上致力于从理论上探讨建设"自由王国"的可能性和途径的。如果落实到我们今天的现代化建设来说，我们可以认为，马克思主义哲学的研究既要有批判，也要有建设。从批判的角度来看，马克思主义哲学就是要不断地反思迄今为止的现代文明发展的历史过程中所出现的问题、矛盾、挫折和教训，批判一切反文明、反文化和反人类的丑恶现象，深入思考现代文明发展过程中所出现的各种自我矛盾，特别是受资本主义现代化影响而出现的种种异化现象，探讨这些问题、矛盾产生的根源和解决的途径。从建设的角度来说，马克思主义哲学就是要积极地思考建设新形式的现代文明的可能性和途径，探讨中国现代化建设的道路、途径和方法，努力避免社会建设过程中出现形式上的自由平等、实际上的新奴役结局，努力以马克思主义所追求的新的文明价值矫正我们实践中的偏差，把以"每个人的自由发展"为目标的"自由王国"的理想和现代化的建设实践结合起来，促进中国特色社会主义建设的健康发展，为推动人类文明的进步，为当代世界现代文明的发展作出开创性的贡献。

近年来，中共中央一再提出进一步繁荣哲学社会科学的战略要求，并把繁荣哲学社会科学作为建设中国特色社会主义现代化的一项战略任务，从中华民族的伟大复兴和开创中国特色社会主义现代化事业的新局面的战略高度来阐述这种要求对于中国社会主义现代化建设历史进程的重要意义。而实施马克思主义理论研究和建设工程是其中的一项重要的任务。本丛书的主旨就是要为这个建设工程贡献自己的力量。它立足于把马克思主义和中国现代化的实践相结合，坚持马克思主义的基本价值向度，坚持从当代中国现代化的实践以及人类的现代化进程中汲取营养，推进马克思主义哲学的研究，并力图以马克思主义哲学为指导，为当代中国现代化建设，为社会主义和谐社会的建设作出贡献。中国现代化建设的伟大事业需要马克思主义提供精神上的资源和价值上的引导，而马克思主义需要在实践中不断丰富和创新。把理论和实践结合起来既是马克思主义的理论传统，又是中国共产党人的革命和建设的传统。只有把马克思主义和中国的现代化建设结合起来才能为马克思主义在中国的创新和发展作出应有的贡献，而把马克思主义的研究和中国的现代化建设结合起来也必定能够为马克思主义的理论研究和发展作出贡献，为中国的现代化建设作出贡献。从这一意义上说，我们认为，实现这一结合是当代中国马克思主义研究者肩负的时代使命。

中山大学马克思主义哲学与中国现代化研究所

目录 CONTENTS

专题一　关于马克思主义研究的学术性

专题二　关于马克思的人论

作者说明

　　编这本论文集，不是为了把零散的文章凑到一起，而是为了集中表明一下自己作为高校马克思主义哲学学科的研究者的一种专业追求，即：把马克思主义研究变成一门严格意义上的学问。我把这种追求叫作"马克思主义研究的学术化"，文集是有关探索过程的记录。

　　这里共收录了18篇已公开发表过的论文。最早一篇是《本文与解释——论马克思主义哲学解释的学术规范》，写于1997年初秋；最近一篇是《认知先于修辞——马克思恩格斯意识形态观的核心原则》，成稿于2010年1月。这些论文被分为五个专题，每个专题的文章按时间先后编排。为了保持原貌，我对论文的内容和基本格式未作修改。这里对原发刊物表示感谢。

　　我还有一些属于这个主题的论文，因已收入《走向实践智慧——探寻实践哲学的新进路》（社会科学文献出版社，2008），故不在这里重复收录。

　　具体观点都表达在各篇论文中了，这里简单交代几句，权作向读者诸君的致意吧。

2010年4月13日记于

中山大学马克思主义哲学与中国现代化研究所工作室

唯有马克思与没有马克思

——马克思逝世 120 周年感言
（代前言）

　　马克思本人已经沉默 120 年了，并且还会一直沉默下去，但马克思的思想却从未停止过说话，相信永远不会停止。这 120 年，是一个"唯有马克思"与"没有马克思"相冲突的时代。社会主义世界致力于把马克思的旗帜插遍全球，而资本主义世界则恨不得将马克思的影响消除干净。如今，一个新的时代正在向我们走来，这应是一个既非"唯有马克思"也非"没有马克思"的时代。

　　"唯有马克思"是指这样一种状态。首先，马克思的学说是唯一的真理体系。由于这一真理体系的建立，先前人类的所有理论体系都终结了，或者说都不能以活的形态存在了，更不能跟马克思的理论平起平坐了。它们的合理之处已作为营养成分被马克思的学说所吸收，因而不再有单独存在的价值。并且，由于已经有了马克思的学说，任何与之不同的新学说都不再必要，即使制造出来，也注定是谬误。因此，马克思的学说必须"空前绝后"。其次，马克思学说的真理体系具有无限开放性。马克思无疑没有穷尽真理，他的一些论断也可能会被时间所淘汰，但作为真理体系，它具有无限的开放性。因此，后人只须将马克思的学说不断发展，就能使它足以在任何时代都是唯一的真理体系。再次，马克思的学说是全部人类知识的总纲领。马克思尽管不是一个自然科学家，也没有将人文社会科学领域全部研究过，但他的学说是人类既往所有知识的最高概括和获取新知识的唯一正确的指导思想。因此，不管人类知识领域出现何种新的局面，发展了的马克思主义仍会是其中当然的统帅。最后，马克思的学说是人类实践的唯一指南。马克思断言了人类历史的唯一走向和人类社会的最终形态，这是没有商量余地的。所以，不管历史的风云如何变幻，社会的运动如何曲折，方向和终点是确定无疑的。马克思主义真理体系的无限发展必将保证人类实践在任何情况下都会得到正确而有效的指引。跟上述看法相对应的还有一系列做法，我们对之并不陌生。

"唯有马克思"的状态是迄今为止人类主流的思维方式的产物。这种思维方式尤其被西方文明突出地加以发挥，并在近现代科学和意识形态（思想体系）中趋于完备。它的一个显著的特点就是把无限复杂的异质性的世界还原为一套逻辑自洽的命题系统，并用这套逻辑系统去代替世界本身。它的句式就是"唯有……"结构。该句式不仅适用于马克思，也广泛适用于其他对象。对马克思和马克思主义者来说"唯有马克思"，对柏拉图和柏拉图主义者来说就"唯有柏拉图"，对孔孟程朱来说就"唯有儒家"，对基督徒来说就"唯有基督教"，对自由主义者来说就"唯有自由主义"……对当今美国人来说就"唯有美国"。

"唯有……"的反面就是"没有……"。这种思维方式服从简单的逻辑规则，毫无费解之处。"唯有马克思"自然意味着"没有任何他者"，所以诸如"与传统观念实行最彻底的决裂"、破"四旧"、打倒"牛鬼蛇神"、"狠斗私字一闪念"、向资本主义世界开战之类便毫不奇怪。同理，对于任何一个他者来说，"唯有"他自己也就意味着"没有马克思"。所以，不管在正统自由主义者那里，还是在忠实的儒家传人那里，抑或在其他学说的信徒那里，马克思都是他们要加以否定的，尽管他们之间也互相否定。人类历史上由"唯有自己"而"没有他者"所造成的悲剧不胜枚举。即使最"宽容"的美国不也正在对一切"非自由主义"各个击破以便造成一个"没有非自由主义"的世界吗？"没有非自由主义"，自然也就"没有马克思"。

可是，如果"没有马克思"，谁来替穷人说话呢？迄今为止，马克思仍然是人类历史上唯一一位完全站在穷人立场上说话的思想大师，是代表穷人向富人抗争的最杰出的精神领袖，他的学说是名副其实的"无产阶级的世界观"，是无产者向有产者讨还公道的最强有力的理论支持。只要这个世界上还有穷人，就不能"没有马克思"，否则贫富的失衡就得不到矫正，这个世界就迟早要倾覆。其次，如果"没有马克思"，谁来指证资本的恶行，遏制资本的僭妄？从马克思那个时代起，资本就一直是这个世界的主宰力量，它呼唤出了源源不断的财富，又制造出了无数的血腥和灾难。全球化在经济层面上就是资本化，资本的势力如今已达到无以复加的地步。马克思是资本最大的敌人，他的思想和所开创的事业尽管没有将资本打倒，却起到了有效的制约作用。只要这个世界还由资本统治，就不能"没有马克思"，否则，资本就会肆无忌惮、恣意妄为。再次，如果"没有马克思"，谁来鉴照我们物化的生活，开显我们本真的生命？现代文明是一种竞相追求对外物的无止境的占有的文明，其间，谁拥有的资源、财富和"无形资产"越多，谁的生命就显得越有价值。可马克思告诉我们，人本有无比丰富的属性和需要，人生的本真意义在于自由自觉地全面发展自己的生命潜能，而那种将人的一切内外丰富性统统还原为一种单纯占有感觉的人生是一种物化的人生，是人性异化的表现。只要我们还不得不生活在现代文明中，马克思就是一面鉴照我们生命缺陷、帮助我们反省的不可多得的明镜。最后，如果"没有马克思"，谁替我们计虑和守望此岸的圆满？人是一种注定有限却要求圆满的存在。马克思之外的思想大师，或者把圆满悬设到彼岸，或者劝人安于此岸的不圆满，只有马克思才替整个人类谋求此岸的圆满。不管此岸的圆满是否可能，正如不管彼岸的圆满是否可能一样，只要有人替我们计虑长久，守望一方，我们的内心就可以多一份安宁，我们从蝇营狗苟中超拔出来就有了新的希望和可选择的方向。

事实上，自从有了马克思，这个世界上就从来没有真正出现过或者"唯有马克思"或者"没有马克思"的局面。亦如孔子之后从未有过或者"唯有儒家"或者"没有儒家"的局面，耶稣之后从未有过或者"唯有基督教"或者"没有基督教"的局面一样。不管人们如何为"独尊一家、罢黜其余"而争讼不息，流血不止，这个世界实际还是处在由孔子、耶稣、马克思等的信徒们分有的状态中。并且新的思想家还在不断涌现，即使无情打杀也禁锢不了。旧的不能抹去，新的还要产生；只见其多，不见其少。世界是无限丰富的，它不可能只要求一种解释去跟它匹配；人类生活是无比复杂的，对它的指导也不可能由一种学说来包办。茫茫宇宙，芸芸众生；即使殚精竭虑、协力同心，人类也未必能够洞悉万象，把握命运，怎么会嫌思想太多而搞"只此一家、别无分店"呢？

当然，仅仅在马克思之外承认其他思想家的地位，或在其他思想家之外承认马克思的价值，这是远远不够的。我们是因为表象世界的杂多纷乱才需要思想的，如今不能认为只要简单地承认思想世界也同样杂多纷乱就算解决了问题。更艰巨的工作还在后头，这就是：一方面要给每一种既有的思想理论厘定其适用的领域和限度，另一方面要给新的思想生产提供具有自我限定功能的思维程序。如果每一种人类思想体系及其边界都能尽量划分清楚，人类的实践就可以"实际联系理论"——根据实践活动所涉及的领域和问题的不同而自主采纳不同理论，以尽量发挥各种理论之所长而避免其僭越的弊端。

　　至于马克思，我要问的是：有没有不属于"马克思"的领域？有没有非"马克思"莫属的领域？或者说，比"唯有马克思"和"没有马克思"更加合理的状态是什么？我不知道这些在马克思逝世120年后所提出的问题，能否在下一个120年中得到解答。

　　说明：写于2003年2月26~27日，发表于《现代哲学》2003年第2期。

专题一
关于马克思主义
研究的学术性

本文与解释

——论马克思主义哲学解释的学术规范

  在今天，我们这些既从事马克思主义哲学教学又从事马克思主义哲学研究的人大多有这样的感受：教坛上由教育行政部门所规定的马克思主义哲学和论坛上由大多数论者所解释的马克思主义哲学差异日大，以至于我们不得不使自己分身，在做教师时讲授一套马克思主义哲学，在做学者时又去谈论另外一套马克思主义哲学，并且设法保持两套哲学的明确界限，以免违反纪律或与时尚不合。虽然许多人对此已经习以为常，但这种情况无论如何是不正常的。这就引出了如何解释马克思主义哲学以及什么样的解释更符合马克思主义哲学本文（text，或作"文本"——笔者注）的问题。由于这个问题事关重大，因而不宜轻率置议。但考虑到每年仅在普通高校就有数十万学生学习马克思主义哲学这一事实，该问题毕竟不能回避。鉴于此，笔者愿意先提出和讨论一个初级的和中性的问题，以为大家进一步的探索作一铺垫。

  我想说的是马克思主义哲学解释的学术规范问题。不管你赞成马克思主义哲学，还是反对马克思主义哲学，也不管你认为马克思主义哲学是辩证唯物主义和历史唯物主义，还是认为它是实践唯物主义抑或别的什么主义，更不管你是编教科书，还是写专著，只要你在解释马克思主义哲学，你就必须遵守共同的学术规范。这个道理应该再基本、再简单不过了。可是，在此前的马克思主义哲学解释活动中，解释的著作汗牛充栋，可解释的规范很少建树，由此造成了大量缺乏学术意义的解释冲突。那么，究竟什么是马克思主义哲学解释的学术规范呢？让我们从有关教科书与本文关系的一组事实从容说起。

一　现行教科书的本文背景

毋庸置疑，迄今为止，对马克思主义哲学最权威的解释是以"辩证唯物主义和历史唯物主义"命名的解释。这种解释一开始就以体系化的教科书形式出现，更增加了它的权威性。它形成于1938年联共（布）中央特设委员会所编《苏联共产党（布）历史简明教程》一书中斯大林所著第四章第二节"辩证唯物主义与历史唯物主义"；其中国化版本，改革开放前主要有艾思奇所主编的《辩证唯物主义历史唯物主义》各版，改革开放以来主要有中国人民大学哲学系所编的《辩证唯物主义和历史唯物主义原理》各版。此外，单在我国，由各教学、宣传单位，特别是各高校自编的、内容和体系雷同的版本，按此类单位数，特别是高校数和版次更替周期推算，当不下千种。所有这些不同版本的解释，其篇幅大小、章节安排、表述方式、事例选取、语言风格等可能各有不同，但其本文背景是完全相同的。

1977年10月，人民出版社出版了一套马列著作选读，其哲学部分叫作《马列著作选读　辩证唯物主义和历史唯物主义（选编本）》。这是一部权威读物，虽然没有包罗这种解释体系所依据的全部本文，却大致反映了其所依据的不同经典作家所著本文之间的结构关系。书的开头部分选编了列宁的《马克思主义的三个来源和三个组成部分》、《卡尔·马克思》（摘录）；恩格斯的《路德维希·费尔巴哈和德国古典哲学的终结》。"辩证唯物主义"部分选编了马克思的《关于费尔巴哈的提纲》、《〈资本论〉第1卷第二版跋》（摘录）；恩格斯的《反杜林论》（摘录）；列宁的《唯物主义和经验批判主义》（摘录）、《辩证法的要素》、《谈谈辩证法问题》。"历史唯物主义"部分选编了马克思的《〈政治经济学批判〉序言》（摘录）；恩格斯的《致康·施米特（1890年10月27日）》（摘录）、《致约·布洛赫（1890年9月21~22日）》（摘录）、《家庭、私有制和国家的起源》（摘录）、《〈社会主义从空想到科学的发展〉英文版导言》（摘录）；列宁的《国家与革命》（摘录）、《无产阶级专政时代的经济和政治》（摘录）、《共产主义运动中的"左派"幼稚病》（摘录）；斯大林的《和德国作家艾米尔·路德维希的谈话》（摘录）。一看即知，这些本文是完全按照"辩证唯物主义和历史唯物主义"的解释体系编排的。在该书中，马克思、恩格斯、列宁的本文所占页数分别为13、193、130，比例约为1∶15∶10。马克思本文所占比重如此之小，特别是与恩格斯本文之比如此悬殊，恐怕是许多人不曾留意到的。这说明，由斯大林亲自制定的"辩证唯物主义和历史唯物主义"解释体系所依据的主要是恩格斯和列宁的本文，而不是马克思的本文。

如果这套选读还不足以说明问题的话，我们再来看看教科书本身。在中国，艾思奇主编、由人民出版社出版的《辩证唯物主义历史唯物主义》具有相当的权威性，特别是其第3版出版于1978年4月，在历史转折时期承前启后，更具有代表意义。该书第一章"绪论"讲哲学基本问题，主要本文依据是恩格斯的《路德维希·费尔巴哈和德国古典哲学的终结》。第二章至第九章为"上篇　辩证唯物主义"。第二章"世界的物质性"、第三章"物质和意识"，主要本文依据是恩格斯的《反杜林论》、《自然辩证法》、《路德维希·费尔巴哈和德国古典哲学的终结》和列宁的《唯物主义和经验批判主义》等。第四章"对立统一规律"，主要本文依据是恩格斯的《自然辩证法》、列宁的《哲学笔记》和毛泽东的《矛盾论》等。第五章"质量互变规律"、第六章"否定之否定规律"、第七章"唯物辩证法的基本范畴"，主要本文依据也是上述诸篇。第八章"实践和认识"、第九章"真理"，主要本文依据是列宁的《唯物主义和经验批判主义》和毛泽东的《实践论》等。可见，在整个上篇，就基本原理而言，我们几乎看不到马克思的本文背景。第十章至第十六章为"下篇　历史唯物主义"，这一部分的本文依据较为复杂。第十章为"历史唯物主义和历史唯心主义的根本对立"，第十一章为"生产力和生产关系"，第十二章为"经济基础和上层建筑"，第十三章为"阶级和国家"，第十四章为"社会革命"，第十五章为"社会意识及其形式"，第十六章为"人民群众和个人在历史上的作用"。马克思的《〈政治经济学批判〉序言》无疑是核心的本文依据，此外，《哲学的贫困》、《共产党宣言》、《法兰西内战》、《哥达纲领批判》等也成为第十一至十四章中一些观点的直接的本文依据。不过，就把马克思的有关观点仅仅处理为历史观（这种历史观与自然观或世界观相对而言）而论，该书的本文依据则主要是恩格斯和列宁的，至少与马克思本文无关；这些本文主要有恩格斯和列宁介绍和评价马克思和马克思主义的一些文章。此外，恩格斯的上述诸篇和《家庭、私有制和国家的起源》，列宁的上述诸篇和《什么是"人民之友"以及他们如何攻击社会民主主义者?》、《国家与革命》、《无产阶级革命和叛徒考茨基》、《共产主义运动中的"左派"幼稚病》等，也是这一部分的主要本文依据；普列汉诺夫的《论一元论历史观之发展》、《唯物主义史论丛》、《论唯物主义历史观》等在从恩格斯到列宁的这条解释思路中有过渡作用，也可视作这部分的本文依据；斯大林、毛泽东的一些著作也是这部分一些观点直接的本文依据。可见，在该书中，马克思本文与其他经典作家本文的比例与前述比例并无大的出入。

虽然改革开放以来，特别是九十年代以来，在各种"辩证唯物主义和历史唯物主义"教科书的最新版本，包括中国人民大学的版本中，解释体系所依据的马克思本文的比重在不断增加，但畸轻畸重的比例关系并未改变。

二　马克思主义哲学本文及其解释过程

在"辩证唯物主义和历史唯物主义"教科书的本文背景中，马克思的本文所占比重如此之小，原因何在？是不是因为马克思的哲学本文本来就少呢？为了解答这个问题，我们有必要对马克思主义哲学本文的基本状况及解释过程作一简要考察。

依笔者所见，从本文与解释的关系的角度，可以把马克思主义哲学的本文分为绝对本文和相对本文两大类。绝对本文指在特定学说的解释历史上，仅仅充当解释对象的文献。相对本文指在特定学说的解释历史上，既解释先前的本文又充当后续解释的对象的文献。如是，在马克思主义哲学文献中，只有马克思的著述才是完全的绝对本文。恩格斯作为马克思主义哲学的创始人之一，其著述大部分为绝对本文，少部分评介马克思和马克思主义学说的著述则属相对本文。在恩格斯之后，那些被公认的马克思主义哲学经典作家，其著述均为相对本文。这样划分，并不是说相对本文不重要，但绝对本文是源，相对本文是流，这一点还是要明确的。因此，暂时撇开恩格斯以后的相对本文，先弄清马克思和恩格斯本文的基本情况，有助于解决我们正在讨论的问题。

与其他经典作家的本文分别成集不同，马克思和恩格斯的本文是合在一起的，这在客观上使一些情况变得模糊。为了查清马克思和恩格斯各自本文的数量情况，笔者对《马克思恩格斯全集》中文版（指第一版——笔者注）中马克思和恩格斯的各类著作总量和哲学著作总量进行了逐篇统计。统计的规则如下：（1）《马克思恩格斯全集》中文版 1~50 卷之外的著作、整个第 27~39 卷（即书信部分）、其他各卷中的文学作品和笔记（包括马克思的《民族学笔记》）不在统计之列；（2）合著的著作绝大部分无明确分工，故在统计个人各类著作总量时全部按一人一半处理，而在统计哲学著作总量时，则有明确分工的著作（如《神圣家族》）如实计算，其余著作按一人一半处理；（3）凡在国内较为流行的马克思主义哲学史著作（如黄楠森、庄福龄等人的有关著作）中被专门论述，以及在其他类型的哲学著述中被经常征引的著作，包括一些经济学著作和历史著作，均被视作哲学著作，——虽然对哲学著作的认定缺乏在技术上客观的标准，但这里的统计对两位被统计者所采用的标准是一样的，因此其结果是可以用来说明有关问题的；（4）统计以篇而不以章或节为单位。下面是统计结果。

第一部分，各类著作总数。在《马克思恩格斯全集》第 1~26 卷中，马克思所著 9850 页，恩格斯所著 7139 页，二人合著 2067 页。在第 40~50 卷中，马克思所著 4781 页，恩格斯所著 1186 页。两项相加，马克思所著共 15664.5 页，恩格斯所著共 9358.5 页，比例为 1:0.6。第二部分，哲学著作总数。为了便于读者稽核，我把各卷之中由我所确认的哲学著作数列在前面，总数加在后面。马克思的哲学著作：一、417，二、246，三、321，四、185，六、34，八、111，九、8，十二、33，十三、175，十五、4，十六、3，十七、55，十八、209，十九、51，二十三、835，四十、264，四十二、178，四十四、2，四十六、514 + 545 = 1059。共计 4190 页。需要说明的是，考虑到《马克思恩格斯全集》第 24~26 卷所收录的《资本论》第 2、3、4 卷和第 47~50 卷所收录的"经济学手稿"、《资本论》草稿在哲学含量上较其他经济学著作为少，故未作统计。恩格斯哲学类著作：一、81，二、364，三、366，四、48，七、101，十二、6，十三、12，十六、16，十七、2，十八、59，十九、222，二十、696，二十一、242，二十二、86，四十一、97。共计 2398 页。需要说明的是，恩格斯的历史著作（如研究德国农民战争和日耳曼人历史的著作）具有很深的哲学底蕴，故亦在统计之列。马克思和恩格斯哲学著作的比例为 1:0.6。这两个 1:0.6 在统计上是一个巧合，但至少可以说明：马克思的本文，不论就总量看还是就哲学类的数量看，都明显多于恩格斯的本文。

一个是 1:15，一个是 1:0.6，如此巨大的反差是怎样造成的呢？这得追溯马克思主义哲学本文，特别是马克思的哲学本文的解释过程。

　　马克思主义哲学本文的解释活动是从恩格斯开始的。对于马克思主义，包括马克思主义哲学来说，恩格斯既是创始人之一，又是第一个解释者。恩格斯的解释的关键是两个基本框架：一是关于马克思主义学说的组成部分的框架，二是关于马克思主义哲学的组成部分的框架。第一个框架形成于《反杜林论》（写于 1876 年 9 月至 1878 年 6 月），表现为恩格斯将该书分为"哲学"、"政治经济学"和"社会主义"三编，以批判杜林的《哲学教程》、《国民经济学和社会经济学教程》、《国民经济学和社会主义批判史》。后来列宁将马克思主义学说明确分为哲学、政治经济学和社会主义三个组成部分，就是以此作为最初的权威根据的。在这样的解释框架中，马克思所有的经济学著作既然已经划入政治经济学范畴，自然就不再被当作哲学本文来看待了。还有一些著作，如《共产党宣言》等，主要被看作社会主义文献，因而也不再计入哲学范畴。这样一来，马克思的哲学本文就比前述四千多页要少一大半。如果再除去马克思生前没有公开发表的著作，如《1844 年经济学哲学手稿》、《德意志意识形态》等，马克思的哲学本文就更少了。第二个框架是恩格斯在"辩证法不过是关于自然、人类社会和思维的运动和发展的普遍规律的科学"（出自《反杜林论》，见《马克思恩格斯全集》第 20 卷第 154 页）这一类说法中逐步加以明确的。在恩格斯看来，马克思主义哲学至少可分为自然观、历史观和思维观几部分，马克思的主要贡献是提出了唯物主义历史观，这一哲学上的贡献与在政治经济学领域发现剩余价值规律一起，被恩格斯反复称颂为马克思对人类历史的两大理论贡献。恩格斯本人在《反杜林论》中对自己自然哲学思想的系统阐述，特别是对"自然辩证法"的长期专门研究，更是表明恩格斯确实是把马克思的哲学思想当成马克思主义哲学整体中的历史观部分来看待的，与之相对应的是由他本人创制的自然观部分。在这一框架中，马克思的哲学本文客观上就被局限到了一个较窄的理论范围之内。这两个解释框架合在一起，规定了马克思主义哲学的基本解释思路。沿着这条思路，在马克思主义哲学解释体系的本文背景中，马克思哲学本文的比重便逐渐降低了。

　　恩格斯对马克思的哲学本文和马克思主义哲学本文的解释，又成为后世马克思主义者进一步加以解释的本文。列宁在新一轮解释活动中起到了关键的作用，表现在：一是加强了恩格斯的第一个框架，二是改造了第二个框架。在《马克思主义的三个来源和三个组成部分》（写于 1913 年 3 月）中，列宁将马克思主义学说由哲学、政治经济学和社会主义三部分组成的观点明确了下来，并且将马克思主义哲学分成"唯物主义"、"辩证法"和"历史唯物主义"几部分。列宁十分肯定地说，"马克思主义哲学就是唯物主义"，其不同于十八世纪唯物主义的地方在于马克思继承了辩证法，从而"把哲学向前推进了"，使之成了"辩证唯物主义"，至于"历史唯物主义"，则是马克思"把唯物主义对自然界的认识推广到对人类社会的认识"的结果，是对哲学唯物主义的"加深和发展"。（见《列宁全集》中文版第二版第23卷第42～45页）在《卡尔·马克思》（写于1914年7～11月）中，列宁把马克思的整个世界观分为哲学唯物主义、辩证法、唯物主义历史观、阶级斗争四个方面，并对一年多以前的观点作了更加详尽的发挥。列宁的这些论述，主要的本文依据是恩格斯的《反杜林论》和《路德维希·费尔巴哈和德国古典哲学的终结》。所不同的是：在恩格斯那里，马克思的历史观是与自然观相并列的一种理论，而在列宁这里，"历史唯物主义"则是从属于"辩证唯物主义"的。列宁对恩格斯框架的这种加强和改造，进一步降低了马克思哲学本文在马克思主义哲学解释体系的本文背景中的地位。

　　列宁的这种解释倾向，特别是其把马克思主义哲学分为"辩证唯物主义"和"历史唯物主义"两大块的做法，被斯大林推向极致。斯大林说："辩证唯物主义是马克思列宁主义党底世界观。其所以叫作辩证唯物主义，是因为它对自然界现象的看法，它研究自然界现象的方法，它认识这些现象的方法，是辩证的，而它对自然界现象的解释，它对自然界现象的了解，它的理论，是唯物主义的。""历史唯物主义就是把辩证唯物主义原理推广去研究社会生活，把辩证唯物主义原理应用于社会生活现象，应用于研究社会，应用于研究社会历史。"（见《苏联共产党（布）历史简明教程》，人民出版社1954年版第136页）把对自然界的看法称为世界观，这是一种新提法；由此，历史观就成了对这种单纯以自然界为对象的世界观的应用。在这里，马克思主义哲学的"辩证唯物主义和历史唯物主义"解释体系宣告形成，其中，"辩证唯物主义"这一原理部分的本文依据是恩格斯和列宁的，而马克思的本文只是历史唯物主义这一应用部分的依据之一。"辩证唯物主义和历史唯物主义"也从此成为马克思主义哲学当然的名称。

　　由此可见，马克思主义学说三分法和马克思主义哲学二分法的解释框架，是造成马克思的哲学本文被严重忽视的直接原因。更值得深思的是，这种框架确立以后，反而成为评价马克思本文对马克思主义有何贡献的标准，甚至成为判断马克思本文是否属于马克思主义的标准。比如，国内常见的哲学史类著作在讲《资本论》的辩证法思想时，无不拿"辩证唯物主义和历史唯物主义"解释体系中所列的三大规律和几对范畴作套子，然后逐一地到《资本论》中去找填充的例证，仿佛所谓"《资本论》的辩证法"无非是对教科书原理的提前运用而已。再如，直到今天，马克思的许多早期著作仍被许多人视作"不成熟"的作品而排斥在基本原理的本文依据之外，这样做无非也是拿现行教科书作标准的缘故。这种本文要以解释为依据，绝对本文要以相对本文为依据的现象，在解释学上可称为本文和解释、绝对本文和相对本文之间的倒置或解释过程的逆转。

不管怎样，马克思的大部分哲学本文，特别是大量富含哲学思想的经济学著作和早期哲学著作（其中不少是本世纪才陆续发表的），在"辩证唯物主义和历史唯物主义"解释体系中或者被丢失了，或者难以找到恰当的位置，这是一个事实，也是一种缺憾。

三　现行教科书体系的学术失范

一种以马克思名字命名的哲学，无论如何，首先应该是指由马克思的至少四千多页本文所表达的哲学；对于这种哲学的总的解释，无论如何，首先应该是在全面吸纳了这四千多页本文的基本观点的前提下所作出的解释。任何只考察了马克思的部分本文，或者虽然考察了全部本文但只吸纳了其中部分观点的解释，都是一种不完全解释，因而不管这种解释有怎样的结果，其在学术上都是失范的。现行教科书体系，即"辩证唯物主义和历史唯物主义"解释体系就是如此。造成这种学术失范的原因大致有如下方面。

首先是没有区分"马克思主义哲学是什么"和"解释者怎样看待马克思主义哲学"这两个完全不同的问题。所谓马克思主义哲学是什么，在这里的意思是：马克思主义哲学，归根到底，究竟是它的本文所显现的样子呢，还是它的解释所表达的样子？或者说，我们要判断什么是马克思主义哲学，究竟是以它的本文为准呢，还是以它的解释为准？对此，唯一可能的回答是：马克思主义哲学，归根到底，就是它的全部本文，特别是绝对本文所显现的样子；判断马克思的哲学本文是否属于马克思主义，没有比这些本文自身更加恰当的标准了。这一回答相当于一个本体论承诺，所确立的是本文优先于解释、解释服从本文的根本原则。不管马克思主义哲学的本文如何复杂，它都是自己是否符合自己的唯一标准，舍此没有第二个标准，尤其是那些对本文所作的解释绝对没有资格充当这种标准。既然本文就是自己的标准，为何还要解释呢？解释的必要性在于：一是本文卷帙浩繁，阅读不便，需要对其作简约化处理；二是本文义理深奥，不易明了，需要对其进行阐发。不管出于哪种情况，解释都必须以充分熟悉本文情况和完全掌握本文观点为基础。如果解释不是局部的解释，而是总体的解释，甚至是教科书式的解释，那么，解释者就必须对全部本文进行清理，对所有概念、论点逐一掌握，进而归纳联缀、化繁就简等。有了这个工作基础，解释者在接下来回答"如何看待马克思主义哲学"这一问题时才不至于凭空而论。可见，如果说"解释者怎样看待马克思主义哲学"的问题主要是一个见仁见智的学术观点问题的话，那么，"马克思主义哲学是什么"的问题，以及是否应把"是什么"的问题作为"怎样看"的问题的前提，就纯粹是一个学术规范的问题了。现行教科书解释体系的失误就在于缺乏对于这种学术规范的自觉意识，没有完整反映马克思本文的全貌，甚至以解释压倒本文，通过把马克思的许多本文宣布为费尔巴哈的、黑格尔的或者别的什么人的而将其排拒在解释体系之外。

其次是没有区分教科书式的解释和学派式的解释这两种完全不同的解释方式。教科书是一种在教学活动中用来代替本文而表达本文的解释体系。其所以要用教科书代替本文，仅仅是因为本文对普通读者来说显得太多、太零散、太专门化，以致不易理解；如果本文没有这些问题，是根本用不着教科书的。而一种解释要能够充任教科书，从学术角度说，一定是因为它最具公共性，最少派别性，所以能为大家所接受。如何才能做到这一点呢？只有一个办法，这就是：在教科书所允许的篇幅范围内，保持对本文尽可能低的加工程度，从而使解释最接近本文的原貌。如是，教科书式的解释，就是利用考据学、文献学等技术对本文进行"物理"处理。处理步骤包括：鉴别——看看本文是真是假，这一工作一般已由文集编纂者包办；剥离——把哲学本文和非哲学本文区分开来，特别是把哲学性质的论述从原文中摘录出来；分类——对相同或相近的概念、观点进行归并，并从理论的结构状况和历史过程两个向度整理出基本类别；辨析——对不同篇章、不同时期、不同语境的不同说法进行辨析，把貌异实同的说法、因理论发展而改变了的说法、可以归入理论不完备性的说法严格区别开来，并作出适当处置；联缀——以本文中最正式地表达过的或最经常地重复过的观点为据，把经过前期处理的材料联缀成一个整体；简约——把联缀起来的材料压缩到预定的篇幅范围内；润色——对已经成形的材料作语言文字上的必要修饰。这种"物理"处理的技术标准有两条：一是看本文的观点在教科书中是否有遗漏或遗漏了什么，二是看教科书的所有表述是否都能在本文中找到出处。这两条标准缺一不可。最符合这两条标准的教科书，就可以最无愧地代替本文而表达本文。与对本文的"物理"处理判然有别的，是对本文的"化学"处理，即学派式解释。"物理"处理不改变本文的成分，"化学"处理则是用一套概念框架去与本文相化合；"物理"处理得到的是本文的元素及其结构，"化学"处理得到的是解释框架和本文之间的化合物。"化学"处理之所以必要，是因为只有通过本文与不同框架的化合，我们才可能不断发掘出本文的丰富意义。但进行"化学"处理时却必须保持两种清醒的意识。第一，能够与本文化合的框架绝对不止一个，从理论上讲，这类框架是无限多的。也就是说，本文只有一种，而本文的化合物却可能无穷无尽，这也正是解释形成传统的机理所在。第二，决不能把"化学"处理的结果，即某种特定的本文化合物与本文相等同。即便最初的本文化合物后来也成了需要解释的本文，即相对本文，并与新的框架反应生成为新的化合物，本文与相对本文及相对本文的化合物之间的关系，也不过是本文与不同层级的本文化合物之间的关系，这一点不能含糊。正因为如此，对本文的"化学"处理才是一种学派式的解释。"辩证唯物主义和历史唯物主义"的解释无疑就是这种学派式的解释，它在学术上的失范不在于它用某种框架去解释本文，即对本文作了"化学"处理，而在于它不恰当地充任教科书，代替了对本文的"物理"处理，即对本文的真正的教科书式解释。

此外，现行教科书解释体系的失范还在于，没有把存在什么本文和需要什么本文区别开来。任何解释都不是没有现实功用的纯学术行为。解释要致用，就得对本文有所取舍，这是完全合理的。可是，不论解释者需要什么本文，实际存在什么本文是一个事实，这一点是无论如何改变不了的。并且，这两方面并不冲突。实际上，只有真正搞清楚实际存在什么本文，才能进而明白需要什么本文。现行教科书解释体系似乎从未致力于去弄清实际存在什么本文，而总是围绕需要什么本文费尽思虑，这样做，既有误学术，也无助现实。

总之，现行教科书对马克思主义哲学解释的学术失范已到了十分严重的程度。这绝不是危言耸听。在成百上千种版本的"辩证唯物主义和历史唯物主义"教科书中，绝大部分都是抄袭、盗版之作；在成千上万的教科书编者中，很少有人通读过马克思的哲学本文，有的甚至连一些基本篇目都从未接触过。这些早已不是什么秘密。难道还有什么学术行为比这类行为更缺乏规范的吗？如此解释出来的马克思主义哲学能无愧于马克思主义哲学的本文，特别是马克思的本文吗？不仅如此，学术界、教育界对这种状况也缺乏足够的关心，没有为建立必要的学术规范而作出应有的努力，以至于即使一些接受过专业训练的马克思主义哲学工作者，其头脑里也根本没有学术规范这根弦。

四 解释的基本学术规范

1886 年，恩格斯在辩证法观念已深入人心的背景下，宣告了永恒真理的终结。（参见《路德维希·费尔巴哈和德国古典哲学的终结》，《马克思恩格斯全集》第 21 卷，第 337～338 页）一百余年后的今天，我们能否在哲学解释学观念已深入人心的背景下，宣告永恒解释的终结呢？我想是可以的。

只有终结永恒解释，马克思主义哲学解释的学术规范才能建立起来：一方面，本文自身的存在和意义才不至于被某种特定的解释框架所遮蔽，对本文的"物理"处理才可以大显身手，从而把我们对本文的熟悉程度不断向前推进；另一方面，学派式解释才能突破某种特定框架的局限而走向繁荣，从而生产出日益丰富的本文化合物，更好地满足现实生活的需要，一句话，才能在马克思主义哲学本文和解释之间形成足够的张力。

马克思主义哲学解释所应确立的第一个学术规范，是学派式解释的非教科书化，和教科书解释的文献技术化。"辩证唯物主义和历史唯物主义"解释体系的问题已如前述，那么，是否其他的学派式解释体系就没有问题，就可以取而代之，成为马克思主义哲学新的标准解释，成为马克思主义哲学新的教科书呢？我的回答是否定的。无论是"辩证唯物主义和历史唯物主义"，还是"实践唯物主义"或别的什么主义，都是用特定概念框架去化合本文的产物，都是本文化合物。不同的本文化合物，各有自己的优长，"辩证唯物主义和历史唯物主义"也并非一无是处；同时，它们又各有自己的缺陷，如果我们再去解析"实践唯物主义"或别的什么主义，也一定能挑出同样多的毛病。非要在不同本文化合物间分出高下，从纯学术角度看，是一件不可能有结果的事情。一种本文化合物对于另一种本文化合物的优势，主要是由实际生活的需要造成的。因此，本文化合物不是本文的副本，而是生活的呼声；只有所有学派式解释都不再谋求充当教科书，其服务于现实的功能才可望得到充分发挥。学派式解释的非教科书化，换来的是教科书解释的文献技术化。对马克思主义哲学本文的任何"化学"处理，都只能化合那些所需要的成分，而不得不舍弃其余不能参与化合的成分，正如"辩证唯物主义和历史唯物主义"解释体系舍弃了马克思的大部分本文一样。"物理"处理不然，它能使本文所固有的各种成分最大限度地保存下来，从而避免学派式解释中惊人的本文浪费，因此最适合作为教科书解释的基本方式。"物理"处理主要就是考据学和文献学处理，其含义前已述及。这种工作基本上是技术性的，与解释者对马克思主义哲学的看法没有直接关系。如果说学派式解释的非教科书化，是对马克思主义哲学本文的最大解放的话，那么，教科书解释的文献技术化，就是对马克思主义哲学本文的最大忠诚。

把教科书式地解释马克思主义哲学变成一件技术性的工作，不是说这种解释从此可以不掺杂学派观点，而是说不管其中的学派观点怎样，只要解释确属教科书式解释，探讨就可以客观进行，因为解释的技术标准，即对本文是否有所遗漏或有所添加，是客观的。这种客观性我称之为技术客观性。对所有解释活动来说，技术客观性是唯一可能的客观性。说一种解释是客观的，就是说这种解释所采用的技术手段在当时是公共认可的，并且其对该技术手段的运用是无可挑剔的。任何超越特定技术条件的客观性，既然谁也无法达到，标榜它就没有任何意义。人们都承认，所有的解释，哪怕最荒谬的解释，都会或多或少地读出本文的意义，因而都具有客观性。但是，很少有人注意到，在学派式解释中，这种客观性永远是潜在的，因为每个学派用以解释本文的框架各不相同，公共的技术标准难以确立，除非哪一天解释者能够写出自己所生产的本文化合物的分子式。这就是说，学派式解释的客观性只能到学派之间、到解释和生活之间那永无休止的对话中去心领神会，而不能诉诸技术手段来探求。相比之下，只有教科书式的解释，其客观性才从潜能变成了现实，才有了切实的技术保障。既然如此，在教科书式解释中贯彻和维护公共的技术标准，便成为马克思主义哲学解释的又一学术规范。

把本文的意义转化为生活的养料，是解释活动的最终目的。要达到这个目的，光有教科书式的解释是不够的。教科书式的解释，只是给本文设计一个副本，而要将本文加工成生活所需要的产品，加工成适合特定时代人们的口味、便于他们消化吸收的精神食粮，还得诉诸学派式解释。学派式解释，是本文向生活转化的中介。这种性质，规定了学派式解释的任务就是致力于回答"解释者怎样看待马克思主义哲学"这个问题。虽然在学派式解释过程中，不可避免地要涉及"马克思主义哲学是什么"的问题，但回答这个问题只是对教科书式解释的重复。因此，如果学派式解释一定要抓住"马克思主义哲学是什么"的问题不放，非要比一比哪种本文化合物最符合本文，最配充当本文的副本，那么，除了把解释活动引入无意义争论的歧途之外，不会有其他结果。从前的大部分解释冲突就是这样。反过来说，既然学派式解释各有其解释框架，公说公有理，婆说婆有理，是否不同解释之间的争论就没有必要了呢？我的回答也是否定的。学派式解释虽然不应当去争论谁的解释更符合本文，却必须去争论谁的解释更符合现实生活的需要，更符合绝大多数人的需要，因为解释者用以看待马克思主义哲学的框架总是特定时代、特定人群的产物，"解释者怎样看待马克思主义哲学"的问题绝不是一个只与解释者个人有关的问题。可见，如果回答"马克思主义哲学是什么"的问题要以本文作判断标准的话，那么，回答"解释者怎样看待马克思主义哲学"的问题就只能以生活作判断标准了。这，是否可以作为马克思主义哲学的学派式解释的学术规范呢？

不把本文的自身状况看成对现实生活的妨碍，解释就不必去歪曲本文的面目或抹杀本文的存在；不把现实生活看成对本文所承担的义务，解释就可以理直气壮地去倾听生活的呼唤。在本文和解释之间，本文是客体，只有充分尊重本文的客体性，并按照本文自身的尺度去解释本文，本文才能为我们所用。在本文和解释之间，解释是主体的活动，只有充分张扬解释者的主体性，解释活动才不会迷失其服务生活的根本方向。用教科书式解释所共同认可的客观技术挖掘本文的矿藏，以作为学派式解释的原料；用学派式解释各不相同的主观框架制作本文化合物，以满足现实生活的丰富需求。只有这样，马克思主义哲学解释才能走出从前那种在忠于本文和适应现实之间进退两难的境地，本文与解释之间的天地才会越来越宽广。保持本文与解释之间的足够张力，正是学术规范的根本指归。

有了学术规范，马克思主义哲学的解释就会进入一个全新的时期。其间，马克思的本文长期受忽视的状况就能得到根本改变，而其他经典作家的本文也能得到足够的重视。在新的教科书解释中，这些分布于不同历史时期、具有不同文化背景的本文完全可以集中编纂而分别成篇，却不必非要装进一个解释套子不可。比如，马克思和恩格斯的本文可以经上述技术处理后各列为一部分，马克思和恩格斯共同的本文也可以列为一部分，如此下去，直到邓小平的本文。这样一来，每位经典作家各有什么思想，这些思想的联系和区别是什么、发展过程怎样，都可以令读者一目了然。这样的教科书，才是马克思主义哲学本文的忠实副本。与此同时，"辩证唯物主义和历史唯物主义"解释体系虽然不再充当教科书，但仍不失为对马克思主义哲学本文的一种学派式解释，甚至还可以成为马克思主义哲学发展史上的一种相对本文。至于这种解释体系在现实生活中的命运将会怎样，我想，这个问题就只能由现实生活本身去回答了。

　　说明：写于 1997 年处暑前后，主要内容分拆发表于《哲学研究》1997 年第 11 期和《理论与现代化》1998 年第 4 期。

在中国的马克思主义（哲学）研究向何处去？

本文谈的是"马克思主义（哲学）研究向何处去"，而不是"马克思主义（哲学）向何处去"。马克思主义（哲学）研究主要是指在专门机构里把马克思主义（哲学）作为考察和论述对象的带有职业性质的活动。在"马克思主义（哲学）研究"前加"在中国的"几个字，特地为了表明：马克思主义（哲学）研究早已是一种国际化的活动，并不专属于中国。如今，在中国的这类活动向何处去已经成为问题，或者说已经成为一个需要在国际化的学术背景下加以探讨的课题。其所以给"哲学"一词加括号，是因为本文是在马克思主义哲学学科里言说，但想说的却是关于马克思主义的整体的事情，文中多数时候"哲学"一词索性略去。再者，讲"向何处去"，尽管有谈客观趋势的意思，但主要意图在于针对现状提出一些建设性意见。就此而言，标题也可读作"在中国的马克思主义（哲学）研究应该向何处去"。

下面分两个方面来陈述我的看法。

一 走向意识形态取向和学术取向的相对分离

马克思主义（包括其哲学）是社会主义中国的政治意识形态，这是在中国的（任何）马克思主义研究（都）必须面对的基本处境。这一处境是在西方的马克思主义研究从来没有过的，也是如今在东欧和前苏联地区的马克思主义研究所没有的。要在这个处境中来议论在中国的马克思主义研究的总体情况，首先就得立足于这个处境来提出问题和解决问题。实际上，在中国的马克思主义（哲学）研究向何处去，正是由这个处境本身在其变化了的状态下所彰显出来的问题。

在社会主义中国的头三十年，没有也不可能发生类似的问题。那时，作为政治意识形态的马克思主义以阶级斗争为纲，其基本观念长期保持稳态，这给人们一个普遍印象：似乎马克思主义就是那个样子，而不可设想还有别的样子。这种情况下，马克思主义（包括其哲学）研究无非是对这独一无二的马克思主义观念体系的阐释和宣讲，它的取向只能而且必须是唯一的，即意识形态取向。一旦研究的结果跟意识形态之间出现偏差，就意味着研究者的灭顶之灾。改革开放以来，作为意识形态的马克思主义发生了很大的变化，并且这种变化一直处于高度活跃的状态。这就给马克思主义的研究提出了探寻马克思主义新观念以服务于新的政治需要的任务。既然是探索，也就会有不同看法，而最终跟政治要求相符合的毕竟只可能是其中的少数。对于其余看法，大家一开始确实不知道如何对待才好。到如今，在无数经验教训的启示下，对不同观点的宽容意识逐渐增强，改革开放的事业也从中获益良多。这样一来，马克思主义研究就从单纯的意识形态阐释变成了在一定程度上允许个性化理解的思想活动。也就是说，目前在中国的马克思主义研究从总体上看是一种具有一定学术性的意识形态活动，或者说是一种具有意识形态功能的学术性或半学术性活动。

从一种只有意识形态性而没有学术性或很少学术性的活动，到意识形态性与学术性兼而有之的活动，对在中国的马克思主义研究来说，无论如何是一个难得的进步。但是，可以肯定的是，这绝不是事情的终结状态，而只是进一步演化的新的起点。就我个人的观察来看，今后演化的趋势主要就是研究的意识形态取向和学术取向的相对分离。这也是我个人作为研究活动的参与者的主张与建议。

要说明这两种取向的相对分离，须先指出有关研究如今所面临的一种意味深长的尴尬局面。一方面，随着改革开放程度的不断加深，在中国的马克思主义研究总的来说跟不上政治发展对意识形态的要求。尽管这种研究被赋予了重要的意识形态任务，但它完成得并不算成功。特别是近十多年来，在中国的马克思主义研究很难称得上是思想解放的先锋，当年讨论"实践是检验真理的唯一标准"时的势头已经没有了，经常是实践家们还要来帮理论家们解放思想。许多研究者不明白自己的身份和职责，往往在学术性的名义下坚持一些陈腐的教条，忽视了现实生活的急迫之需。社会与政治的变革本来就是要不断突破常规，弃旧立新，而这些研究往往由于固守正统的文本观念，其实际扮演的角色跟来自政治实践的期待正好相反。这不能不说是对于作为意识形态的马克思主义研究的一种讽刺。另一方面，在中国的马克思主义研究又面临来自那些非意识形态学科在学术上的巨大压力。过去，一切人文社会学科都是意识形态，都少有学术性可言。如今，除了冠有"马克思主义"之名的学科外，其他学科都正在朝着真正学术性的学科演进，表现为这些学科领域的研究逐渐不再以服务于当下的政治需要为指归，而是开始按照学术活动的内在规律行事，同时也就是按照国际通行的研究规范行事。在这些学科的对比下，在中国的马克思主义研究越来越显出了其学术含量的普遍不足。造成这种局面的原因很多，但这种研究的学术取向没有跟意识形态取向作必要的分离肯定是其中之一。不分离就不能诚实地接受严格的学术规范的约束，就易于借自己的意识形态资本来谋求特殊待遇。如是，这个领域的真正的学术性就很难得到保证。可以这样认为，由于意识形态取向和学术取向没有相对分化，目前在中国的马克思主义研究既没有充分发挥好意识形态作用，其平均学术水准相对于其他研究领域来说又有明显的差距。这种尴尬局面颇像政企不分状态下的国营企业，既不能有效地充当政治架构的经济支柱，也不能按规则正常参与市场经济的竞争。

有鉴于此，在中国的马克思主义研究就应当自觉走向意识形态取向与学术取向的相对分离。意识形态取向的马克思主义研究的使命就是旗帜鲜明地为政治服务，为改革开放的实践出谋划策、鸣锣开道。它的出发点不是任何一种本本，而是现实的最切实的需要；它无须承诺任何一条一成不变的原理，而是一切以变化着的生活世界的具体情况为转移。它应当把马克思主义的学说和传统作为不竭的思想资源，同时也应当从人类文明的其他所有成果中吸取力量。只要中国依然是社会主义的，在中国的马克思主义研究就必定负有这样的使命。与此同时，学术取向的马克思主义研究则应当从学术发展的自身规律出发，按照各学科共有以及国际通行的学术规范来要求自己、约束自己，一切以弄清马克思主义所关涉的学理问题为目的，在主观上不指向任何实际中的政治操作，也不靠谋取意识形态的好处来维持自己的学术地位。这种分离之所以叫相对分离，是因为这是在目前条件下同一研究领域内部的分离，二者之间还存在密切的联系。一方面，意识形态取向的研究在学理上不能是无本之木，任何成功的意识形态创构都离不开有扎实学术功底的研究成果的支持；另一方面，任何学术取向的研究成果尽管主观上可以不含政治动机，但客观上仍会对政治和意识形态产生复杂的影响。合起来看，两种取向间较为合理的状态是：相对分离，各尽其责，功能互补，良性循环。

如果在中国的马克思主义研究不能适时地将意识形态取向和学术取向分离开来，长此下去，就会像改制之前的国有企业那样，出现"空壳化"的危险：既远离了政治实践的源头活水，又没有在学理探究上扎下深根。尽管可以相信，马克思主义本身没有中国人的研究也会在人类历史中传承下去，但中国人的学问中若有朝一日失去了马克思主义研究，那就是一笔永远无法清偿的历史巨债。

当然，讲学术取向跟意识形态取向的相对分离，绝无主张学术取向的马克思主义研究无须关注现实问题的意思，而只是强调这种取向的任何研究，包括对现实问题的研究，都要以弄清学理为本分。

二　学术取向的几个具体走向

下面着重谈谈学术取向的马克思主义（哲学）研究的几个具体走向。

其一，走向与其他学术领域的深度关联。马克思主义研究若不变成一门相对独立的学术，就很难在中国的学术土地上扎下根来，任何表面的繁荣都无助于抵挡历史风雨的侵袭；而扎根中国学术沃土的关键，就在于要跟其他学术领域深度关联起来。长期以来，在中国的马克思主义研究属于单独的学科门类，这无疑反映了这个领域的特殊性，但这种安排在提供了诸多便利的同时也造成了意想不到的后果，这就是将马克思主义研究跟其他研究领域人为地割裂开来。比如在哲学学科中，马克思主义哲学是最大的二级学科，其次是西方哲学、中国哲学等。当西方哲学学科研究柏拉图或中国哲学学科研究孟子时，将他们分别置于西方哲学史或中国哲学史的整个传统中加以把握是一件极其自然的事情。但是，当马克思主义哲学学科研究马克思时，却可以不必将其置于西方哲学史的整个传统中加以把握，即使做了也属于马克思主义哲学学科和西方哲学学科的跨学科研究。也就是说，只要按照现行学科设置行事，在马克思主义哲学的文本和问题之内研究马克思主义哲学就是天经地义的。问题在于，马克思主义在中国的特殊地位，丝毫没有使马克思主义跟思想史的客观联系少于柏拉图主义或儒家学说。马克思主义研究不去开掘这种联系，无形中就会使自己孤立起来。尽管近年来这种联系有所恢复，但多半仍然属于所谓跨学科的联系。如今，明智的做法是：不管实际的学科设置如何，在具体研究中一定要逐步克服将马克思主义看成独立学科的习惯，要将其完全放到人类思想史中来把握，就像将柏拉图主义和儒家学说放到思想史中来把握一样。马克思主义研究跟思想史学科之外的其他学科的关系与此同理。只有这样，在中国的马克思主义研究才能根深叶茂。

其二，走向与国际论坛的积极互动。中国无疑是国际马克思主义研究中队伍最庞大的地方，也许还是吸纳各国研究成果最多的地方。可与此同时，中国又很可能是按研究人数比例向国际性论坛提供马克思主义研究成果最少的国家。如今，在中国的马克思主义研究者，若不多少掌握一点来自国外特别是西方的马克思主义研究资源，已经很难说话了。但是，国外特别是西方的马克思主义研究者似乎不了解他们的中国同行的研究成果，也照旧能心安理得地工作。近年来，在中国的马克思主义研究较为平淡，少有的几个波澜几乎都是由外国人的成果引起的。光是德里达的《马克思的幽灵》一书就令大家兴奋了好一阵子。至于哈贝马斯和德里达来华讲演，更是受到明星般的欢迎。为什么在中国的马克思主义研究出不了《马克思的幽灵》这样的成果？为什么在中国的马克思主义研究者不敢奢望自己的讲演会有如此多的听众？为什么一个以马克思主义为指导思想的大国在国际马克思主义学术论坛上几乎无声无息？这些都是值得认真反省的问题。在改革开放之前，在中国的马克思主义研究大体上处于自说自话的状态。改革开放以来，我们主要是充当国际论坛的听众。接下来，似乎到了参与对话的阶段了，或者说到了加入马克思主义研究的"WTO"的阶段了。这首先就要求在中国的马克思主义研究一定要按照国际通行的学术规范进行操作，并且要以货真价实的研究成果取信于人，进而争取应有的学术地位。同时，参与对话又会反过来提升自己的研究水准。对话跟单纯的倾听不同，这是一种积极的互动，它既能让在中国的马克思主义研究不断从外部吸取营养，又能将中国人大半个世纪以来实践马克思主义的酸甜苦辣跟其他民族一同体味。

其三，走向观点独立的反思性探讨。所谓观点独立，是指研究的结论所反映的是研究者自己的看法，而不代表研究者之外的任何其他主体的看法。这一点对于学术研究来说本来是最为平常的事情，对马克思主义研究来说也不应例外。但在不区分意识形态取向与学术取向的情况下，关于马克思主义的任何研究都被要求跟政治意志相符合，研究者要有独立的观点是十分困难的，有时甚至是十分危险的。区分这两种取向，就可以使意识形态取向的研究专心致志地为政治服务，把政治意志作为统一的意志，这在客观上也就为学术取向的研究认真求解学理上的问题提供了结构上的余地。独立的学术观点既意味着表达个人见解的自由，也意味着学责自负、文责自负。不同的独立观点之间按照共同的学术规范进行操作，都不谋求借政治的力量来压制对手，由此就可以真正做到百花齐放，百家争鸣。进而，允许在马克思主义研究上有独立观点，还蕴涵着对马克思主义的各种课题进行反思性研究的可能性。在两种取向不分的情况下，马克思主义研究不管具体课题如何千差万别，都只可能有一种性质的结论，那就是马克思主义观点的唯一正确性。区分两种取向后，意识形态取向的研究就可以把寻求和阐发当下政治实践的合理性作为基本任务，而对于文本和历史中大量是非曲直的清理便可以交由学术取向的研究去担当。如是，意识形态取向的研究就不必拿政治意志的统一性来强求学术见解整齐划一，学术研究中的反思性内容也无碍于政治实践的意志统一。不仅如此，马克思主义一个半世纪多的理论和实践所积累的大量问题亟待我们做全面深入的反思，而这种反思的成果才是对改进政治实践真正有益的东西。如果始终沿袭那种以"马克思主义唯一正确"为统一结论的所谓研究，不仅会贻误对学术问题的思考，而且对现实政治实践也无真正的益处。

其四，走向学理资源的创造性转化。学术研究的生命在于创新，而创新并非无源之水，一定要由既有的学理资源转化而来。西方学界对马克思主义的研究之所以总能引人注目，甚至连中国学者也往往宁愿看他们的成果而对国内同行的著述敬而远之，原因之一就是他们善于对马克思主义的学理资源加以创造性的转化。比如，萨特的存在主义的马克思主义、马尔库塞的弗洛伊德主义的马克思主义、阿尔都塞的结构主义的马克思主义，以及女权主义的马克思主义、基督教背景的马克思主义（社会主义），加上哈贝马斯、德里达类型的马克思主义研究等，都属于创造性地转化马克思主义学理资源的成功例子。过去，我们把这类成果统统斥为对马克思主义的恶意歪曲。不可否认，这些理论中的确包含着不少对马克思主义的误解。然而，今天看来，恰好是它们才使马克思主义的生命因子得以在人类的当代思想中不断延续、历久不衰。在没有政治权力庇佑的情况下，这种创造性转化乃是马克思主义永葆活力的最有效的方式，也是马克思主义生命力的最好见证。可以设想一下：在中国的那种千篇一律的马克思主义研究，如果没有体制的保障和财政的支持，会有怎样的结果？这种研究对于马克思主义的发扬光大又有何种价值？考虑到这点，我们就不难明白：对马克思主义最大的尊重和最好的爱护就是将它的学理资源尽可能充分地转化到各种新的理论学说中去。由于马克思主义的原生形态依旧保存在它的文本之中，马克思主义的各种次生形态也在历史进程中逐一定格下来，因而学术研究中的创造性转化不仅无损于这些已经取得的理论成果的本来面目，而且还能确保它们始终处于活的状态。当然，更重要的在于，学术的进步、社会的发展不允许我们躺在马克思主义的现成理论上睡大觉，创新是理论工作者的天职。如果从理论创新的角度看，马克思主义就是我们最熟悉、最切近、最紧要的资源。真正重视这一资源、全方位地开掘这一资源、最充分地利用这一资源，便是在中国的学术取向的马克思主义研究的根本使命，也是这个时代一切理论创新的一个必要前提。

据我所知，本文所提出的"向何处去"的问题，实际上较长时间以来已经在许多学者心中酝酿着了；"两种取向相对分离"的看法，在很大程度上也是对一种共识的阐述。越来越多的人已经注意到，在高校，马克思主义学科在广大师生心目中的地位正在不知不觉中趋向边缘。同时，也有不少人还沉迷在由政府的行政投入和"技术化"的"成果"统计所营造的学科繁荣的氛围里，还没有意识到学科危机已经来临。既然如此，本文道破这一点，正好可以引起大家的讨论。

说明：写于 2002 年 12 月，发表于《求是学刊》2003 年第 4 期。

以马克思的学术精神
研究马克思主义

——致汉语马克思的第二个世纪

一

1899 年 2 月，《万国公报》卷 121 刊载了由李提摩太节译、蔡尔康纂述的《大同学第一章·今世景象》，其中用一百余字的篇幅介绍了马克思及其关于资本的学说。文中写道："其以百工领袖著名者，英人马克思也。马克思之言曰：纠股办事之人，其权笼罩五洲，突过于君相之范围一国。吾侪若不早为之所，任其蔓延日广，诚恐遍地球之财币，必将尽入其手。然万一到此时势，当即系富家权尽之时。何也？穷黎既至其时，实已计无复之，不得不出其自有之权，用以安民而救世。"这段概述除称马克思为"英人"有误外，堪称言简意赅。有意思的是，马克思姓名的翻译就用的"马克思"三个汉字。（参见《万国公报》卷 121 第 13 页）这是我所直接查阅到的马克思及其学说在汉语文献中的最早出处。1902 年 10 月 16 日，《新民丛报》出了第 18 号，其中发表了梁启超的文章《进化论革命者颉德之学说》，该文介绍了马克思及其社会主义学说，马克思被译作"麦喀士"。（参见《新民丛报》18 号，光绪二十八年九月十五日）这可能是中国人自己在用汉语写作的文章中第一次谈到马克思及其学说。从那时算起，马克思在汉语中存在的历史已超过了一个世纪。

在马克思主义传入中国的前半个世纪，人们最在意马克思主义的是它作为救世之道、救国之策的意义。在社会主义中国的头 30 年，马克思主义被严格定位为国家意识形态。改革开放以来，对马克思主义的新解说主要起调整意识形态的作用。所有这些都以突出马克思主义在理论上的科学性、在功能上的革命性为共同特征，人们很少谈论马克思主义的学术性。进入 21 世纪后，随着社会的进步和思想环境的改善，学术地研究马克思主义成为可能，从而马克思的学术精神、马克思主义本身的学术性以及马克思主义研究的学术维度作为一个问题便浮现了出来。

这里所谓学术性，主要指学术研究这种"天下公器"作为一种专业活动的正当性，涉及学养、工夫、规范、水准等能够被行业认可和接受的诸多因素。学术性是学术研究的基本资质，是学术观点参与行业竞争的准入条件。马克思主义作为一种影响当代人类命运的理论学说，无疑是具有学术性的，它是马克思等人从事学术研究的成果。对马克思主义的研究如果不是满足于政治表态或政策宣示，也应该具有学术性，即应该在学养、工夫、规范和水准等方面跟其他学术研究一视同仁。

由于长期以来马克思主义所内在包含的学术性被揭示得不够，因而造成一种印象：似乎对马克思主义的研究只要有坚定的信仰、能够跟当下的政治取向保持一致就是合格的，学术上马虎一点没有关系。甚至还有一种奇怪的议论：似乎一强调学术性，就是搞"经院哲学"，就是不要政治性或冲击政治性，就是不关心现实，从而把学术性看成政治性的反面。殊不知，马克思主义之所以能够产生如此巨大而深远的政治影响，其学术性起到了基础性的作用，马克思本人的工作情况就是最好的说明。

二

人们习惯于称马克思为革命家、思想家，但很少有人称他为学者，即一个从事学术研究的人。实际上，马克思应当首先被看成一个学者，在此基础上，他才是一个思想家，进而才是一个革命家。换句话说，马克思作为学者的深厚素养和卓绝功夫，是其取得一流思想成果并将其付诸实行的必要条件。只不过马克思跟一般学者不同，他不仅仅是一个学者，而且是一个思想家和革命家。

马克思上过波恩大学和柏林大学，后者是黑格尔任过校长的学府，而黑格尔哲学是当时世界哲学的制高点。马克思本科学的是法律专业，受业于黑格尔的门人，毕业时又以关于希腊哲学的论文申请到耶拿大学的哲学博士学位。在大学期间，除了学习各种规定课程以及从康德到黑格尔的哲学外，他还读过亚里士多德以及有关德谟克利特和晚期希腊哲学的许多著作，并翻译过亚里士多德的《修辞学》，读过斯宾诺莎、莱布尼茨和休谟等人的著作，读过历史、艺术、法、自然科学方面的一些书籍。这些学术训练特别是哲学方面的训练使他能够在一个很高的起点上从事学术研究和思想创造。

除德文外，马克思大学期间就熟练掌握了拉丁文和法文，后来又掌握了英文，并留下了用这四种文字所写的著作。马克思在大学时学过意大利语，能够读希腊文著作、西班牙文著作，"能轻松自如地用日尔曼语系和罗曼语系的各种语言阅读，他还研究古代斯拉夫语、俄语和塞尔维亚语"，（梅林著《马克思传》，樊集译，人民出版社 1965 年版，第 620 页）以及古代弗里西安语。（参见阿多拉茨基主编《马克思生平事业年表》，生活·读书·新知三联书店 1977 年版，第 580 页）他在外语上的这种功夫对他的研究至关重要。比如，他的法语能力对他继承法国思想遗产，他的英语能力对他学习和研究英国政治经济学，他的俄语能力对他了解和思考俄国社会的特殊发展道路，都起到了不可替代的作用。

作为学者，最重要的功夫就是读书，特别是研读学术著作。按照阅读的主题，可以把马克思的读书生涯大致分为如下八个阶段。

首先，大学阶段可以称为"法学—哲学"阶段。法学是他的专业，哲学是他的兴趣所在。情况已如前述。

其次是"哲学—历史"阶段，大约从大学毕业到 1844 年 3 月。1841年 7 月，马克思读了费尔巴哈的《基督教的本质》。同年 9 月至 1842 年 5月，马克思着手研究宗教史和艺术史，读了梅涅尔斯、巴尔贝拉克、德布罗斯、伯提格尔、鲁莫尔、格龙德等人的著作。1842 年冬，马克思首次接触社会主义文献，读了蒲鲁东、德萨米、勒鲁、孔西得朗等人的著作。1843 年夏，马克思读了一系列的历史和哲学著作，包括路德维希、瓦克斯穆特、兰克、汉密尔顿、卢梭、孟德斯鸠、马基雅弗利等人的著作。1843年底至 1844 年春，马克思读了勃朗、路韦、罗兰夫人、蒙格亚尔、德穆兰、勒瓦瑟尔等人的著作。

第三个阶段是"经济学—哲学"阶段，大约从 1844 年 3 月到 1846 年底。此间，马克思的阅读兴奋点和重心开始移向政治经济学。一些考证认为马克思读政治经济学著作可以前溯到 1843 年 10 月。不过大规模的集中阅读还是在《德法年鉴》出版后的 1844 年 3~8 月，马克思读了斯密、李嘉图、萨伊、西斯蒙第、毕莱、佩克尔、斯卡尔培克、穆勒、舒尔茨、麦克库洛赫等人的政治经济学著作以及黑格尔的《精神现象学》等。阅读的成果凝结为《1844 年经济学哲学手稿》。1844 年 9～11 月，马克思认真研究了十七和十八世纪英国和法国的唯物主义者。12 月，读了施蒂纳的《唯一者及其所有物》。1845 年 2～3 月，马克思读了毕莱、麦克库洛赫、罗西、布朗基、佩基奥等人的著作。5～8 月，马克思读了萨伊、西斯蒙第、西尼尔、施托尔希、倍倍日、尤尔、加尼耳、维尔加尔德尔、瓦茨、配第、图克、库伯、科贝特等人的著作。1846 年 9～12 月，马克思读了欧文、魁奈、布雷、蒲鲁东等人的著作。这些基本上都是政治经济学著作。

此后两三年间，马克思主要忙于革命活动。

第四个阶段几乎是纯"经济学"阶段，大约从 1850 年 6 月至 1851 年底。这一年半时间是马克思读书的黄金时期，读得最集中、最系统、最有成效，并且所读基本上都是政治经济学著作。1849 年 8 月 24 日，马克思定居伦敦，一直住到逝世。在此间的 30 多年里，当时世界上资料条件最好的大英博物馆图书馆实际上就成了马克思的工作"单位"。他是 1850 年 6 月中旬获准进入该图书馆看书的。到 1851 年 12 月，他都在那里"上班"，通常从早上 9 点坐到晚上 7 点。这期间他读了穆勒、富拉顿、托伦斯、图克、布莱克、吉尔巴特、加尔涅、西尼尔、倍克、赖特迈耶尔、李嘉图、杰科布、贝利、劳埃德、凯里、休谟、洛克、格雷、博赞克特、斯密、丹尼尔斯、塞拉、蒙达纳里、马尔萨斯、莱文斯顿、霍吉斯金、琼斯、拉姆赛、欧文、菲尔登、兰格、盖斯克尔、安德森、萨默斯、李比西、托伦顿、艾利生、约翰斯顿、普莱斯科特、伯克斯顿、豪伊特、威克菲尔德、塞姆佩雷、蒲鲁东、马尔、尤利乌斯、哈德卡斯尔、波佩、贝克曼、尤尔等人的著作以及大量其他相关资料。1851 年这一年，他光摘录就写了 14 厚本。

第五阶段可称为"经济学—历史"阶段，大约从 1852 年 6 月到 1958 年初。该阶段的阅读是间断性的。在中断了一段时间之后，1852 年 6 月，马克思重新获得了大英博物馆图书馆的阅览证，并在 1853 年初恢复了政治经济学研究，读了奥普戴克、班菲尔德和斯宾塞等人的著作，但不久后再度中断。1854～1856 年，马克思读了一大批历史特别是国别史方面的著作。1857 年，马克思读了一批政治经济学、美学和历史方面的著作。1858 年初，马克思重读黑格尔《逻辑学》，此后还读了巴师夏、拉萨尔、拜比吉等人的著作。

上述三个阶段的经济学研读结出了《政治经济学批判》这一成果，马克思对拉萨尔说："它是我十五年的、即我一生的黄金时代的研究成果"。（《马克思恩格斯全集》中文第一版，第 29 卷，第 546 页）

第六阶段从 1859 年 10 月到 1867 年，为"经济学—多学科"阶段。1859 年 10～12 月，马克思读了维里、贝卡里亚、奥特斯、琼斯、马尔萨斯、贝尔、范德林特、霍普金斯等人的政治经济学方面的著作。1860 年初，马克思重读了恩格斯早期、李嘉图、斯密、马尔萨斯的一系列著作，还重读了孟德斯鸠、洛克、霍布士、亚里士多德、柏拉图等人的一些著作。这一年晚些时候，马克思还研究数学，作为一种心理调节。年底，读了达尔文的《物种起源》。1861 年春，马克思读了阿庇安《罗马内战史》的希腊文原本，读了洛贝尔图斯、罗雪尔等人的政治经济学著作。5 月，重读修昔底德。1862～1867 年，马克思忙于《资本论》的写作，此间读过一批有关波兰的著作，还有勒南、雷尼奥、李比希、申拜因、孔德、罗杰斯等人的著作，并在数学、天文学方面投入了一定精力。

第七阶段从 1868 年春到 1879 年，阅读主题为"经济学—东方社会"。《资本论》第 1 卷出版后，1868 年春，马克思读了弗拉斯、杜宁、摩尔顿、杜林、毛勒等人的著作，自述在图书馆头疼很厉害。5～6 月，重读斯密、杜尔哥、图克等人的著作。10 月底，马克思开始研究俄国村社问题。1869 年，马克思读了福斯特、卡斯蒂、韦莫雷尔、克列姆、凯里、约翰斯顿等人的著作，以及一批有关爱尔兰、俄罗斯的著作。1870～1873 年，马克思阅读了许多有关爱尔兰和俄罗斯的文献资料。1874～1877 年，围绕《资本论》第 2、3 卷的写作，马克思研究大量材料，包括官方资料，还研究数学、植物生理学等问题，并继续大量阅读关于俄国问题和斯拉夫问题的著作和资料。1878 年，马克思读了英格列姆、考夫曼、加西奥、许尔曼、曼、普尔、罗塔、汉森、亚契尼、恩舒特、达贝尔、邦纳、雷等人的政治经济学著作，还读了科佩、赫鲁贝克、朱克斯、豪威耳、梅林、阿韦奈尔、卡斯帕里、雷蒙等人的多学科的著作，还读了莱布尼茨和笛卡儿的自然史和数学著作，并且对东方问题的阅读兴趣和阅读量进一步加大。1879 年，马克思读了雷德格雷夫、赖特迈耶尔、罗塞尔、赫希伯格、盖得、鲁·迈耶尔、卡尔顿、耶林、朗格、弗里德兰德、布赫尔等人的著作，并继续阅读有关俄罗斯的各种文献。

第八个阶段从 1880 年到 1883 年初，阅读兴趣调整为"东方社会—古代社会"。1880～1881 年，马克思读了贝奈特、艾尔温、奥勃莱恩、勒图尔诺、洛利亚、乔治、摩尔根、梅因、菲尔、佐姆、道金斯、龚普洛维奇、劳埃德、豪斯、巴罗、布朗、格罗曼、莱斯利等人的诸多方面的著作和文章，并在继续阅读有关俄罗斯问题的资料的同时开始关注古代社会问题，尤其重视摩尔根的《原始社会》。1882～1883 年，马克思读了一些有关埃及和俄国的著作，还读了洛利亚的经济学新著、奥斯皮塔利埃的电学著作等。（主要参见阿多拉茨基主编《马克思生平事业年表》，生活·读书·新知三联书店 1977 年版）

尽管上述材料不可能反映马克思读书情况的全貌，但也足以让我们窥见马克思从事学术研究的扎实工作基础。

在读书的同时，马克思还形成了一套包括做笔记在内的积累资料和心得的好方法。1837 年初，马克思到柏林大学不久，就养成了做读书笔记的终生习惯。这些笔记主要包括：7 本《关于伊壁鸠鲁哲学的笔记》（1839年）、8 本《柏林笔记》（1840～1841 年）、5 本《波恩笔记》（1842 年）、5 本《克罗茨纳赫笔记》（1843 年）、《1844～1847 年记事本笔记》、7 本《巴黎笔记》（1844 年）、7 本《布鲁塞尔笔记》（1845 年）、9 本《曼彻斯特笔记》（1845 年）、24 本《1850～1853 年伦敦笔记》，以及中晚期大量有关经济学、历史、人类学、自然科学和技术史等方面的笔记。其中，1843 年以前的笔记主要关于哲学和艺术方面，而 1843 年以后，90% 以上都是经济学笔记。（主要参见张一兵著《回到马克思》，江苏人民出版社 1999 年版，第 14、701～702 页；阿多拉茨基主编《马克思生平事业年表》，生活·读书·新知三联书店 1977 年版，第 6 页）这些笔记既是马克思扎实工作的见证，也是他确保工作质量的有效方式。

《马克思恩格斯全集》（历史考证第二版，MEGA2）拟出 114 卷。其中，第一部分共 32 卷，包括《资本论》系列著作之外的著作；第二部分共 15 卷，为《资本论》系列著作。其余两部分共 67 卷，为书信、笔记等。在这些卷帙浩繁的著述中，马克思生前出版的大部头学术著作只有 4 部，它们是：《神圣家族》（与恩格斯合著，1844～1845 年）、《哲学的贫困》（1847 年）、《政治经济学批判》第一分册（1859 年）、《资本论》第 1 卷（1867 年）。其中，前两部属于论战性著作，后两部才是正面而系统地阐述自己理论体系的原创性著作。马克思一辈子主要研究政治经济学，阅读和摘录过的他人著作汗牛充栋，写下的准备性文字也数量惊人，可自己亲自拿出手的原创性著作也就这两部。这种摄取量、加工量和出品量之间的巨大反差，恰是马克思研究成果的学术品质的最好说明。

不过，在作为学者的马克思身上，最令人钦佩的还是浸透在他学养和功夫中的那种精神。

马克思没有我们今天所说的"正式"工作，一生饱受贫病的煎熬。他的经济状况已是众所周知。他完成《政治经济学批判》第一分册后，没有钱将稿子邮走，完成《资本论》第1卷后，没有盘缠去送稿子，后来都是恩格斯出的钱。他身患多种疾病，31岁就患上肝病，以后经常复发，他夫人就死于肝癌。他还患有眼病、支气管炎、风湿痛、胆囊炎、痛病，并长期失眠，最后死于肺脓肿。他和燕妮生有七个孩子，只有三个长大成人，小女儿弗兰契斯卡一岁就病死了，连棺材钱都是向人要的。

马克思在青年时代就说过：不应该为谋生而写作，而应该为写作而谋生。尽管如此，为了生计，从1852年8月起，马克思也不得不替美国《纽约每日论坛报》写文章，每篇挣一两个英镑，持续了近8年。此间，马克思渴望能有几个月的空闲时间来进行他的学术研究，他说："但是，显然我是得不到这种空闲的。不断地为报纸乱写凑数文章已使我厌烦。不管你怎样力图独立不倚地写作，你总归要受到报纸和它的读者的约束，特别是像我这样一个靠领取现款维持生活的人。纯学术工作就完全不同了……"。几年后，马克思对那帮办报的人一肚子抱怨，说："跟这号人为伍，还不得不认为是件幸事，这真是令人厌恶。"（梅林著《马克思传》，樊集译，人民出版社1965年版，第289、290页）

尽管有这些耽误，一回到纯粹学术的领域，马克思便一丝不苟。1851年初，恩格斯催促马克思赶紧完成并出版他的经济学著作。恩格斯劝说道："对你自己的著作哪怕就马虎一次也好。对于那些糟糕的读者来说，它已经是太好了。重要的是把这部东西写成并出版；你自己所看到的那些缺点，蠢材们是不会发现的。"但马克思不肯听从。其实，恩格斯也知道，马克思只要有一本他认为是重要的书还没有念，他是不会动笔的。（梅林著《马克思传》，樊集译，人民出版社1965年版，第289、290、327页）正是这种"过分慎重的态度"使这部1851年就拟议完成并出版的著作直到1859年才有了结果。当我们今天把马克思正式出版的经济学著作和手稿一起阅读时，实际上已很难分出高下，有时甚至觉得手稿中的许多论述似乎更有吸引力。这至少表明恩格斯的劝说不无道理，而马克思对待自己学术成果的严谨程度则远远超过了我们庸常的察知能力。这种外在条件极差情况下的学术自律令人感佩。

参加革命活动、撰写政论性著作也花去了马克思大量的时间和精力，尽管《共产党宣言》、《路易·波拿巴的雾月十八日》、《法兰西内战》等著作跟他的《资本论》系列著作同样重要。不管怎样，马克思毕竟是一个真正的学者，他不因为献身革命活动而降低或牺牲其学术研究的质量，尤其是这种研究直接关乎无产阶级乃至全人类的命运，以致他必须在学术上高度负责。成果可以出得少一些、慢一些，但在水准和质量上要问心无愧。这也是马克思高于其他革命家、政论家的地方。也正因为如此，他的政论性著作才具有超乎寻常的巨大冲击力。早期共产主义者魏特林跟马克思决裂，一个重要的原因就在于他只关心直接的思想结论和实际行动，而马克思则一定要将合理的思想置于牢固的学术论证的基础之上，否则就视之为对人民的欺骗。为此，魏特林曾讥讽马克思的东西是"书斋里的分析"，而马克思则以"无知从来不会使人得到教益"相回敬。（参见魏特林著《和谐与自由的保证》，孙则明译，商务印书馆1964年版，第45～46页）巴枯宁也指责马克思为"空谈理论"的"理论狂"。（梅林著《马克思传》，樊集译，人民出版社1965年版，第189页）拉萨尔的著作除《赫拉克利特》外，也都以实际效果为目的，但事实证明，实际效果最大的还是马克思经过学术锤炼的思想。在马克思面前，甚至连恩格斯都不免自嘲"在理论方面一贯的懒惰"。（梅林著《马克思传》，樊集译，人民出版社1965年版，第328页）本来，马克思是受恩格斯早年的《政治经济学批判大纲》的影响才进入政治经济学研究领域的，后来还不止一次重读这篇文章，但最后在该领域卓然成家的则是马克思，他们二人在这方面的差别显然不在思想观点上，而在学术投入上。

跟绝大多数学者一样，马克思也希望自己的学术成果被人重视和认可，为此，他也找人写书评，作宣传。晚年看到英国的杂志上载文称赞自己，他也抑制不住内心的喜悦。然而，作为一个严肃的学者，马克思决不炒作自己，更不沽名钓誉。《资本论》第1卷出版后，马克思也曾通过恩格斯让库格曼"制造轰动"，但当得知他们准备在《凉亭》杂志刊登自己的传记和肖像后，马克思则请求他们不要开这样的"玩笑"。他说："我认为这种作法有弊而无利，并且有损科学工作者的尊严。"（梅林著《马克思传》，樊集译，人民出版社1965年版，第480页）从这里，我们不难瞥见马克思的学术人格。

马克思自己的有些话最能反映他的学术精神。在《〈政治经济学批判〉序言》中，对自己这部呕心沥血的著作，马克思最突出强调的是：这"是多年诚实研究的结果"。在《资本论》第 1 卷法文版序言和跋中，马克思讲了一段脍炙人口的名言："在科学上没有平坦的大道，只有不畏劳苦沿着陡峭山路攀登的人，才有希望达到光辉的顶点。"在《资本论》第 1 卷第一版序言中，马克思套用诗人但丁的话说："走你的路，让人们去说罢！"

让我们再看看经济学说史家熊彼特是怎样评说马克思的。他写道："作为一个经济学家，马克思首先是一个博学的人。马克思作为一个作家，我一直称他为天才和预言家，……天才和预言家通常不是在某一专门的方面很杰出，正是因为他们不是某方面的专家，因而具有独创性。但是马克思的经济学说中没有什么能说明他缺少作为学者的素质，或缺少理论分析技术方面的训练。他是一位贪婪的读者、一位不知疲倦的工作者。他很少遗漏重要文献。他消化他读过的所有东西，深入思考每个事实，怀着热情争论不寻常的问题的细节。他习惯于透视包含整个人类文明和延续发展的历史。或批评，或反对，或采纳，或综合，他对每一个问题总是要探索透彻。最突出的证明就是他的剩余价值理论，这是理论方面的里程碑。他不间断地为武装自己而学习，努力掌握一切应该掌握的知识，从而避免使自己形成偏见、形成非科学的其他目标，虽然他是在为达到一个确定的目标而工作着。由于他的聪明才智，他不由自主地把对问题的兴趣本身看得最为重要，而不管他在多大程度上把注意力集中在最终结果上。在工作时他主要关心的是用他那个时代的科学来使分析工具变得锋利，关心如何使逻辑困难得到解决，关心建立一个理论基础，以获得一个在性质上、目的上完全科学的理论，不论他可能有什么缺点。"（熊彼特著《从马克思到凯恩斯》，韩宏、蒋建华、何跃中、吴雪云等译，江苏人民出版社 2003 年第 2 版，第 19～20 页）这简直就是一幅典型的学者肖像！这番对马克思学术精神的评说不能不说非常内行，十分到位。

囚

马克思主义之所以能够产生那么大的影响，原因肯定是多方面的，但学术性无疑是一个基础性原因。马克思的学术成果远远超出了他那个时代的平均学术水准。盘点 19 世纪的学术作品，《资本论》第 1 卷无疑是首屈一指的顶尖级代表作。没有行政力量的扶持，没有学术机构的依托，没有金钱势力的帮衬，没有新闻媒体的鼓吹，马克思的学说起于青萍之末，而终成影响人类历史的雄风巨响，如果不是因为它抢占了时代的学术制高点，是很难解释得通的。在那个时代，社会主义流派纷呈，先知豪杰层出不穷，为什么偏偏是马克思主义独领风骚，众多原因中至少有这条：因为其他社会主义派别中无人写出在学术上够得上《资本论》水准的理论作品。其实，马克思早就说过："理论一经掌握群众，也会变成物质力量。理论只要说服人，就能掌握群众；而理论只要彻底，就能说服人。所谓彻底，就是抓住事物的根本。"（《黑格尔法哲学批判导言》，《马克思恩格斯全集》第1卷，人民出版社1956年版，第460页）尽管马克思没有随即告诉大家如何才能抓住事物的根本，但他用毕生的学术研究示范了这一点。

马克思之后的马克思主义研究，特别是汉语世界的研究，普遍存在一个严重的问题，那就是对学术性的忽视。人们讲立场，讲观点，讲方法，讲大众化，讲联系实际，就是不讲学术水准，甚至习惯于纵容水准低下的言说。马克思主义的影响能够延及今天，很大程度上不是靠众人的政治态度，而是靠马克思主义原初的学术力量；马克思主义的影响在当代的顿挫，很大程度上正是由于马克思主义的许多传人以政治态度代替了学术研究，没有再像马克思那样花工夫做诚实的学问，没有再像马克思那样拿出能代表自己时代学术水准的理论成果来。一种学术水准很高的学说是无须非学术的力量来庇护的，一种低于平均学术水准的学说也不会给它的庇护者带来真正的益处，无论如何，没有比将一种事关大局的政治主张和一种水平低下的理论学说捆绑在一起更危险的事情了。

在我们这个时代，要做一个思想上的马克思主义者是容易的，只要懂得一些马克思主义的观点，然后举手赞同即可。在我们这个时代，要做一个实践上的马克思主义者也不难，哪怕不懂马克思主义的观点，只要信仰它，照本本上的说法去做就行。但是，在我们这个时代，要做一个学术上的马克思主义者却难之又难，因为我们至少必须像马克思那样读书，读马克思的书，读马克思读过的书，读马克思没有读过的书，读马克思之前的书，读马克思之后的书，因为我们只有这样去读了，才谈得上研究马克思主义，创新马克思主义。在马克思去世后的一个多世纪里，在汉语马克思的一个世纪中，思想上和实践上的马克思主义者固然很多，但真正学术上的马克思主义者仍然太少，至于能够代表所处时代学术水准的马克思主义者则可谓凤毛麟角。

同理，在我们这个时代，要做一个思想上的非马克思主义者或反马克思主义者也是容易的，只要对之不予理睬或不以为然即可。在我们这个时代，要做一个实践上的非马克思主义者或反马克思主义者也很简单，不必说资本主义世界，就是社会主义国家的那些口头马克思主义者在其实际行为中不都早就做到了吗？然而，要做一个学术上的非马克思主义者或反马克思主义者谈何容易！没有比马克思更好的学养，更扎实的功夫，或更独到的眼光，你怎么可能从学理上驳倒马克思主义呢？又怎么可能在一个马克思的问题尚未得到真正解决的时代从学术上绕得过或超越得了马克思主义呢？在马克思去世后的一个多世纪里，在汉语马克思的一个世纪中，思想上和实践上的非马克思主义者或反马克思主义者确实不少，但真正学术上够格的非马克思主义者或反马克思主义者其实不多，至于能够像马克思那样代表一个时代之学术水准的非马克思主义者或反马克思主义者则屈指可数。

以马克思的学术精神研究马克思主义，这在今天是最不应该存在争议的。不论对马克思主义持什么观点，都应该争取在一个接近于马克思的学术水准上讨论问题，这对马克思主义研究有百利而无一害。强调马克思主义研究的学术维度，丝毫无损于马克思主义的任何积极属性的发挥。也只有建立在严密学术论证基础之上的科学性才经得住追问，才可能具有实践的合理性。

在写作本文时，我碰巧跟一位德国的马克思主义研究者讨论问题，我问他：中国学者知道许多德国马克思主义学者及其观点，德国学者对中国学者的马克思主义研究是否了解？他很干脆地说：没有。我问：为什么？他给了一些理由，其中透露出对中国学者的研究的不感兴趣和缺乏信任。他最后说道：总之他觉得不可能有德国学者为了了解中国学者对马克思主义的研究而学习汉语。这个回答令人触动，不禁让我想到：但愿汉语马克思在他的第二个百年能够现出其学者的真身，即现身为学者马克思，或者说成为一个学者本色的思想家兼革命家，但愿马克思主义在汉语世界的第二个世纪是一个学术的世纪，或者说是一个由学术来支撑思想并引导行动的世纪。我想，这也应是马克思博士所愿意看到的。

主要参考文献

1899 年 2 月《万国公报》卷 121。

光绪二十八年九月十五日《新民丛报》18 号。

梅林著《马克思传》，樊集译，人民出版社，1965。

阿多拉茨基主编《马克思生平事业年表》，生活·读书·新知三联书店，1977。

张一兵著《回到马克思》，江苏人民出版社，1999。

魏特林著《和谐与自由的保证》，孙则明译，商务印书馆，1964。

熊彼特著《从马克思到凯恩斯》（第 2 版），韩宏、蒋建华、何跃中、吴雪云等译，江苏人民出版社，2003。

《马克思恩格斯全集》中文第 1 版第 1、23、29 卷，人民出版社。

《马克思恩格斯选集》中文第 2 版第 1、2 卷，人民出版社。

　　说明：写于 2004 年 11 月上旬，发表于《现代哲学》2005 年第 1 期。

专题二
关于马克思的人论

重新理解马克思人论的四个命题

——一种反思性的探讨

马克思关于人的理论是 20 多年来中国马克思主义哲学研究的主要兴奋点之一，有关研究直接或间接地参与塑造了中国新时期的普遍社会观念，并推动了中国社会变革在这一时期的进程。时至今日，在中国市场化和对外开放程度不断加深、物质生活领域的繁荣和其他领域的各种危机并存，而西方社会的发展前景也不明朗的情况下，重新理解马克思关于人的理论，借以反思和调整我们这些年对社会发展的普遍性和中国社会发展的特殊性的基本看法，具有基础性的作用。

本文拟对马克思人论的四个基本命题做一反思性的探讨。

一 重新理解"人是人的最高本质"

马克思是从宗教批判开始来创建自己关于人的理论的。从这个视角来考察，马克思所要做的工作就是在价值上将神的维度彻底还原为人的维度，由此确立的价值可以称为人本价值。在《〈黑格尔法哲学批判〉导言》中，马克思提出了一个影响深远的命题——"人是人的最高本质"，还发布了一条"绝对命令"——"必须推翻那些使人成为被侮辱、被奴役、被遗弃和被蔑视的东西的一切关系"，并称这场革命为"人的高度的革命"。①

---

① 马克思著《〈黑格尔法哲学批判〉导言》，《马克思恩格斯选集》第 1 卷，人民出版社，1995，第 9～10 页。需要指出的是：尽管马克思的这一命题带有明显的费尔巴哈痕迹，但该命题所包含的具体观点主要还是属于马克思自己的。

就此而言，称马克思的人论为彻底的人本主义是没有问题的，他也称自己的观点为"彻底的自然主义或人道主义"。①

在近代以前，西方世界的价值主要是由基督教的神来维系的。这种价值可以称为神本价值。从文艺复兴开始，人向神抗争，在价值上获得了相对独立的地位，呈现神的维度和人的维度并存的局面。启蒙运动使人的地位迅速上升，神的地位急剧下落，于是人在价值领域成了基本的维度。到了黑格尔哲学那里，神被溶解到了绝对精神之中。到了费尔巴哈那里，神的本质被最终还原为人的本质。这样一种趋势可以称为神的人化或人类价值的人本化。马克思在彻底抛弃神的维度的前提下，赋予了人的维度以社会关系的内涵，把对神的革命进一步变成对现实世界的革命，变成诉诸阶级斗争而实现的人类彻底解放。所以，马克思的人论是近代以来人本化的价值趋势的合乎逻辑的发展。

在马克思之后，由神所维系的传统价值进一步瓦解，而足以取而代之并起到维系人心作用的人本价值在实际生活中并没有真正建立起来。于是，价值虚无主义弥漫开来。正是在这种背景下，尼采宣布"上帝死了"，主张"重估一切价值"，并以"超人"价值代替普遍的人本价值。尼采价值包含着对神和人的双重失望，不过他的"超人"还保留着他对人类价值的最后的希望。到了后现代主义这里，当福柯提出关于"人之死"或"人的终结"的观点时②，近代以来人们精心建构的人类价值的人的维度也算走到了尽头。我们甚至可以直接把福柯的"人之死"看作马克思的"人是人的最高本质"的反题，意即：人的最高价值在于人本身的这种价值观念，在福柯看来已到终结的时候了。

撇开理论主张上的扰攘纷乱不看，就当今世界的实际状况而言，主流的价值还是启蒙时代所建立的那种正统的人本主义价值，也可从其他角度称为现代性价值、理性主义价值、资产阶级价值或西方价值等，个人的权利、最大的实利、全面的享乐、现世的幸福是其基本内容。相比之下，马克思的人论不是对这种价值的否定，而是对它的积极的扬弃。马克思认为，这种人本主义价值由于受资本主义私有制的局限，因而并没有真正使所有的个人成为同等的价值目的，相反造成了人的异化，只有在共产主义

---

① 马克思著《1844 年经济学哲学手稿》，《马克思恩格斯全集》第 42 卷，人民出版社，1979，第 167 页。

② 参见福柯著《词与物》，莫伟民译，上海三联书店，2001，第 446 页等处。

公有制的基础上，每个人才能得到同样自由而全面的发展。在西方世界，马克思式的价值一直是西方主流价值的批判性资源。与此同时，以基督教为代表的神本价值在西方世界虽经人本价值的冲击，却仍顽强地存在着，并发挥着相当程度的影响。此外，后现代价值正在崛起之中。在社会主义世界，一开始是用客观规律和阶级斗争的"物本"价值去取代传统的神本或准神本价值，后来是用马克思式的人本价值去破解物本价值，同时又引入了西方主流的人本价值来对抗前述各种价值，如今，后现代价值成了新的资源，传统价值也志在振兴。在这些错综复杂的价值网络中，人本价值是最大的纽结。

有了上面勾勒的这个历史的和现实的坐标，我们就可以追问：在今天，我们究竟应当如何看待马克思将人看作人的最高本质的观点？

首先需要弄清的是：神本价值和人本价值的分歧究竟何在？简单地说，相对人本价值而言，神本价值所强调的是，人的现世生活是不可能完满的，因而不值得成为人生的终极目标，反之，神是完满的，只有神所造设的彼岸世界才值得人作为终极目标去追求。这种价值既指证了人的有限性以防止人的骄傲，又确立了一个高于人的价值以避免人自暴自弃。但神本价值容易忽视、排斥甚至压抑人对现世幸福的追求，并容易让人对现实世界采取一味忍让和妥协的态度。相比之下，一般的人本价值把人的现世幸福看得高于一切，马克思式的人本价值还将人对现世幸福的追求落实到实际变革现存世界的革命斗争之中。但是，人本价值的局限也是显而易见的，这就是无法解决人的有限性问题。人不仅在事实上而且在价值上都是有限的存在物，这样的存在物以自身为终极价值目的，其结果仍具有限性——从解决旧的问题开场，到收获新的问题结束。市场体制下的经济繁荣和纵欲无度共生、革命事业中的崇高理想和权力斗争并存，时时处处都在昭示着人本价值的限度。

其次需要弄清的是：人本价值和神本价值的共同问题何在？从"神之死"到"人之死"是近代以来人类价值嬗变的一条主线，其实质是绝对价值的颠覆。神本价值是一种超越于人而为人所求的终极价值，人本价值是一种内在于人而为人所求的终极价值，它们作为终极价值都是绝对的。绝对价值的危机源于人的身内世界和身外世界各种异质性价值的充分显形。现代生活已经使人意识到自己身内的价值欲求是五花八门的，这些价值欲求之间往往互不协调，甚至互相冲突。这种情况下，确定其中任何一种或一类价值欲求为绝对价值，都意味着贬抑或否定其他价值欲求，从而无助于克服人的身内世界的价值矛盾。同时，现代生活还使人的身外世界日益全球化，其间，不同的价值主张，包括不同的绝对价值体系在相互交往和碰撞中都在磨损和消耗着各自的绝对性。这种情况下，坚执任何一种绝对价值都意味着对于他者的排拒，从而无助于化解人与人、国与国等之间的价值冲突。这样的大背景使得马克思所树立的那种彻底的人本价值正越来越显露其"现代性"特征，其作为绝对价值的理论品质跟其实际扮演的相对的价值角色之间反差越来越大。

如是，追问"人是人的最高本质"势所必然。

二　重新理解"问题在于改变世界"

既然"人是人的最高本质"，如何实现这一最高本质呢？马克思的回答很明确："改变世界"。

马克思是迄今为止唯一一位把"改变世界"作为主题的思想大家。他的被哲学学者们引用最多的名言恐怕就是："哲学家们只是用不同的方式解释世界，问题在于改变世界。"① 马克思的"改变世界"的观点可以从本体论和实际生活两个层面来理解。在本体论层面，"改变世界"意指人和世界的关系本质上是实践关系；在实际生活层面，"改变世界"意指马克思身处其中的那个社会已经到了需要加以彻底改变的时候了。

在 1843 年所写的《〈黑格尔法哲学批判〉导言》中，马克思提出了一个重要看法。他认为，若以当时英国和法国的社会发展程度为尺度，在德国，唯有黑格尔哲学才是符合时代水准的，而实际的社会生活则是低于历史水平的；即便如此，英国和法国社会也到了需要根本变革的时候，这种情况下，对德国来说，需要的就不是重复此前英、法式的"纯政治的革命"，而是准备"彻底的革命、全人类的解放"②。也就是说，"改变世界"是马克思认定的当时西欧社会的共同主题，也是无产阶级及其理论家们的历史使命。从那时起，揭示"改变世界"的历史必然性，实际地发动和引导"改变世界"的革命运动，就成了马克思毕生的事业。

---

① 马克思著《关于费尔巴哈的提纲》，《马克思恩格斯选集》第 1 卷，人民出版社，1995，第 57 页。

② 马克思著《〈黑格尔法哲学批判〉导言》，《马克思恩格斯选集》第 1 卷，人民出版社，1995，第 12 页。

在《1844 年经济学哲学手稿》中，马克思建构了人与世界在对象化与非对象化的实践互动中的主客辩证法，把"改变世界"看成人的一个本质结构。也就是说，在马克思看来，人与对象世界的关系本质上是一种实践关系，这种关系在工业和资本主义私有制条件下以异化劳动的形式充分展开，并且达到了彻底扬弃私有财产和异化劳动的程度，其结果是，"人不仅通过思维，而且以全部感觉在对象世界中肯定自己。"① 在这里，马克思将"改变世界"的本体论层面的含义和实际生活层面的含义从理论逻辑上统一了起来。

有了上述认识，马克思才在 1845 年《关于费尔巴哈的提纲》中明确提出了"改变世界"的命题。

从理论渊源上讲，马克思"改变世界"的思想是直接扬弃基督教、黑格尔哲学和费尔巴哈哲学的结果。首先，马克思用彻底的人本主义否定了基督教的神本主义，把创世的问题变成了"人通过人的劳动而诞生"② 的问题，把拯救的问题变成了通过无产阶级而实现"社会的普遍解放"③ 的问题，同时又保留了基督教关于创造和拯救的深层结构。其次，马克思从黑格尔哲学中继承了"作为推动原则和创造原则的否定性的辩证法"④，同时又用"现实的、有形体的、站在稳固的地球上呼吸着一切自然力的人"取代了"无眼、无牙、无耳、无一切的思维"⑤ 来充当辩证运动的主体。再次，马克思赞同费尔巴哈用感性的人或人的感性去批判黑格尔的抽象的思维，同时又批评费尔巴哈没有把感性"看作实践的、人的感性的活动"⑥，即没有把黑格尔辩证法的否定性精神充分发挥出来，更不懂得将其转化为改变世界的革命活动。经过这番扬弃，马克思得到了作为主体的感性的人、作为推动和创造原则的否定辩证法和作为终极目标的人类解放，

---

① 马克思著《1844 年经济学哲学手稿》，《马克思恩格斯全集》第 42 卷，人民出版社，1979，第 125 页。
② 马克思著《1844 年经济学哲学手稿》，《马克思恩格斯全集》第 42 卷，人民出版社，1979，第 131 页。
③ 马克思著《〈黑格尔法哲学批判〉导言》，《马克思恩格斯选集》第 1 卷，人民出版社，1995，第 12 页。
④ 马克思著《1844 年经济学哲学手稿》，《马克思恩格斯全集》第 42 卷，人民出版社，1979，第 163 页。
⑤ 马克思著《1844 年经济学哲学手稿》，《马克思恩格斯全集》第 42 卷，人民出版社，1979，第 167、178 页。
⑥ 马克思著《关于费尔巴哈的提纲》，《马克思恩格斯选集》第 1 卷，人民出版社，1995，第 56 页。

赋予了其"改变世界"的思想以确定的内涵。

当然，要领会马克思关于"改变世界"的思想，还必须跟他对"解释世界"的哲学的看法结合起来。

需要弄清的是：是否在马克思看来，从前的那些"解释世界"的哲学并没有改变世界，而今"改变世界"的行动则不需要任何"解释世界"的理论？对此，马克思的答案是否定的。他并不是说从前的哲学只是"解释世界"，而对世界无所改变，他只是说，从前的世界尚未发展到必须从根本上加以改变的地步，所以从前的哲学没有把"改变世界"作为根本使命来担当，而只是或者替现存世界做辩护，或者对理想世界做设想，即只是给世界一个理论的说法。同时，马克思也没有说"改变世界"只要行动，而不要"解释世界"的理论，他所否定的是那种"只是……解释世界"的理论，而他自己的理论则志在对"改变世界"的必然性和必要性加以科学的"解释"，并实际引导"改变世界"的实践活动，即把"解释世界"和"改变世界"统一起来。也就是说，在马克思看来，"解释世界"和"改变世界"在他之前是分裂的，而他所处的历史时代则为二者的结合创造了条件。故此，马克思实际上认定了一个未曾言明的前提：一套科学的对"改变世界"加以"解释"的理论，跟"改变世界"的实际行动之间，在根本上是一致的。

在人们尝试彻底"改变世界"之前，对于"改变世界"和"解释世界"是否真能达成一致，谁也没有把握。正是马克思在人类历史上第一次提出了"改变世界"的课题，并发起了彻底"改变世界"的运动。今天，论断这场运动中的种种是非曲直似乎为时尚早，但有一点是确定无疑的，那就是："改变世界"所遭遇的问题、所呈现的面貌，要比"解释世界"复杂千百倍。这里姑且不论马克思所建构的人与世界关系的实践结构模型和对于社会革命已经来临的断言是否存在问题，单从思维方式看，需要追问的是：人类理性有无可能用某种"解释世界"的单一理论去认知和设计"改变世界"的复杂工程？人类"改变世界"的实践活动有无可能最终符合某种"解释世界"的单一理论所规定和预期的目标状态？或者说，马克思所承诺的正确地"解释世界"的理论体系和成功地"改变世界"的实践操作之间的一致性是否需要重新考虑？

我个人的理解是：一方面，当人理论地"解释世界"时，他必须保持理论观点的逻辑自洽，如是，任何一套单一的理论体系都只能处理实践活动所牵涉的某一方面的逻辑相关的因素，而不可能包办全部因素；另一方

面，当人实际地"改变世界"时，设计者或当事人必须综合参照实践活动
所牵涉的各种不同的理论体系，而不能仅仅参照某一种理论，其间的思维
方式是对不同的逻辑化理论原理的非逻辑的复合。也就是说，"解释世界"
和"改变世界"固然密切相关，但二者的思维方式是互不相同的。①

"解释世界"和"改变世界"，或者说理论与实践，是人的活动的两种基
本样式，也是人与世界的两种基本关系。任何一种关于人的理论都不可避免
地要回答有关的问题。马克思的人论在这方面的贡献不仅在于他明确提出了
"问题在于改变世界"，而且在于他所开创的"改变世界"的现实运动一百多
年来一直在用大量的经验教训向我们诉说着关于理论和实践的复杂关系的深
刻道理。那么，这些道理是否值得我们进一步去加以揭示呢？

三 重新理解"人的本质是一切社会关系的总和"

马克思把人看作人的最高本质，主张通过"改变世界"来实现这种本
质。这就涉及另外一个问题：如果人具有与生俱来的"问题属性"，即给
人生带来烦恼，给社会带来冲突的那些属性，那么，不管如何"改变世
界"，人也不可能获得彻底解放。马克思之所以坚信人的彻底解放的必然
性，正是因为他不认为人具有任何意义上的不变的"问题属性"。

马克思承认人从自然界那里获得了许多作为类的特性或机能，如"视
觉、听觉、嗅觉、味觉、触觉、思维、直观、感觉、愿望、活动、爱"
等，并把这些特性和机能作为价值判断的基础。马克思心目中的理想状态
就是所有这些特性和机能的自由而全面的发展，异化劳动和私有财产的弊
端恰好在于扭曲了这些特性、损害了这些机能。如果把这些特性和机能看
作人的不变本性的话，那么，马克思是认同存在着不变的人性的。问题在
于，马克思不认为在人所具有的种种不变的类特性或机能中蕴涵着什么不
变的"问题属性"。不仅如此，马克思并不把这些不变的类特性或机能看
成人的本质，或者说看成人身上需要作为焦点加以关注的东西。在马克思
看来，人的本质在于他的社会性，这不仅因为"只有在社会中，人的自然
的存在对他说来才是他的人的存在"，② 而且因为社会关系的具体状况决定

---

① 参见拙著《理论思维与工程思维》，上海人民出版社，2002。

② 马克思著《1844 年经济学哲学手稿》，《马克思恩格斯全集》第 42 卷，人民出版社，
1979，第 122 页。

了人的类特性或机能究竟是动物式的还是真正人的。比如，在资本主义私有制中，人的生存就处于异化状态，而一旦扬弃了私有财产，人就能"以一种全面的方式，也就是说，作为一个完整的人，占有自己的全面的本质。"① 这就表明，在马克思看来，导致人出问题的因素不在自然界所赋予的那些特性或机能中，而在人所创造的社会关系里，进而，解决问题的方式也就不是仅仅去指出人性的缺陷所在，而是实际地改变成问题的社会关系。正是出于这样的考虑，马克思才说："人的本质不是单个人所固有的抽象物，在其现实性上，它是一切社会关系的总和。"②

因为人的问题的症结不在自然本性里而在社会关系里，所以对人说来，"改变世界"才是有意义的，彻底解放才是有可能的。或者说，在马克思看来，人不是生来有问题，而是过得有问题。

马克思对人的这种理解是独创性的。古今中外，多数思想家是主张人生而有问题的。在正统儒家的分析模式中，善端和恶端总是并存于人的先天结构中，后天的环境和作为只能起一部分作用，人生和社会的种种问题无不与人的矛盾本性有关。佛教把人生看成苦海，这种苦的根源直接存在于人的生命本性中。柏拉图把人的灵魂分为理性和情欲两部分，后者又分为精神性情欲和肉体性情欲，相互之间存在冲突。基督教认为人有罪性。休谟相信不变的人类本性，相信理性是情欲的奴仆，相信人的利己心是自然的本能。亚当·斯密把休谟的人性论转化为近代以来西方主流经济学的人论基础——"理性经济人"理念。达尔文将生存斗争、物竞天择建构为生物世界甚至人类社会的自然原则。弗洛伊德揭示了人心中本我、自我和超我之间的无尽冲突。现代生物学正在基因水平上将包括人在内的生物的种种"劣根性"一一揭晓。

在上述纷纭众说中，对理解马克思的人论而言，有一个问题是关键：人究竟有没有一种利己本性？因为马克思把人的问题归结为社会关系的问题，又把社会关系的问题的要害确定为资本主义私有制的问题，而资本主义私有制以及全部资产阶级政治经济学的人论前提就是人的利己本性，就是"理性经济人"的基本预设，所以，马克思对这个问题的回答就显得事

---

① 马克思著《1844 年经济学哲学手稿》，《马克思恩格斯全集》第 42 卷，人民出版社，1979，第 123 页。

② 马克思著《关于费尔巴哈的提纲》，《马克思恩格斯选集》第 1 卷，人民出版社，1995，第 56 页。

关重大。然而，令人困惑的是，马克思从未重视过这个问题。换句话说，马克思一生最主要的理论工作是"政治经济学批判"，可他竟然没有专题批判过政治经济学的"理性经济人"前提。马克思在乎的是资本主义生产的"剩余价值"实质，在乎的是资本主义生产方式中的结构性矛盾，在乎的是无产阶级和资产阶级的最后决战，至于人是否具有利己本性、理性经济人的假定是否成立，在他看来似乎不是什么大不了的问题，至少对他来说，这些问题很容易回答。那么，马克思的回答是什么呢？

在《哲学的贫困》中，马克思引用了蒲鲁东的一句话："假如颁布一道法令，说从 1847 年 1 月 1 日起人人的劳动和工资都有保障，那么工业上的极端紧张状态立即就会转变为严重的松弛。"蒲鲁东的理由是：竞争是"社会经济的原理、命运的法规、人类灵魂的某种必然要求"。显然，蒲鲁东是主张存在着不变的人性的，这种人性制约着经济制度。对此，马克思的回答是："蒲鲁东先生不知道，整个历史也无非是人类本性的不断改变而已。"① 在这里，虽然马克思所直接批判的不是资产阶级政治经济学，而是蒲鲁东的经济学，但蒲鲁东的这个观点所包含的前提跟资产阶级政治经济学的理性经济人前提是一样的，所以，马克思对蒲鲁东的回答也适用于资产阶级政治经济学。既然人类本性是不断改变的，也就意味着没有什么本性，一切都因制度的产生而产生，也可随制度的改变而改变；资本主义生产中的问题是制度问题，而不是人性问题；所谓人的利己性，不过是资本主义制度的产物；只要消除了资本主义生产方式，利己性也会随之消除。

马克思的理论逻辑导出了两个著名的命题：一是文化大革命中人人耳熟能详的"没有抽象的人性，只有具体的人性，在阶级社会中就是阶级性"，二是文化大革命后所流行的萨特的"存在先于本质"。② "阶级性"命题无非是说人的本质是由社会关系赋予的。萨特的命题更是对马克思想法的简洁表达，"存在"就是把马克思所认可的那些自然特性和机能接受为一种事实，"本质"则是社会关系的产物，而社会关系又是由人创造和改变的。这两个命题在不同的历史时期以不同面目出现在中国人的观念世

---

① 马克思著《哲学的贫困》，《马克思恩格斯选集》第 1 卷，人民出版社，1995，第 171 ~ 172 页。

② 虽然这两种观点都批评对方，但我认为它们具有内在的一致性。从"阶级性"立场批评萨特，这在十几年前还是寻常事。至于萨特对"阶级性"观点的批评，可参见萨特著《辩证理性批判》上，林骧华、徐和瑾、陈伟丰译，安徽文艺出版社，1998，第 46 页。

界里，并左右着我们对人的基本理解，这至少表明马克思人论的巨大逻辑力量及其与中国人的亲和力。

在马克思否定不变人性的思想广泛传播的同时，西方主流经济学的"理性经济人"理念也在不断扩张。如今，"理性经济人"不仅仍然是分析经济活动的基本预设，而且已被用来解释政治、文化和道德现象，并用来建构相关的基本价值原则。布坎南等人的"公共选择"理论把政治家和选民都看作政治利益最大化的追逐者，并以此为据设计政治交易的合理规则。贝克尔的"新经济人"理论更是将地位、名誉、声望、尊重等统统纳入投入和效用的分析模式之中。罗尔斯从"无知的面纱"推出"正义原则"，正是利己主义者们在互不知情的情况下相互算计的理论告白。诺齐克对最小化国家的确认，也是站在"理性经济人"的立场上算计的结果，只不过他的算法跟罗尔斯略有不同罢了。现代道德哲学中引入博弈理论，将道德原则彻底建立在人的利己性的基础之上，这恐怕是"理性经济人"理念扩张的极限了。现在大概只剩下神学领域尚能独善其身，假如有朝一日，宗教信仰也以人和神各自的利己性为前提，"理性经济人"理念王国的建构就大功告成了。

问题不在于"理性经济人"理念在研究领域如何扩张，而在于这种扩张究竟说明什么问题——是说明人固有的利己性通过资本主义制度得到了日益充分的表露，还是说明资本主义制度是将人利己主义化的罪魁祸首？马克思及其后继者们无疑持后一种理解。正是根据这种理解，社会主义的新天地被建立起来，但其后却遭遇了种种始料未及的曲折。在中国，我们先是消灭了一切形式的私有制，代之以清一色的公有制，可结果并没有消除人们的利己打算，经济上的问题比蒲鲁东预言的还要严重。既而我们认为可能是因为资产阶级的东西还在政治领域起作用，于是又不断搞政治运动，可效果并不好。到后来，我们把根子挖到文化观念上，搞起了"无产阶级文化大革命"，要人们"狠斗私字一闪念"，可经过数亿人十年的斗争，人心中那个利己的幽灵不仅没有被祛除，反而变得日益虚伪和奸诈。最后，我们不得不改弦易辙，搞起了市场经济，允许每个人"盘算……他自己的利益"，然后靠"一只看不见的手的指导"去"促进公共的利益"，① 其结果就是今天的经济繁荣，同时又有大量被马克思批判过的社会现象沉渣泛起，以

---

① 亚当·斯密著《国民财富的性质和原因的研究》下卷，郭大力、王亚南译，商务印书馆，1974，第27页。

及"医生、律师、教士、诗人和学者"① 等职业的神圣光环被金钱所抹去，以至"理性经济人"的价值观念和分析模式日益深入人心。

至此，是否我们可以这样问：人的本质固然可以从社会关系的总和去理解，可是，社会关系的本质是否也需要从人的本性的总和去理解呢？

如果再考虑到现今西方和中国学界正在反思和批判"理性经济人"观念，我们应该追问的东西就更多、更复杂了。

四	重新理解"每个人的自由发展是一切人的自由发展的条件"

马克思把人看成人的最高本质，主张"改变世界"，主张消灭资本主义的社会关系，归根到底是要实现人的如下目标状态："代替那存在着阶级和阶级对立的资产阶级旧社会的，将是这样一个联合体，在那里，每个人的自由发展是一切人的自由发展的条件。"② 在这一目标提出 46 年后，当一位意大利人希望恩格斯替他从马克思的著作中找一句代表性的话作为一本杂志的题词时，恩格斯所找出的就是这句话。③ 在这句话中，马克思所说的"发展"，就是指将前面所提到的人身上的那些类特性和机能充分开发出来；所说的"自由"，是指这种开发不是出于生存的逼迫或社会关系的强制，其结果也不是人的产品对人的统治和占有产品的他人对自己的统治，相反，这种开发是以人自己占有和享受自己的全面本质为出发点和归宿的。这句话还特别强调地把"每个人的自由发展"看作"一切人的自由发展"的条件，直接针对的就是资本主义社会将多数人的牺牲作为少数人的享乐的条件，同时旨在表明共产主义社会中的自由发展是人人平等、没有例外的。再者，这种自由发展是以资本主义高度发展了的生产力为基础、在高度社会化的交往水平上通过联合占有生产资料的方式来进行的。

在《德意志意识形态》中有一个浪漫的比方："在共产主义社会里，任何人都没有特殊的活动范围，而是都可以在任何部门内发展，社会调节

---

① 马克思、恩格斯著《共产党宣言》，《马克思恩格斯选集》第 1 卷，人民出版社，1995，第 275 页。

② 马克思、恩格斯著《共产党宣言》，《马克思恩格斯选集》第 1 卷，人民出版社，1995，第 294 页。

③ 《1894 年恩格斯致朱·卡内帕的信》，《马克思恩格斯选集》第 4 卷，人民出版社，1995，第 730~731 页。

着整个生产，因而使我有可能随自己的兴趣今天干这事，明天干那事，上午打猎，下午捕鱼，傍晚从事畜牧，晚饭后从事批判，这样就不会使我老是一个猎人、渔夫、牧人或批判者。"① 这个比方甚至比前面那个理论命题更能透露马克思（以及恩格斯）的心思。如果单从生活内容的丰富性和非固定性来看，现今许多人实际上都达到了这种状态。马克思所在意的不是这种状态，而是其实质性的内涵。其中，自然界对人的压迫没有了，它已经人化，并真正成了"人的无机的身体"②；同时，社会关系对人的压迫也没有了，社会对人来说完全成了一种积极的因素，"社会的"和"人的"是一回事；从而，自然所赋予人的一切都在社会中实现出来，"人的实现了的自然主义和自然界的实现了的人道主义"③ 得到完全的统一。

如果把"人是人的最高本质"看成马克思人论的最初命题，其规定性最为抽象的话，那么，"每个人的自由发展是一切人的自由发展的条件"就可以看作马克思人论的最终命题，其规定性最为具体。正如最初命题的实质在于它完全拒认人的有限性一样，最终命题的实质也在于它彻底扬弃了人的有限性。可问题在于，扬弃了有限性的人究竟是人还是神呢？马克思的内心渴望是否在于要实践地填平人神之间的鸿沟呢？

比如，生死的限度就是人无法跨越的。《圣经》记载，伊甸园中有两种禁果，人类始祖偷吃了知善恶的禁果，还有一种生命之果没有吃到。于是，生死问题便成了人类自己不能解决的问题。可马克思极少谈论生死问题。在《1844年经济学哲学手稿》中，当马克思提到"死似乎是类对特定的个体的冷酷无情的胜利"④ 时，他也只是在类与个体的统一性的前提下来谈论死亡的，他似乎对由自然所注定的人的生和死及其意义不感兴趣。也许乐观主义的或具有入世情怀的思想家都看淡生死，比如儒家就比道家、佛家更少关注生死问题，或者主要从社会或道德的意义上去看待生死。相比之下，马克思可能是大师级人物中最少注意生死问题的人。直到大半个世纪以后，海德格尔把死亡对于人的本体论意蕴揭示了出来，从存

---

① 马克思、恩格斯著《德意志意识形态》，《马克思恩格斯选集》第 1 卷，人民出版社，1995，第 85 页。

② 马克思著《1844 年经济学哲学手稿》，《马克思恩格斯全集》第 42 卷，人民出版社，1979，第 95 页。

③ 马克思著《1844 年经济学哲学手稿》，《马克思恩格斯全集》第 42 卷，人民出版社，1979，第 122 页。

④ 马克思著《1844 年经济学哲学手稿》，《马克思恩格斯全集》第 42 卷，人民出版社，1979，第 123 页。

在的根底上找到了人的边界，这才让我们发现了马克思人论在生死问题上的限度。在这一点上，我们可以追问：每个人都可以自由发展的存在是否仍然是向着死亡的存在？人无论作为个体还是作为类能否获得免于死亡的自由？

除了生死问题，人从自然那里还有没有获得其他"问题属性"呢？食的问题、性的问题是否也规定着人的限度呢？尽管有食、有性人也会不免一死，但这一点不妨碍食和性的问题所带给人生和社会的无尽烦扰。马克思作为第一个历史唯物主义者对这两方面的问题无疑高度重视，他把物质生活的生产和人的生产看作历史的前提，并指出了其中所包含的自然关系的方面和社会关系的方面。① 但是，马克思所强调的毕竟是后一方面，他的学说毕竟是"历史"唯物主义。也就是说，虽然马克思承认物质生产领域"始终是一个必然王国"，但他认为人可以在这个领域的彼岸实现自由王国，② 在那里，在"集体财富的一切源泉都充分涌流之后"③，就不会再有什么足以引起普遍社会问题的非社会因素或人的自然本性方面的因素了。所以，马克思不认为存在着什么对人的自由发展而言无法跨越的人性限制。在马克思之后，弗洛伊德特别从性的方面揭示了人的限度、文明的限度，给重新思考马克思关于人的自由发展的思想提供了一种反思性的资源。

如果把生和死看成人的有限性的最基础层面的"问题属性"，把食和性看成其次层面的"问题属性"的话，那么，诸如利己心、嫉妒心、占有欲、控制欲、攻击性、破坏性之类或许可以看成第三层面的"问题属性"。这些类特性和机能不是任何特定的社会关系的产物，也不能通过变革社会关系加以清除，相反倒是不同的社会关系如此这般建构或改造的人性根据。除此之外，种群、地理、地域、习俗、传统、时尚、职业等因素也会在特定群体和个人身上烙下深深的印记，有时甚至会成为制约人的发展的瓶颈性的"问题属性"。韦伯对新教伦理和资本主义精神之关系的考察、鲁迅对中国民族性的批判、汤因比对文明类型的研究、李约瑟对中国科技

---

① 参见马克思、恩格斯著《德意志意识形态》，《马克思恩格斯选集》第1卷，人民出版社，1995，第78~80页。

② 参见马克思著《资本论》第3卷，《马克思恩格斯全集》第25卷，人民出版社，1974，第926~927页。

③ 马克思著《哥达纲领批判》，《马克思恩格斯选集》第3卷，人民出版社，1995，第305页。

史的探索，以及现代文化人类学的各种成果，都从不同视角表明了这一点。然而，这些因素对马克思来说要么难以划入他理解的那种"社会"范畴，要么属于无关紧要的社会因素。

可见，由于人身上存在着上述错综复杂的"问题属性"，即使马克思对社会经济形态的"自然历史过程"①描述无误，"每个人的自由发展"的可能性也是一件值得重新考虑的事情。

综观全文，我们不难发现，马克思关于人的上述四个命题无一不与我们的现实问题息息相关。比如，眼下全社会都在讲"以人为本"，这似乎比过去以"革命"为本要强，可这个"人"在市场经济的交换关系中不过就是"钱的主人"的意思，"以人为本"的实质就是"以钱为本"、"以有钱人为本"，而这正是当初马克思所痛加批判的，也是马克思的"革命"的对象。在马克思心目中，真正的"人"是革命的结果。可这样一来，岂不还得先以"革命"为本吗？看来，事情绝不像想象的那样简单。我们仿佛正处在一种巨大的思想观念的漩涡之中，若不及早挣脱，必将永世迷茫。有鉴于此，我们才需要重新理解马克思关于人的理论。

当然，由于马克思的人论思想宏富且事关重大，因而本文的探讨带有明显的尝试性质。对此，只要本着马克思所提倡的"诚实研究"②的精神，"任何的科学批评的意见我都是欢迎的"。③

　　说明：写于 2002 年 5 月中旬，发表于《天津社会科学》2003 年第 3 期。

---

① 马克思著《资本论》第 1 卷，《马克思恩格斯全集》第 23 卷，人民出版社，1972，第 12 页。
② 马克思著《〈政治经济学批判〉序言》，《马克思恩格斯选集》第 2 卷，人民出版社，1995，第 35 页。
③ 马克思著《资本论》第 1 卷，"1867 年第一版序言"，《马克思恩格斯选集》第 2 卷，人民出版社，1995，第 102 页。

"旧人"的终结和
"新人"的诞生

——论马克思对人的价值形象的设计

　　任何一种关于人的理论不管涉及多少问题，都免不了要回答这样三个问题：人应该是什么样子的？人实际是什么样子的？人如何从实际所是的样子变为应该所是的样子？其所以如此，是因为人的理论总是内在地蕴涵着价值关切，或者说这种理论的目的就在于要成为它所揭示的这种转变的中介。不同的理论对上述三个问题的回答方式可能存在这样那样的差别，但不管怎样，对人应该之所是（也可称为应然性状态）的回答是最关键的，因为该回答既是选择观察人实际之所是（也可称为实然性状态）的视角的依据，更是评价人实际之所是的价值尺度。这就是说，对人应该之所是的回答在逻辑上优先于对人实际之所是的回答。不仅如此，每一种人论对人应该之所是的回答在时间上也要优先于对人实际之所是的回答。这样讲的理由是：如果理论家不是一开始就有了某种关于人的应然性状态的理想，或者说不是一开始就有了某种新颖的人的价值形象，那么，他拿什么去判断人的实然性状态成问题呢？因此，不管每一种人论在理论建构中如何技术地处理它对人的应然性状态的表述，有关的观点较之其对人的实然性状态的看法来说总具有逻辑和价值上的双重优先性。马克思关于人的理论也不例外。

　　本文的主要目的是将马克思所设计的人的价值形象从其复杂的话语构造中剥离出来，以揭示"旧人"的终结和"新人"的诞生在马克思的著作中是如何发生的。

一 "旧人"的终结

马克思讲人的应然性状态，主要是放在对人的实然性状态的批判中进行的，而很少做正面的系统阐述。也就是说，马克思直接讲人应该是什么样子的时候少，而讲人不应该是什么样子的时候多。讲人不应该是什么样子，实际上既蕴涵着对人实际是什么样子的事实判断，又蕴涵着对人应该是什么样子的价值判断，只不过这两种判断尚未被明确地区分开来罢了。或者说，讲人不应该是什么样子，属于否定性的价值判断。否定性的价值判断将事实判断与价值判断合在一起，具有判断上的决断性，但不易让人看清其做出判断的充分理由和具体思维程序。马克思作为一位以批判为特色的思想家，否定性价值判断是他的主要言说方式。考虑到这一点，我们先考察他对于人不应该是什么样子这一问题的回答，以便接近他的思想表述的原貌，也为后面的解读提供一个基础。

关于人不应该是什么样子，马克思在早期的几部著作中讲得很多，主要包含下面几个方面。

1. 人不应该是专制制度下的动物

马克思的思想是从 19 世纪前期德国的愤怒的土壤中滋生出来的。那时的德国人，特别是年轻的德国人的普遍心态，留给后人的印象是：大家都有一腔抑制不住的愤怒——对德国现实生活的愤怒，为德国落后于英法两个主要邻国而愤怒。这种愤怒的滋味也是我们中国人所十分熟悉的。1843年 3 月，当马克思在荷兰旅行的时候，他发现"一个最寻常的荷兰人也比一个最伟大的德国人强，因为不管怎样他总算是一个公民"，而德国人却还生活在"极其可恶的专制制度"下，由此，马克思感到了一种"民族耻辱"，"羞愧得无地自容"。① 马克思认为："专制制度的唯一原则就是轻视人类，使人不成其为人，而这个原则比其他很多原则好的地方，就在于它不单是一个原则，而且还是事实。专制君主总是把人看得很下贱。"② "君

---

① 马克思著《摘自"德法年鉴"的书信》，《马克思恩格斯全集》第 1 卷，人民出版社，1956，第 407 页。
② 马克思著《摘自"德法年鉴"的书信》，《马克思恩格斯全集》第 1 卷，人民出版社，1956，第 411 页。

主政体的原则总的说来就是轻视人，蔑视人，使人不成其为人；而孟德斯鸠认为君主政体的原则是荣誉，他完全错了。"① "专制制度必然具有兽性，并且和人性是不相容的。"② 根据上述看法，马克思断言德国"已经沦落到了政治动物世界的水平"。③

在这些表述中，"德国的政治制度是专制制度或君主政体"属于事实判断，"如此这般的制度或政体是可恶的"属于价值判断，"在如此这般国度中生活的人不成其为人"属于关于人的否定性价值判断。如是，我们可以说：在马克思看来，人不应该是在专制制度中生活的人，或者不应该是专制制度这一动物世界中的动物。

2. 人不应该是宗教的信仰者

德国社会当时的另一个特点就是专制的政治制度和基督教作为国教的结合。这就使得人们对专制制度的愤怒总是跟对宗教的情绪缠绕在一起。马克思把这个问题剖为两个层面：一是宗教和政治的关系问题，二是宗教和人的关系问题。前一个问题已在理论上由黑格尔哲学④、在实践上由北美一些地区⑤加以解决，办法是政教分离。解决这个问题之后，国家超越于宗教派别之上，人就成了有宗教信仰自由的人。这样的人固然强于没有宗教信仰自由的人，但还不是马克思心目中人最终应该成为的那个样子。马克思同意费尔巴哈将神的本质看成人的本质的对象化的观点，把宗教视为"一种颠倒的世界意识"。⑥ 他的一段著名的话是："宗教是被压迫生灵的叹息，是无情世界的心境，正像它是无精神活力的制度的精神一样。宗教是人民的鸦片。"⑦ 既然如此，人作为宗教信仰者就是不应该的。

当然，马克思对人作为宗教信仰者的否定性价值判断是从属于其他否

---

① 马克思著《摘自"德法年鉴"的书信》，《马克思恩格斯全集》第 1 卷，人民出版社，1956，第 411 页。

② 马克思著《摘自"德法年鉴"的书信》，《马克思恩格斯全集》第 1 卷，人民出版社，1956，第 414 页。

③ 参见马克思著《摘自"德法年鉴"的书信》，《马克思恩格斯全集》第 1 卷，人民出版社，1956，第 412 页。

④ 参见黑格尔著《历史哲学》，王造时译，上海书店出版社，1999，第 461 页。

⑤ 参见马克思著《论犹太人问题》，《马克思恩格斯全集》第 1 卷，人民出版社，1956，第 424 页。

⑥ 参见马克思著《〈黑格尔法哲学批判〉导言》，《马克思恩格斯选集》第 1 卷，人民出版社，1995，第 1 页。

⑦ 参见马克思著《〈黑格尔法哲学批判〉导言》，《马克思恩格斯选集》第 1 卷，人民出版社，1995，第 2 页。

定性价值判断的。马克思从对宗教的批判所要引出的是对现存国家和社会的批判，并把解决政治制度和经济关系中的问题作为解决宗教问题的基础。

3. 人不应该是资本主义经济关系中的异化的人

马克思对人的否定性的价值判断主要是针对资本主义经济关系中的人的。这既是马克思成为马克思主义者的关键，也是马克思人论中用力最多的方面。

按马克思的理解，黑格尔哲学之后，德国的思想运动主要是神学批判，甚至是将旧哲学、特别是黑格尔哲学的超验性加以神学漫画化的批判①，其中，只有"费尔巴哈把形而上学的绝对精神归结为'以自然为基础的现实的人'，从而完成了对宗教的批判。同时也巧妙地拟订了对黑格尔的思辨以及一切形而上学的批判的基本要点。"② 马克思则致力于把"对天国的批判变成对尘世的批判，对宗教的批判变成对法的批判，对神学的批判变成对政治的批判"③，并最终将批判的矛头指向市民社会、异化劳动、私有财产和整个资本主义生产关系，从而开辟了一条独到的理论路径。马克思对人的实际状况的批判主要就是在这条路径上展开的。

在1843年的《论犹太人问题》中，马克思将犹太人的世俗本质归结为做生意、金钱崇拜、实际需要、自私自利，并认为，这种本质正是在基督教世界中正在加以实现的市民社会的本质，所以，市民社会的本质和犹太人的世俗本质是一个东西，解决犹太人问题的根本在于将包括犹太人、基督徒在内的整个人类从市民社会中解放出来。他说："一种社会组织如果能够消除做生意的前提，从而能够消除做生意的可能性，那末这种社会组织也就能使犹太人不可能产生。……犹太人的解放，就其终极意义来说，就是人类从犹太中获得解放。"④ 这里很清楚，在马克思看来，人不应该是"做生意、金钱崇拜、实际需要、自私自利"的人。这也可以看作马克思跟自己的犹太人出身的一种观念决裂。

---

① 参见马克思著《1844年经济学哲学手稿》，《马克思恩格斯全集》第42卷，人民出版社，1979，第48页。

② 马克思、恩格斯著《神圣家族，或对批判的批判所做的批判》，《马克思恩格斯全集》第2卷，人民出版社，1957，第177页。

③ 马克思著《〈黑格尔法哲学批判〉导言》，《马克思恩格斯选集》第1卷，人民出版社，1995，第2页。

④ 马克思著《论犹太人问题》，《马克思恩格斯全集》第1卷，人民出版社，1956，第446页。

在《1844 年经济学哲学手稿》中，马克思第一次把自己的关切完全聚焦到工人阶级的问题上，把对人的问题的思考具体化为对工人阶级问题的思考。在马克思眼里，工人的产品成了自己的对头，这是问题的症结所在。劳动的成果转而成为压迫劳动的工具，使得劳动不是对生命的享受和对真正的人的本质的确证，而仅仅是维持肉体生存的手段，同时还因资本家占有工人的劳动产品而使人与人的关系变成了对抗性的关系。这种现象被马克思称作"异化劳动"。① 异化劳动导致私有财产，即一种将他人的劳动产品单纯当作财产来加以占有的现象。② 粗陋的共产主义不过是将少数人对财产的占有变成社会成员的平均占有，仍然没有摆脱"占有"的鄙俗性质。③ 在后来的著述中，马克思调整了自己关于异化劳动和私有财产关系的看法，将包括异化劳动在内的异化现象主要看作一种社会症状，而将资本主义的生产关系，特别是资本主义私有制看作问题的根源，把资本和人的关系的颠倒看做人的问题的实质。这些想法归结起来，无非是说：人不应该是那种受资本役使的异化的人。

在《神圣家族》中，马克思进一步把异化状态的无产阶级看做完全非人的存在。他说："由于在已经形成的无产阶级身上实际上已经完全丧失了一切合乎人性的东西，甚至完全丧失了合乎人性的外观，由于在无产阶级的生活条件中现代社会的一切生活条件达到了违反人性的顶点，由于在无产阶级身上人失去了自己，同时他不仅在理论上意识到了这种损失，而且还直接由于不可避免的、无法掩饰的、绝对不可抗拒的贫困——必然性的这种实际表现——的逼迫，不得不愤怒地反对这种违反人性的现象，由于这一切，所以无产阶级能够而且必须自己解放自己。但是，如果它不消灭它本身的生活条件，它就不能解放自己。如果它不消灭集中表现在它本身处境中的现代社会的一切违反人性的生活条件，它就不能消灭它本身的生活条件。"④ 顺便指出的是，不仅工人的状况在价值上是马克思所否定的，资本家的状况也是如此。在同一本书中，马克思指出："有产阶级和

---

① 参见马克思著《1844 年经济学哲学手稿》，《马克思恩格斯全集》第 42 卷，人民出版社，1979，第 89 ~ 103 页。

② 参见马克思著《1844 年经济学哲学手稿》，《马克思恩格斯全集》第 42 卷，人民出版社，1979，第 100 页。

③ 参见马克思著《1844 年经济学哲学手稿》，《马克思恩格斯全集》第 42 卷，人民出版社，1979，第 117 ~ 119 页。

④ 马克思、恩格斯著《神圣家族，或对批判的批判所做的批判》，《马克思恩格斯全集》第 2 卷，人民出版社，1957，第 45 页。

无产阶级同是人的自我异化。"只不过"有产阶级在这种自我异化中感到自己是被满足的和被巩固的，它把这种异化看做自身强大的证明，并在这种异化中获得人的生存的外观。"① 这就是说，资本主义的生产关系造成了所有人的非人化，因而跟人的价值是根本对立的。这些基本判断成了马克思后来深入剖析资本主义生产关系的价值前提。

4. 人既不应该是片面的人也不应该是原始丰富的人

马克思对人的否定性价值判断还有很多，其中，关于人的片面性问题的论述值得加以强调。

马克思对私有制的一个具体指控就是私有制使人片面，这种片面性集中表现为"一切肉体和精神的感觉都被这一切感觉的单纯异化即拥有的感觉所代替"。② 他说："私有制使我们变得如此愚蠢而片面，以致一个对象，只有当它为我们拥有的时候，也就是说，当它对我们说来作为资本而存在，或者它被我们直接占有，被我们吃、喝、穿、住等等的时候，总之，在它被我们使用的时候，才是我们的，尽管私有制本身也把占有的这一切直接实现仅仅看作生活手段，而它们作为手段为之服务的那种生活是私有制的生活——劳动和资本化。"③

同时，马克思也反对资本主义之前的那种全面性。他在《政治经济学批判（1857~1858年草稿）》中明确地说："在发展的早期阶段，单个人显得比较全面，那正是因为他还没有造成自己丰富的关系，并且还没有使这种关系作为独立于他自身之外的社会权力和社会关系同他自己相对立。留恋那种原始的丰富，是可笑的，相信必须停留在那种完全空虚之中，也是可笑的。资产阶级的观点从来没有超出同这种浪漫主义观点的对立，因此这种浪漫主义观点将作为合理的对立面伴随资产阶级观点一同升入天堂。"④ 实际上，原始的丰富性是以人的"丰富的关系"的缺乏为前提的，因此可视为另一种意义上的片面性。

这就是说，在马克思心目中，人既不应该是资本主义私有制下的片面

① 马克思、恩格斯著《神圣家族，或对批判的批判所做的批判》，《马克思恩格斯全集》第2卷，人民出版社，1957，第44页。
② 马克思著《1844年经济学哲学手稿》，《马克思恩格斯全集》第42卷，人民出版社，1979，第124页。
③ 马克思著《1844年经济学哲学手稿》，《马克思恩格斯全集》第42卷，人民出版社，1979，第124页。
④ 马克思著《政治经济学批判（1857~1858年草稿）》，《马克思恩格斯全集》第46卷上册，人民出版社，1979，第109页。

的人，也不应该是此前的那种具有原始全面性的人。

此外，马克思还批判了唯物主义式的人的片面性。他称赞唯物主义"在它的第一个创始人培根那里，还在朴素的形式下包含着全面发展的萌芽。物质带着诗意的感性光辉对人的全身心发出微笑"。可惜的是，"唯物主义在以后的发展中变得片面了。霍布斯把培根的唯物主义系统化了。感性失去了它的鲜明的色彩而变成了几何学家的抽象的感性。物理运动成为机械运动或数学运动的牺牲品；几何学被宣布为主要的科学。唯物主义变得敌视人了。为了在自己的领域内克服敌视人的、毫无血肉的精神，唯物主义只好抑制自己的情欲，当一个禁欲主义者。它变成理智的东西，同时以无情的彻底性来发展理智的一切结论。"① 唯物主义式的人的片面性是作为唯心主义式的人的片面性的反面而出现的，而它们的共同问题都是把人抽象化、精神化、理智化。

至此，我们可以说，马克思在价值上所否定的是任何形式的人的片面性。

否定了专制制度，否定了宗教，否定了私有制，还否定了形形色色使人片面、使人受奴役的社会因素，这实际上就等于彻底否定了先前社会中所确立的种种人的价值，从而宣告了"旧人"的终结。

二 "新人"的诞生

说人不应该是什么样子的，应该的样子作为依据是支撑在论断的后面的。但说人应该是什么样子的，却不能以应该的样子本身为依据，而必须另有依据。这就是对人的肯定性价值判断比否定性价值判断难于做出的缘故。就此而言，马克思对人的应然性状态的正面回答并不是对于前述否定性价值判断的简单改写，而是另有真意。通过弄清马克思对人的肯定性价值判断，我们可以进一步追寻其更深层的理由，从而领悟马克思人论的奥妙。

1. 人应该是民主制度下的人

在表达了作为专制德国的一员的耻辱之情后，马克思说："人是能思想的存在物；自由的人就是共和主义者。"② 又说："既然我们已经沦落到

① 马克思、恩格斯著《神圣家族，或对批判的批判所做的批判》，《马克思恩格斯全集》第 2 卷，人民出版社，1957，第 163 ~ 164 页。
② 马克思著《摘自"德法年鉴"的书信》，《马克思恩格斯全集》第 1 卷，人民出版社，1956，第 409 页。

了政治动物世界的水平，那末更进一步的反动也就不可能了。至于要前进，那末只有丢下这个世界的基础，过渡到民主的人类世界。"① 也就是说，在马克思看来，人应当是政治上的人，而不应当做政治上的动物；前者指"民主的国家"的公民，后者指"那些不感到自己是人的人，就像繁殖出来的奴隶或马匹一样，完全成了他们主人的附属品。"② 法国大革命"使人复活"，而德国的制度则"使世界不成其为人的世界"。③

在这里，马克思主张人应该是民主国家的公民，这是没有疑问的；马克思当时怀着强烈的民主渴望，这也是不容怀疑的。可若问及理由，我们只能从其论述中找到一点，这就是：这是人和动物的区别所在。至于这种区别究竟是一种事实上的区别——动物的世界事实上是专制的，人的世界事实上是民主的；还是一种价值上的区别——动物的世界只配得上专制制度，人的世界应当实行民主制度，对此，马克思未曾涉及。如果区别是事实上的，那么是否事实如此价值上就应如此？如果是价值上的区别，那么应该如此和应该如此之间不过是同语反复或循环论证而已。看来，休谟提出的"是"和"应该"的区分对马克思来说仍然具有挑战性，仍然难以越过。

当然，此时主张民主的马克思还不是一个马克思主义者，他所提出的观点和理由不过是自由主义、共和主义的流行说法。到了巴黎公社时期，马克思对民主的理解就是真正马克思主义的了，其核心观点是：只有无产阶级的民主才是真正的民主。尽管如此，在马克思心目中，民主作为人的一个基本价值始终如一。需要在此明确的是：马克思给巴黎公社的民主提供的理由是什么？

马克思说："公社的真正秘密就在于：它实质上是工人阶级的政府，是生产者阶级同占有者阶级斗争的产物，是终于发现的可以使劳动在经济上获得解放的政治形式。"④ 这里最重要的变化是：公社及其民主之所以在价值上具有合理性，不在于它是人与动物的区别所在，而在于它是实现一

---

① 马克思著《摘自"德法年鉴"的书信》，《马克思恩格斯全集》第 1 卷，人民出版社，1956，第 412 页。

② 马克思著《摘自"德法年鉴"的书信》，《马克思恩格斯全集》第 1 卷，人民出版社，1956，第 409 页。

③ 马克思著《摘自"德法年鉴"的书信》，《马克思恩格斯全集》第 1 卷，人民出版社，1956，第 410 页。

④ 马克思著《法兰西内战》，《马克思恩格斯选集》第 3 卷，人民出版社，1995，第 58～59 页。

个更大的价值目标的手段。也就是说，这个应该的理由是另一个应该。如是，就要求我们去追寻马克思所提出的其他的应该及其理由。

2. 人应该是追求现实幸福的人

人不应该信仰宗教，反过来说就是，人应该是"不抱幻想而具有理智的人"，这样的人"能够围绕着自身和自己现实的太阳转动"。① 所谓"不抱幻想而具有理智"，是指"宗教是人的本质在幻想中的实现"，"废除作为人民的虚幻幸福的宗教，就是要求人民的现实幸福。"② 也就是说，人的现实幸福而不是彼岸的幸福才是人的根本价值，是人的全部活动所应围绕的太阳。彼岸的幸福以信仰上帝为前提，可是，"人奉献给上帝的越多，他留给自身的就越少。"③ 并且，迷信彼岸的幸福，还容易让人放弃现实的斗争。反之，追求现实的幸福，则意味着人要用自己的思考和行动"来建立自己的现实"，④ 从而"把人的世界和人的关系还给人自己"。⑤

那么，马克思所树立的作为人的根本价值的现实幸福究竟是什么呢？显然，马克思绝不是说只要不信宗教而过世俗化的生活，人生就是幸福的，更不是说当时的现实生活已经是幸福的了。事情恰恰相反，马克思所说的现实的幸福是一种尚未实现的幸福，或者说是一种应该在现实中而非幻想中加以实现的幸福。可见，马克思关于人的现实幸福的命题，不是一个事实命题，而是一个价值命题，即一个纯粹的应该。

相比之下，民主的公社制度是一个较小的应该，或者说是一个作为环节的应该，而人的现实幸福则可以说是那个最大的应该，即作为归宿的应该。可这个最大的应该的具体含义是什么呢？它的依据又是什么呢？要找到这些答案，我们还得往下看。

3. 人应该是自由地自觉地活动的人

人应该追求现实幸福，可现实中的人却处在异化劳动的不幸之中。关

---

① 马克思著《〈黑格尔法哲学批判〉导言》，《马克思恩格斯选集》第 1 卷，人民出版社，1995，第 2 页。

② 马克思著《〈黑格尔法哲学批判〉导言》，《马克思恩格斯选集》第 1 卷，人民出版社，1995，第 1～2 页。

③ 马克思著《1844 年经济学哲学手稿》，《马克思恩格斯全集》第 42 卷，人民出版社，1979，第 91 页。

④ 马克思著《〈黑格尔法哲学批判〉导言》，《马克思恩格斯选集》第 1 卷，人民出版社，1995，第 2 页。

⑤ 马克思著《论犹太人问题》，《马克思恩格斯全集》第 1 卷，人民出版社，1956 年 12 月第 1 版，第 443 页。

于马克思的异化劳动命题，我们已经确认，这不是一种单纯的事实判断，而是包含事实判断成分的否定性价值判断。也就是说，这是站在特定价值立场上、从特定视角出发、通过观察特定对象所得到的看法。其间，马克思的价值立场或其所持的价值标准对得出这一看法具有至关重要的作用。

说马克思的异化劳动观点是价值判断，不是说它没有事实根据，而是说我们不能忽视马克思所持的价值尺度对做出这一判断的重要意义。由于异化劳动的命题只是否定性的价值判断，而否定性价值判断并不是价值尺度的纯粹形态，只有肯定性的价值判断才是其纯粹形态，因而我们必须找到马克思在这一主题上的肯定性价值判断。那么，该判断是什么呢？或者说，既然马克思认为人不应该是异化劳动的人，人应该所是的样子又是什么呢？

如果要从马克思的原文中找答案，这答案只能是：人应该是自由地自觉地活动的人。在《1844年经济学哲学手稿》中，马克思的表述是："劳动这种生命活动、这种生产生活本身对人说来不过是满足他的需要即维持肉体生存的需要的手段。而生产生活本来就是类生活。这是产生生命的生活。一个种的全部特性、种的类特性就在于生命活动的性质，而人的类特性恰恰就是自由的自觉的活动。生活本身却仅仅成为生活的手段。"①

有必要指出的是，在这段话的中文译文中，有好多重要意思很难领会到，但英文译文就清楚得多。中文译文中有"生命"、"生活"两个词出现，而在英文译文中与这两个词对应的只有一个词"life"。中文译文中还有"生产"一词，英文译文中与之对应的是"productive"。英文译文中有个词组"productive life"，中文译文中与之对应的是"生产生活"。这个词组的理解是问题的关键所在。根据我的体会，英文译文中的"productive life"一词所欲表达的意思是"生产性生命"，含义为：人这一生物物种的生命跟其他生物物种的生命的根本区别在于，人的生命是生产性的。英文译文中还有一个词组可与之互相诠释，这就是"life-engendering life"，② 我的理解是"产生生命的生命"，中文译文中与之对应的则是"产生生命的生活"。中文译文用"生产生活"、"产生生命的生活"，可能想暗示这跟马

---

① 马克思著《1844年经济学哲学手稿》，《马克思恩格斯全集》第42卷，人民出版社，1979，第96页。

② 参见马克思著《1844年经济学哲学手稿》，*Karl Marx Frederick Engels Collected Works*，Volume 3，International Publishers，New York，1975，第276页。笔者不谙德文，不知从德文原文中能否得出这种看法。

克思后来关于物质生产活动的观点有某种联系，或者至少会导致读者这样去联想。加上中文译文“生命”、“生活”并用，使意思更难索解。在这个问题上，弗洛姆将马克思的异化解释为“negation of productivity”（生产性的否定），① 我认为是很到位的。

如果上述理解可行的话，那么，马克思在这里把“生产性生命”看作人与动物的区别所在，跟他后来的典型的历史唯物主义式的表述就有微妙的差异。比如，在《德意志意识形态》中，马克思和恩格斯说：“可以根据意识、宗教或随便别的什么来区别人和动物。一当人开始生产自己的生活资料的时候，这一步是由他们的肉体组织所决定的，人本身就开始把自己和动物区别开来。人们生产自己的生活资料，同时间接地生产着自己的物质生活本身。”② 这里也讲“生产”，但“生产”的含义的重心已经落到了“生活资料”的生产上来了；也讲人和动物的区别，但更在意的是这种生产和意识的区别。到了《〈政治经济学批判〉序言》中，马克思所强调的则是：“物质生活的生产方式制约着整个社会生活、政治生活和精神生活的过程。”③ 这里，马克思讲生产完全是为了说明社会结构各部分之间的关系问题，对人和动物的区别的问题已经不关注了。这样一种变化过程表明，当马克思从价值上否定异化劳动时，当他从人和动物的区别理解人的价值时，他是以人的生命是“生产性生命”为立论基点的。

根据本文对马克思有关论述的解读，生产性生命是人的类生命或种生命，（“类”和“种”是中文译文中的两个用语，在英文译文中与之对应的词都是“species”，④）即作为一个特定物种的生命。马克思认为，一个物种区别于其他物种的根本点不在别的地方，而在其生命特征上，就此而言，人的生产性生命就是人这个物种区别于动物等其他物种的根本所在，而生产性生命的最基本的规定就是“自由的自觉的活动”。

“自由的自觉的活动”意义上的生产性生命活动，包含如下几层具体含义。其一，这种活动是一种对象性的实践活动。这里指的是人“通过实

---

① 参见弗洛姆著《马克思关于人的概念》第五章，《西方学者论〈一八四四年经济学—哲学手稿〉》，复旦大学出版社，1983，第56页。

② 马克思著《德意志意识形态》，《马克思恩格斯选集》第1卷，人民出版社，1995，第67页。

③ 马克思著《〈政治经济学批判〉序言》，《马克思恩格斯选集》第2卷，人民出版社，1995，第32页。

④ 参见马克思著《1844年经济学哲学手稿》，*Karl Marx Frederick Engels Collected Works*，Volume 3, International Publishers, New York, 1975，第276页。

践创造对象世界，即改造无机界"，"再生产整个自然界"，"按照任何一个种的尺度来进行生产"，从而使自然界"表现为他的作品和他的现实"。① 其二，这种活动是自觉的活动。这里指的是人"使自己的生命活动本身变成自己的意志和意识的对象。他的生命活动是有意识的"，"也就是说，他自己的生活对他是对象"，而"动物和它的生命活动是直接同一的。动物不把自己同自己的生命活动区别开来。它就是这种生命活动。"② 如果借用墨子的术语，我们可以说，人是"知类"③ 的存在物，他可以"在实践上和理论上都把类——自身的类以及其他物的类——当作自己的对象"④。其三，这种活动是自由的活动。这里指的是人可以"自由地发挥自己的体力和智力"，"自由地对待自己的产品"，"把自身当作现有的、有生命的类来对待，当作普遍的因而也是自由的存在物来对待"，能够在自己所创造的世界中"复现自己"、"直观自身"、"肯定自己"，从而获得"生产的欢乐和对产品的享受"。⑤ 一句话，自由的活动就是以生产性生命本身为目的而非手段的活动。其四，这种活动是人以类的方式自我创造的活动。这里指的是人的生产性生命活动不是孤立的个人行为，而是社会化的活动，是类的活动，历史性的活动，"整个所谓世界历史不外是人通过人的劳动而诞生的过程，是自然界对人说来的生成过程"。⑥ 概言之，这种活动是在社会关系中进行的、在历史中自我展开的、用意识来把握的、以自身为目的的对象化的改变世界的活动。

作为现实生活中异化劳动的对立面，自由的自觉的活动自然不是一种现实存在着的活动。马克思也没有讲过这种活动是否在先前人类历史的某个时代或人类世界的某个地方实际地存在过。马克思从未提出过任何形式的"自然状态"说。由此可以肯定，这种活动在马克思那里只是一种价值上的设

---

① 马克思著《1844年经济学哲学手稿》，《马克思恩格斯全集》第42卷，人民出版社，1979，第96~97页。

② 马克思著《1844年经济学哲学手稿》，《马克思恩格斯全集》第42卷，人民出版社，1979，第96页。

③ 《墨子·公输》。

④ 马克思著《1844年经济学哲学手稿》，《马克思恩格斯全集》第42卷，人民出版社，1979，第95页。

⑤ 马克思著《1844年经济学哲学手稿》，《马克思恩格斯全集》第42卷，人民出版社，1979，第96、95、93、99页。

⑥ 马克思著《1844年经济学哲学手稿》，《马克思恩格斯全集》第42卷，人民出版社，1979，第131页。

定，或者说一种纯粹的应该、一种理想。特别需要指出的是，马克思为这一价值设定所提供的理由不是别的，而正是人和动物的区别。通过区别人和动物来寻找和确定人的价值，使人的存在超越于动物的水平之上，借以带给人类起码的尊严感和体面感，这是人类价值思维历来的方式。马克思也不例外。特殊之处只是在于马克思看重的是人作为类的生命活动的本质。至于为什么只有自由自觉的活动才值得作为人之为人的价值尺度，像英国纺织工人那样打工、挣钱、吃肉、喝酒、失业、重新找工作式的日子①就不值得感到满足，马克思没有提供进一步的理由。即使有进一步的理由，理由的理由又是什么？这也还是需要追问的。如此下去，理由的链条就无穷无尽。任何实际存在的理论所提供的关于价值的理由都是有穷的，亦即总是有某种最后的设定。在此意义上，对马克思关于人的理论而言，人作为类的自由的自觉的生命活动就可以视为其人的价值形象设计的关键。

总之，按马克思的理解，人应该以建立真正的民主制度作为政治手段去实现自己的现实幸福这一最终目标，但现实幸福不是简单的挣钱吃饭，而是自由的自觉的活动。

不过，自由的自觉的活动对人的价值形象来说还是粗线条的，还需要用更加细致的刻画来使之充实和丰满。

4. 人应该是全面发展的人

对马克思的人论来说，使人的价值形象丰满和生动起来的是他关于人的全面发展的思想。

马克思讨论人的全面发展比较集中地是在《1844 年经济学哲学手稿》和《德意志意识形态》中。在前一部著作里，马克思把人的片面性问题直接归咎于私有制和异化劳动；② 在后一部著作里则直接归咎于分工，只是分工发展到后来才导致了资本主义私有制下的异化劳动局面。③ 不管怎样，按马克思的意思，人从自然界那里所获得的本是一种全面性的资质，片面性是特定社会关系造成的，将天赋的全面性资质实现出来，必须通过社会关系的发展和改造才有可能。

---

① 参见恩格斯著《英国工人阶级状况》，《马克思恩格斯全集》第 1 卷，人民出版社，1956，第 555 页。

② 参见马克思著《1844 年经济学哲学手稿》，《马克思恩格斯全集》第 42 卷，人民出版社，1979，第 124 页等处。

③ 参见马克思、恩格斯著《德意志意识形态》，《马克思恩格斯选集》第 1 卷，人民出版社，1995，第 85 页等处。

人的全面性的基础是人的天赋资质的全面性，马克思将其分为"五官感觉"和"精神感觉"、"实践感觉"。① 五官感觉包括"视觉、听觉、嗅觉、味觉、触觉"，精神感觉和实践感觉包括"思维、直观、感觉、愿望、活动、爱"等。② 此外，马克思还在不同的语境中列举过"吃、喝、性行为"等"人的机能"和"吃、喝、穿、住"等人的活动，③ 还特别强调过"世俗的胃"的作用，④ 这些都可看作人的天赋资质。对于这些天赋资质，马克思没有做善恶论断，也没有做主次高下的分别，而是将其作为事实认可下来，或者说作为价值问题发生的前提确认下来。当马克思把包括"吃喝住穿"在内的"生活"看作"人类历史的第一个前提"时，⑤ 他除了想构造一种历史解释理论外，也有为自己的价值观点确认某些事实基础的意思。当然，这样讲不是说马克思把这些天赋资质本身看成人的价值，而是说他将这些天赋资质的全面性看成人的价值的事实基础，亦即看成人的自由自觉的全面发展的自然前提。

需要加以明确的是：既然马克思为人的全面发展这一价值主张提供了人的天赋资质的全面性作为事实基础，是否有关的价值命题就获得了有效的论证而不是一种预设了？的确，马克思的推论显得十分有力：人生而全面，所以应该全面发展。一个事实判断导出一个价值判断，无懈可击。可是，事情还有另一面。人们完全可以说：正因为马克思有了全面发展的价值主张，所以他才去注意和强调人的天赋资质的全面性。的确，马克思没有去考虑人的天赋资质中那些十分成问题的方面，包括从根本上制约人的全面发展的可能性的方面。所以，虽然马克思为人的全面发展提供了天赋资质的全面性这一事实基础，但这并不影响他的全面发展观点作为一种价值设计的性质。

当然，在马克思本人那里，事实判断、价值判断是糅合在一个论证体

---

① 马克思著《1844 年经济学哲学手稿》，《马克思恩格斯全集》第 42 卷，人民出版社，1979，第 126 页。

② 马克思著《1844 年经济学哲学手稿》，《马克思恩格斯全集》第 42 卷，人民出版社，1979，第 123 页。

③ 马克思著《1844 年经济学哲学手稿》，《马克思恩格斯全集》第 42 卷，人民出版社，1979，第 94、124 页。

④ 马克思、恩格斯著《神圣家族，或对批判的批判所做的批判》，《马克思恩格斯全集》第 2 卷，人民出版社，1957，第 154 页。

⑤ 马克思、恩格斯著《德意志意识形态》，《马克思恩格斯选集》第 1 卷，人民出版社，1995，第 67、79 页。

系里的。

正是从天赋资质的全面性出发，马克思引出了人与自然关系的全面性。马克思说："人（和动物一样）靠无机界生活，而人比动物越有普遍性，人赖以生活的无机界的范围就越广阔。从理论领域说来，植物、动物、石头、空气、光等等，一方面作为自然科学的对象，一方面作为艺术的对象，都是人的意识的一部分，是人的精神的无机界，是人必须事先进行加工以便享用和消化的精神食粮；同样，从实践领域说来，这种东西也是人的生活和人的活动的一部分。人在肉体上只有靠这些自然产品才能生活，不管这些产品是以食物、燃料、衣着的形式还是以住房等等的形式表现出来。在实践上，人的普遍性正表现在把整个自然界——首先作为人的直接的生活资料，其次作为人的生命活动的材料、对象和工具——变成人的无机的身体。"① 这段话的内涵十分丰富，若从全面性问题这一角度讲，马克思无非是说：自然造成了人的天赋资质的全面性，复以自身的全面性跟人的全面性相匹配，从而使得人与自然的关系至少从可能性上说是一种多维度、多层次的全方位的关系。

按照上述逻辑，人与人的关系也应是全面的关系。马克思说："人同自身的关系只有通过他同他人的关系，才成为对他说来是对象性的、现实的关系。"② "正象社会本身生产作为人的人一样，人也生产社会。活动和享受，无论就其内容或就其存在方式来说，都是社会的，是社会的活动和社会的享受。自然界的人的本质只有对社会的人说来才是存在的；因为只有在社会中，自然界对人说来才是人与人联系的纽带，才是他为别人的存在和别人为他的存在，才是人的现实的生活要素；只有在社会中，自然界才是人自己的人的存在的基础。只有在社会中，人的自然的存在对他说来才是他的人的存在，而自然界对他说来才成为人。因此，社会是人同自然界的完成了的本质的统一，是自然界的真正复活，是人的实现了的自然主义和自然界的实现了的人道主义。"③ 马克思的这番话从全面性问题这一角度看，无非是说：无论人的天赋资质的全面性，还是人与自然的关系的全面性，都寓于

① 马克思著《1844年经济学哲学手稿》，《马克思恩格斯全集》第42卷，人民出版社，1979，第95页。
② 马克思著《1844年经济学哲学手稿》，《马克思恩格斯全集》第42卷，人民出版社，1979，第99页。
③ 马克思著《1844年经济学哲学手稿》，《马克思恩格斯全集》第42卷，人民出版社，1979，第121~122页。

人与人的社会关系的全面性中，并通过人与人的社会关系实现出来。

在此基础上，马克思还进一步指出了人和外部世界的真正的全面关系不是那种单纯的占有关系，而是依据不同的本质力量的独特性而发生的多种多样的关系。全面地占有一切，把一切关系都变成一种占有关系，都换算成有用性，都当作私有财产，并不是真正意义上的全面性，而是将全面性还原成了最彻底的片面性。真正的全面性是指用"有音乐感的耳朵"去对待音乐，用"能感受形式美的眼睛"去对待形式美，① 以至于"能吃，能喝，能赴舞会，能去剧场，能获得艺术、学识、历史珍品和政治权力，能旅行"，② "今天干这事，明天干那事，上午打猎，下午捕鱼，傍晚从事畜牧，晚饭后从事批判"，③ 总之，"不仅通过思维，而且以全部感觉在对象世界中肯定自己"，④ "以一种全面的方式，……作为一个完整的人，占有自己的全面的本质。"⑤

马克思尤其强调的是人的全面发展的实践性和历史性。一方面，人的全面发展是人的本质力量对象化的结果，是工业发展的结果，是自然科学进步的结果。自然科学"通过工业日益在实践上进入人的生活，改造人的生活，并为人的解放作准备"，而工业则是"人的本质力量的公开的展示"。⑥ 另一方面，人的全面发展以异化劳动和私有财产作为自己必经的环节。"通过私有财产及其富有和贫困——物质的和精神的富有和贫困——的运动，正在产生的社会发现这种形成所需的全部材料；同样，已经产生的社会，创造着具有人的本质这种全部丰富性的人，创造着具有丰富的、全面而深刻的感觉的人作为这个社会的恒久的现实。"⑦ 这样一来，马克思

---

① 参见马克思著《1844 年经济学哲学手稿》，《马克思恩格斯全集》第 42 卷，人民出版社，1979，第 126 页。

② 参见马克思著《1844 年经济学哲学手稿》，《马克思恩格斯全集》第 42 卷，人民出版社，1979，第 135 页。这句话本是用来讽刺货币和财富的功能的。

③ 马克思、恩格斯著《德意志意识形态》，《马克思恩格斯选集》第 1 卷，人民出版社，1995，第 85 页。

④ 马克思著《1844 年经济学哲学手稿》，《马克思恩格斯全集》第 42 卷，人民出版社，1979，第 125 页。

⑤ 马克思著《1844 年经济学哲学手稿》，《马克思恩格斯全集》第 42 卷，人民出版社，1979，第 123 页。

⑥ 马克思著《1844 年经济学哲学手稿》，《马克思恩格斯全集》第 42 卷，人民出版社，1979，第 128 页。

⑦ 马克思著《1844 年经济学哲学手稿》，《马克思恩格斯全集》第 42 卷，人民出版社，1979，第 126 ~ 127 页。

的人的全面发展就跟黑格尔的自我意识的发展、旧唯物主义的物质的发展和浪漫派的原始丰富性划清了界限。

上述思想归结到一点，就是：人应该是全面发展的人。该命题完成了马克思对人的价值形象的设计，一种马克思品牌的"新人"由此在理论上诞生出来。至于这种"新人"在实践上的诞生问题，则需要用整个共产主义运动的兴衰浮沉的历史来加以解读了。

说明：写于 2002 年 5 月下旬，发表于《现代哲学》2002 年第 4 期。

本质主义的反叛与复归

——论马克思人论的思维方式

引论

从思维方式角度来反思马克思关于人的理论，这在过去的研究中做得不是太多。为了说明这个角度的新颖性和必要性，有必要先对有关用语做一说明。

首先需要说明的是思维方式和理论的区别。如果拿电脑软件做比方的话，那么，思维方式相当于基本的操作系统，理论则相当于由这些操作系统做出的文件。尽管思维方式作为操作系统最初也是编制出来的，而理论也可以作为应用程序安装在操作系统上用来编制新的文件，然而，相比之下，二者仍有层次之别。人论无疑是一种具体的理论，编制这种理论的操作系统便是思维方式。当然，要在思维方式和理论之间做出一种十分明晰的划界，是做不到的。好在本文不以这种明晰的划界为探讨的前提。本文所要做的工作仅仅是：对用以编制出马克思人论的思维方式的某些易于识别的部分做一些探究。也就是说，至少对马克思人论的研究而言，不管这种理论和它的思维方式的整个分界线如何划定，只要我能够确认我实际所考察的某一部分不属于理论本身而属于编制理论的思维方式，并且该部分的问题跟理论中的某些问题直接有关，那么，这一课题就可以成立了。

其次需要说明的是思维方式的内部状况的复杂性。如今，我们已经可以在思维操作的意义上设想：任何理论都是由某种思维操作系统编制出来的。但是，我们尚不清楚的是：编制理论的操作系统究竟有哪些种类？各是什么样子的？比如，我们知道计算机的操作系统的情况，因为它们是由人编写好后安装到电脑里面的。可是，用来编制人文社会理论的操作系统却不是某种人工软件事先设计出来并安装到理论家头脑中的，它的形成过程、具体内容和运作情况都极其复杂。所以，要在探讨思维方式之前给思维方式一个确切的界定是不可能的。虽然如此，我们也可以做一些尝试性的工作。对本文来说，只要能够有限地确认作为马克思人论的操作系统的一部分程序内容，有关的研究就可以进行了。

还需要说明的是关于本质主义的问题。大家知道，本质主义和反本质主义之争是当代哲学思潮中一个引人注目的话题。可是，说到究竟什么是本质主义，本质主义究竟要维护什么，反本质主义究竟要反对什么，却是仁者见仁、智者见智，其间的差异是非常大的。本文虽然也用本质主义这个词，但所意指的东西跟各种现成的说法都不完全一致。这种情况下，本文的策略是，暂时搁置本质主义的概念清理问题，而直接在本文所意指的含义上探讨本文所确定的课题。本文所谓本质主义是指这样一种思维方式，即：在对象的众多属性中选取某个或某些属性作为其本质，并将该本质看作对对象的存在和运动具有决定性意义的因素，然后由此出发去构造一套关于对象的解释体系和有关的实践操作方案。

最后需要说明的是马克思人论的本质主义问题。马克思人论是马克思主义理论整体中的一个部分。马克思主义作为一种理论肯定是通过运作某种或某些思维方式而得到的结果，但这种或这些思维方式究竟是什么，目前并不完全清楚。就本文而言，有一点是比较有把握的，这就是：至少马克思关于人的理论跟上面所界定的那种本质主义思维方式具有某种确定的关联。本文的目的就在于揭示这种关联。总的情况是：当马克思反叛黑格尔时，他是具有明显的反本质主义倾向的，但是，当他建构自己关于人的理论体系时，他又回到了本质主义的路上，所以，在马克思人论的思维方式中包含着反叛本质主义和复归本质主义的内在冲突。

下面是对这一论题的具体探讨。

一　个别事物和它的众多属性的关系问题：本质主义思维方式的关键问题

为了使后面对马克思人论的思维方式的分析更加清楚，这里有必要先厘定本质主义思维方式的关键问题，这就是个别事物和它的众多属性的关系问题。

在哲学史上，柏拉图曾在《巴曼尼得斯篇》中深刻地探究过"极端相反者能否在个别事物中相互结合"的问题。在这篇对话中，少年苏格拉底说："凡分有类似的变为类似，……凡分有不类似的，不类似；凡分有类似和不类似两个的，既类似复不类似。如若一切事物分有这两个，但这两个是相反的，一切事物自身间即因为分有这两个而类似复不类似：这何足惊异？……如若有人指出，一切事物因为分有一，是一，又因为分有多，这些同一事物也是多。但若有人指明那个是一者自己是多，再者多是一，这个我即将惊骇。"① 这里的意思是：个别事物具有相反的性质是一种可以承认的现象，但要说两种相反的性质本身直接就是对方却令人无法理解。这一难题涵蕴深厚，它至少表明：一方面，当人以概念思维的方式理解事物时，必须接受逻辑同一性的约束，否则，一旦发生自相矛盾，理解即告失败；另一方面，个别事物身上总是混杂着无数属性，甚至许多相反的属性，这是人的感觉所不能避开的现象；既如此，人的不能自相矛盾的概念思维如何去理解这种包含着无数矛盾属性的个别事物呢？柏拉图设想过不少解决问题的办法，但最终还是牢固地站到了理念的一方，即在保持理念世界的逻辑统一性的前提下尽量"辩证地"化解现象领域的冲突。

对上述问题，柏拉图的思考主要在深度上开掘，但阐述最细致、最系统的却是亚里士多德。在《范畴篇》中，亚里士多德将个别事物称为"实体"或"第一实体"，这样的实体可以用其他表示属性的词语来表述，这些属性可以很多，甚至相反。他说："实体独有的特征似乎是，在数目上保持单一，在性质上可以有相反的性质。除实体外，其他事物并不具有这种特点：在数目上保持同一，又可容受相反的性质。如'颜色'，虽然在数目上保持同一，但同一种颜色不可能既白又黑，某一行为自身，在数目上是单一的，但不可能同时既是善的又是恶的。除实体以外的一切事物都是这样。实体不仅能在数目上保持单一，而且能够容受相反的性质，如某个人，在数目上始终是同一个人，但他有时白，有时黑，有时发热，有时发冷，有时行善，有时行恶。"② 如果必要，我们还可以将亚里士多德所提到的诸如此类的属性继续开列下去，并很难设想会有尽头。这就告诉我

---

① 柏拉图著《巴曼尼得斯篇》129a-c，陈康译注，商务印书馆，1982，第38页。
② 亚里士多德著《范畴篇》4a10-21，秦典华译，《亚里士多德全集》（苗力田主编）第 1 卷，中国人民大学出版社，1990，第 11 页。

们，像"某个人"这样的实体在量上是单一的，但属性难以计数。那么，这一实体和他所具有的难以计数的属性之间究竟是什么关系呢？

对这个问题，亚里士多德的解决办法是将属性区分为定义、特性、种（genos）和偶性，或者直接区分为本质和非本质。他说："所有命题和所有问题所表示的或是某个属，或是一特性，或是一偶性；因为种差具有类的属性，应与属处于相同序列。但是，既然在事物的特性中，有的表现本质，有的并不表现本质，那么，就可以把特性区分为上述的两个部分，把表现本质的那个部分称为定义，把剩下的部分按通常所用的术语叫做特性。根据上述，因此很明显，按现在的区分，一共出现有四个要素，即特性、定义、属和偶性。"① 那么，这种区分如何操作呢？亚里士多德又说："我们必须区分范畴的种类，以便从中发现上述的四种述语。它们的数目是十个，即本质、数量、性质、关系、何地、何时、所处、所有、动作、承受。事物的偶性、种、特性和定义总是这些范畴之一，因为通过这些谓项所形成的任何命题都或者表示事物的本质，或者表示它的性质、数量或其他某一个范畴。从这些显而易见：揭示事物本质的人有时表示实体，有时表示性质，有时则表示其他的某一范畴。因为当有人在他面前，而他又断言在他面前的东西是一个人或一个动物时，那么，他就是说出了本质并且指明了那是实体；当在他面前的是一种白的颜色，而他又声称在他面前的是白或某种颜色时，那么，他也就说出了本质并且指明了那是性质。同样，如果在他面前的是肘的量度，而他又断言在他面前的是肘的量度，那么，他也是说出了本质并且指明了那是数量。其他情形也是如此。因为如若既断言了这些谓项的每一个自身，又指出了它所归之的属，那就是表明了本质。但是，当断言的东西归属于另一谓项时，那就没有表明本质，而是指的数量、性质或其他某一范畴。"② 在这里，亚里士多德以一种极其简明的手法向后人传授了一套在个别事物的众多属性中寻找本质的思维方式。

无论柏拉图所确立的思维方式还是亚里士多德所确立的思维方式，都是本质主义的。亚里士多德的本质主义以在属性中区分本质和非本质

---

① 亚里士多德著《论题篇》101b17–25，徐开来译，《亚里士多德全集》（苗力田主编）第1卷，中国人民大学出版社，1990，第356页。

② 亚里士多德著《论题篇》103b20–39，徐开来译，《亚里士多德全集》（苗力田主编）第1卷，中国人民大学出版社，1990，第362页。

为特点，形式逻辑是其直接的基础，可以称为形式逻辑的本质主义。柏拉图的本质主义以区分个别事物及其理念为特点，对人类思维的辩证本性开掘颇深，可以称为辩证法的本质主义。前者的程序特长是对本质与非本质的划分清晰明了，后者的程序特长是能将思维对复杂属性的逻辑包容性扩张到极致。两者的共性都是抓事物的根本，同时又避免程序设计上的自相矛盾——即使以矛盾思维见长的辩证法也要努力保持辩证思维的一贯性。

这样两种本质主义思维方式到了黑格尔那里通过融合达到了最为完善的程度。仅就个别事物与其众多属性的关系问题而论，黑格尔的处理是这样的：他把人对个别事物之为"这一个"的认识、把人对"这一个"个别事物身上所具有的杂多属性的认识、把人在这些杂多属性中区分出本质和非本质的认识，仅仅看成精神从感性确定性开始直到绝对知识的漫长、曲折的辩证演进过程的最初几个环节。如果说黑格尔的本质主义有什么特色的话，除了他试图将柏拉图的本质主义和亚里士多德的本质主义作为环节包容于自身，最大的特点就是他把本质和非本质的区分放到了一个辩证发展的历史过程之中——本质和非本质的区分不是对某种静止结构的外在解析，而是精神作为实体兼主体的自我运动过程，过程的开端是纯粹的非本质，过程的结尾是纯粹的本质。至于个别事物与其众多属性的关系问题，在黑格尔体系中，实际上变成了一个如何扬弃个别事物及其杂多属性而逐渐达到作为最高本质的绝对普遍性的问题。也就是说，在黑格尔眼里，本文提出的这个问题只是一个在精神的起步阶段才发生的问题，亦即一个十分肤浅的问题。不过，既然如此，也就表明，我们与黑格尔本质主义的分歧是开始于过程的起点，从历史上看就是开始于柏拉图和亚里士多德。

黑格尔有一个饶有趣味的例子能够让我们明白有关分歧之所在。在《精神现象学》第二章，黑格尔举例说："盐是一个单纯的这里，并且同时又是多方面的；它是白的并且又是咸的，又有立方的形状，又有一定的重量等等。所有这些众多的特质都存在于这一个简单的这里，它们并且在这里互相贯穿起来；没有一种特质具有异于另一种特质的另一个这里，而每一种特质随便在何处都同别的特质一样存在于同一这里之中；并且同时它们并没有由于不同的这里把它们分离开，在这种贯穿在一起的情况下，它们又彼此互不相影响；盐的白色不影响或改变盐的方形，盐的白色和立方形两者又不影响或改变盐的咸味，既然由于每一种特质本身都是简单的自我关联，它们互不干扰对方，它们彼此间只是通过那漫无差别的又联系起来。因此这个又就是那纯粹理念自身，或者是那把它们那样互不相干地联在一起的媒介——事物一般。"① 据此，黑格尔将事物称为"又的集合体"。② 这跟柏拉图关于事物是相的集合体的思想可谓异曲同工。③ 这个例子确认了一个不容否认的现象：任何一个个别事物都包含着许多往往互不相干的属性。接下来的问题是：如何理解这些属性之间的关系和这些属性跟该个别事物之间的关系？

黑格尔的办法很巧妙。他从盐所具有的互不相干的属性中不是看到属性之间的纯粹差异性，而是看到那个将这些差异属性结合在一起的"又"的纯粹普遍性，并且正是靠了这一步，便将盐从感性的个别事物辩证地扬弃成了"事物一般"。黑格尔的这种手法本来没有什么可怪之处，因为他的哲学就是要找普遍性，即使不以这种特定方式，他也会采取别的方式的。不用说，这样做有着十分明显的思维效益，但其代价也是巨大的。这种代价就是对个别事物身上所包含的众多属性之间的纯粹差异性的遮蔽。也就是说，表面上看，黑格尔用一个"又"字将盐的白、咸、立方形状、一定重量以至盐本身都扬弃掉了，引导我们在通向普遍性的道路上又迈出了一步，似乎解决了本文提出的问题。但实际上，黑格尔的扬弃只是过河拆桥，他达到"又"后，盐的白、咸、立方形状、一定重量等就全不管了，对于这些属性之间究竟是什么关系、它们跟盐之间又是什么关系，他并没有认真加以对待。也就是说，黑格尔哲学在其开端处就告别了本文所提出的问题，或者说，正因为告别了这个问题，黑格尔哲学才成了它自己的样子，即成了一种彻底的本质主义哲学。这种哲学一开始用"又"去扬弃盐及其白、咸、正方形状和一定重量，到最后用绝对精神去扬弃整个世界，虽不缺乏思想的深度，但同时注定失去了把握从盐到整个世界的绝对差异性的可能。

这里所要追究的就是黑格尔所遗落的问题。盐，严格说来是这一粒盐，是一个个别事物，是一个完整的整体。它同时具有难以尽数的属性，除了黑格尔所说的白、咸、立方形状、一定重量之外，还有更加复杂的物理属性、化学属性，如果它是人的产品的话，甚至还有经济属性等。这些

① 黑格尔著《精神现象学》上卷，贺麟、王玖兴译，商务印书馆，1979，第76页。
② 参见黑格尔著《精神现象学》上卷，贺麟、王玖兴译，商务印书馆，1979，第81页。
③ 参见陈康著《论柏拉图的〈巴曼尼得斯篇〉》，陈康译注《巴曼尼得斯篇》附录二，商务印书馆，1982，第405页。

属性之间并不如黑格尔所言全是互不相干的，比如，它的重量作为一种属性和它的分子结构作为另一种属性之间就存在必然联系，它的化学成分作为一种属性跟它对人体的益处作为另一种属性之间也存在必然联系。但是，黑格尔所正确地注意到的现象是：不管我们在这一粒盐的属性之间能够找到多少类似的联系，总有一些属性之间是互不相干的，比如他所列举的白、咸、立方形状和一定重量等。这种情况对这一粒盐来说是如此，对那一粒盐来说也是如此，对所有的个别事物来说都是如此，对由个别事物所组成的整个世界来说也是如此。这种属性之间的互不相干，就是前面提到的绝对的差异性。这种绝对差异性不是指那种内容上的全然不同，而是指存在于同一事物身上却没有必然联系，甚至也不相互影响。对于这种互不相干的共在关系，人的理智很难理解。我们既不能说盐的白跟盐的咸之所以密不可分地存在于一粒盐身上是因为二者之间存在某种因果联系，也不能说是因为二者之间存在某种目的联系。总之，想用一种逻辑化的思维方式解释清楚这种联系，是不可能的。对于诸如盐的白和盐的咸之间的关系，我称之为逻辑异质性。这就是说，并非盐的白和盐的咸之间没有任何关系，而是它们之间的关系不是一种在逻辑上可以从一方推导出另一方的关系，或者说不是那种可以由人的逻辑化的思维方式加以把握的关系。由此还可以直接得到这样一个结论：如果谁试图在一套逻辑化的解释系统中对这一粒盐的白、咸、立方形状和一定重量之间的关系加以一以贯之的说明，是绝对做不到的；也就是说，如果要逻辑地说明这一粒盐的属性，至少得有四套互不相干的逻辑化的解释系统用以分别说明它的白、它的咸、它的立方形状和它的一定重量，并且，即便做到了这一点，这四者间的关系仍然没有得到说明。小小一粒盐尚且如此，更何况整个世界了。

按亚里士多德式的本质主义，能不能逻辑地说明这一粒盐的白、咸、立方形状、一定重量等之间的关系并不重要，重要的是要正确把握这一粒盐的本质，比如咸，只要我们抓住咸这一本质，盐就算得到了说明。对包括盐在内的整个世界的处理办法可如此类推。比如，谁也不可能在一套理论体系中逻辑地说明整个世界的全部属性，但这并不重要，只要我们抓住世界的根本，比如说物质性，世界就算说清楚了。柏拉图式的本质主义则可能追究这样的问题：这一粒盐肯定是因为分有了盐的理念才成为盐的，同时它还分有了白的理念、咸的理念、立方形状的理念、一定重量的理念等，这些理念被这一粒盐分有却互不相干，是否意味着理念之间是相互孤立的？如果是这样的话，我们就连说"这一粒盐是盐"也不行了，因为在

"盐是"① 这样的表述中就无可逃避地承诺了"盐"作为理念和"是"作为理念之间的联系性。反过来，如果它们之间不是孤立的，那么如何解释这一粒盐所分有的理念之间的互不相干呢？看来，要走出这种困境，只能采取二元论的处理办法：理念的世界是有条理的，现象的世界是混乱不清的；重要的不是要弄清这一粒盐究竟是怎么一回事，而是要弄清盐的理念是什么。对于这一粒盐是这样，对于整个世界也是这样。比如，重要的不是要弄清国家的杂乱不堪的现象，而是要把握国家的理念，比如说，国家的理念就是正义。黑格尔式的本质主义集前两者之大成。这种本质主义既承认这一粒盐的属性间互不相干，也承认区分本质和非本质的意义以及为这一粒盐寻找理念的意义，但其所强调的是：所有这些做法都只是精神的自我认识的环节，而不是最终的东西。最终的东西是精神经过历史的发展而达到的最后结果，是万世不移的真知，比如日耳曼的社会形态和国家制度、绝对精神的哲学体系等。不管上述哪种类型的本质主义，所做的工作归根结底都是想方设法消除从个别事物到整个世界的逻辑异质性，用一套逻辑化的理论体系说明一切，甚至支配一切。

本质主义思维方式的最大好处是思维的经济性。事物身上的逻辑异质的属性是难以穷尽的，而本质主义思维方式将事物身上的某种或某些属性认作本质而将其余属性打入另册，确实异常省事。特别是这样的认识成果可以举一反三，还可用来预测事物的未来，更是费省效宏。在某种意义上，本质主义思维方式是人的思维乐于采用的方式，有时还是不得不采用的方式，甚至是人的思维的宿命。不过，它的副作用也是明显的。首先，当这种思维方式用于解释事物时，注定要遮蔽那些所谓的非本质的异质性属性及其相互联系，使得我们的思维只能认识到事物的片面，有时甚至会导致我们将片面误作全面来看待和坚持。其次，当这种思维方式用于价值决定时，注定要压制甚至牺牲那些所谓的非本质的异质性价值欲求。最后，当这种思维方式用于实践操作时，那些在理论上被逻辑地遗漏或忽视的所谓非本质的异质性因素在实践中必然要暴露出来，致使实践活动注定要不断遭遇到层出不穷的例外因素或问题属性的干扰，其结果不是实践背离自己的初衷，就是实践因初衷不改而失败。由此可见，本质主义的问题不在于它一无是处，而在于它利弊互见，且弊端不易被意识到。

---

① 参见柏拉图著《巴曼尼得斯篇》142B 中对"如果一是"的讨论，陈康译注，商务印书馆，1982，第 165 页。

以上是本文为分析马克思人论中的本质主义问题而做的一个学理上的阐释性铺垫。马克思的理论，包括其关于人的理论，直接地就是反叛黑格尔哲学的结果，其中也深深触动了黑格尔所集其大成的本质主义思维方式的问题。但与此同时，马克思又不得不依赖黑格尔的思维方式，其中包括本质主义的思维方式。也可以这样讲，当马克思批判旧哲学，特别是黑格尔哲学时，他更像一个反本质主义者，或者说至少彰显了一种反本质主义的理论可能性；而当马克思建构自己的理论学说时，他所采用的思维方式应当说主要还是本质主义的。换一个角度看，青年马克思具有更多的反本质主义倾向，而成年马克思则具有更多的本质主义倾向。

下面我们就来分析马克思人论所牵涉的本质主义思维方式的问题。

二   马克思人论对本质主义思维方式的反叛

马克思的人论是当时对黑格尔体系的反叛运动的一个理论结果，其中表现出了明显的反本质主义倾向。

对全部黑格尔哲学来说，绝对精神就是整个感性世界的本质，世界的运动在本质上就是绝对精神的自我运动，人对绝对精神的认识不是人作为认识主体而把绝对精神作为认识客体的那种认识，而是绝对精神通过人而达到的自我认识。作为本质的东西同时又成了主体，抽象的东西成了人的统治者，这就是黑格尔体系的关键，也是反叛黑格尔的整个运动所针对的焦点。

在反叛黑格尔的运动中，用人取代绝对精神的主体地位是一个重要的主题。费尔巴哈是这一主题的确定者，他的主要工作就是将宗教的本质还原为人的本质，将人看作自己的神。[①] 费尔巴哈虽也直接批判黑格尔哲学，但主要批判的是宗教，特别是批判二者的共同本质，因为绝对精神不过是"教授眼中的神"[②] 而已。在费尔巴哈看来，"宗教认为是第一性的东西——上帝——，我们已经证明，实际上原本是第二性的，因为，他只不过是人之自己成为自己对象的本质；因而，宗教认为是第二性的东西——人——，就应当被设定和表明为第一性的。对人的爱，决不会是派生的

---

① 参见费尔巴哈著《因〈唯一者及其所有物〉而论〈基督教的本质〉》，《费尔巴哈哲学著作选集》下卷，荣震华、王太庆、刘磊译，商务印书馆，1984，第 422 页。

② 罗素语。参见罗素著《西方哲学史》下卷，马元德译，商务印书馆，1976，第 281 页。

爱；它必须成为起源的爱。只有这样，爱才成为一种真正的、神圣的、可靠的威力。如果人的本质就是人所认为的至高本质，那么，在实践上，最高的和首要的基则，也必须是人对人的爱。"① 费尔巴哈用人代替了神，同时也就代替了绝对精神。由于神和绝对精神都是从逻辑异质的现象中提纯出来的，都是本质主义思维方式的产物，相比之下，人无论如何比神和绝对精神来得具体，至少蕴涵了显示出某种异质性状况的可能性，因而从神和绝对精神走向人确实具有反本质主义的向度。不过，费尔巴哈的人只是种属意义上的人，这个概念不仅没有预设任何异质性属性在里面，相反还明确规定了它的本质属性，即爱。在这个意义上，费尔巴哈关于人的理论仍然是本质主义的。

对费尔巴哈的上述观点，施蒂纳曾坚决加以反对。他针对费尔巴哈"人的本质是人的最高本质"的说法，反驳道："最高本质无疑是人的本质，但恰恰是因为最高本质是他的本质而不是他自己，这样我们究竟是在他之外看到它并看作'神'或者在他之中发现它并称之为'人的本质'，或称之为'人'就完全是一样的了。我既非神亦非人，既非最高本质亦非我的本质，这样我是否在我之中或我之外思考本质，就主要方面而言，就是一回事了。"② 过去，我们对施蒂纳的观点不甚理解。在有了福柯作参照之后，他的思想的深刻性就呈现出来了。施蒂纳既反对把神看作"我"（即每一个以第一人称出现的个人）的本质，也反对把"人"（即某种普遍的人类属性）看作"我"的本质，在这里，尼采的"神之死"的命题③和福柯的"人之死"的命题实际上都已经开显出来了。按照施蒂纳的意思，"我"即是个别事物，是"唯一者"，是其众多属性的所有者，其中任何一种属性都不能成为"我"的本质，不能反过来统治"我"，让"我"为它而活。"我不是作为人而发展人，而是我作为我自己发展自己。"④ 施蒂纳的主观意图在于表达一种彻底利己主义的价值诉求，不过这种诉求即使作为利己主义也是一种不切实际的幻想，因为它抽掉了人的所有现实规定性。对这方面，马克思的批判是到位的。但是，施蒂纳的思想中还有一层

① 费尔巴哈著《基督教的本质》，《费尔巴哈哲学著作选集》下卷，荣震华、王太庆、刘磊译，商务印书馆，1984，第315页。

② 施蒂纳著《唯一者及其所有物》，金海民译，商务印书馆，1989，第34~35页。

③ 关于施蒂纳的思想跟尼采思想的联系，张一兵曾有过一些论述。参见张一兵著《回到马克思》，江苏人民出版社，1999，第406~423页。

④ 施蒂纳著《唯一者及其所有物》，金海民译，商务印书馆，1989，第402页。

重要的意思，这就是在思考个别的人和他的众多属性的关系时的反本质主义主张。实际存在的人都是一个一个的个体，每一个人类个体身上都有无数的属性，有先天的，有后天的，有自然的，有社会的，有内在的，有外在的，有不变的，有可变的，等等。面对这样的状况，"没有概念表达出我自己，人们作为我的本质所作出的说明根本没有对我作出充分的论述。"① 在这里，施蒂纳看到了用概念思维规定人的本质对于把握每个人的完整属性来说所必然具有的局限性，亦即看到了用本质主义思维方式理解人的缺陷。

费尔巴哈和施蒂纳都是反叛黑格尔的，但费尔巴哈没有反叛黑格尔的本质主义思维方式，而施蒂纳则明确地走出了这一步。费尔巴哈和施蒂纳之间的争论也表明了两个人在这个问题上的分歧所在。施蒂纳批评费尔巴哈只是废掉了上帝这个主词，却"小心翼翼地存留了上帝的各个宾词"。费尔巴哈很委屈地反问："如果废掉了上帝的各个宾词，那么，还留下什么呢？"② 所以，对费尔巴哈来说，重要的不是将上帝这个主词及其宾词一概废除，而是将上帝的宾词转化为人的宾词。这就是说，过去人们讲"上帝是光，是生命，是力量，是美，是本质，是智慧，是意识，是爱"③，如今应讲"人是光，是生命，是力量，是美，是本质，是智慧，是意识，是爱"。这些宾词是一套逻辑统一的价值系统，以之赋予神，表明这套价值是外在的，以之赋予人，表明它是内在的。不管是外在的还是内在的，只要确认这套价值系统的合理性，就意味着人身上、社会生活中所有与之不符的属性都是错误的，也就意味着所有与此异质的价值观念和体系都必须被清除。如果采取本质主义思维方式，事情就只能这样操作。施蒂纳要反对的就是这种做法，他要将个人从一切本质规定中解放出来，避免任何一种本质对人所拥有的其他属性的打压，让每一个"我"都把"我的事业放在我自己，唯一者身上"，也就是"放在它的易逝的、难免一死的创造者身上"。④ 施蒂纳的问题在于：他没有弄清楚，个人事实上杂有众多异质性属性跟个人应该成为这些属性的主宰并不是一回事。个人事实上杂有众多

---

① 施蒂纳著《唯一者及其所有物》，金海民译，商务印书馆，1989，第408页。
② 参见费尔巴哈著《因〈唯一者及其所有物〉而论〈基督教的本质〉》，《费尔巴哈哲学著作选集》下卷，商务印书馆，1984，第420页。
③ 参见费尔巴哈著《因〈唯一者及其所有物〉而论〈基督教的本质〉》，《费尔巴哈哲学著作选集》下卷，商务印书馆，1984，第420页。
④ 参见施蒂纳著《唯一者及其所有物》，金海民译，商务印书馆，1989，第408页。

异质性属性是事实判断，个人应该成为他的属性的主宰是价值判断。当施蒂纳对个人与其属性的关系进行事实判断时，他确实击中了本质主义思维方式的要害，但当他主张个人只应成为自己属性的主宰时，他又陷入了本质主义思维方式的泥潭。施蒂纳不知道，无论个人的价值欲求还是社会的价值观念无论如何都是处在逻辑异质的状态中的，要求天下所有的"我"都变成"唯一者"，岂不等于把"唯一者"作为唯一的本质重新加到每一个个人的头上？那样的话，施蒂纳跟他所反对的对象之间的区别只不过就是：基督教是以神为本的本质主义，黑格尔是以绝对精神为本的本质主义，费尔巴哈是以人为本的本质主义，而他自己则是以我为本的本质主义。

上述所有的本质主义都是马克思所遭遇到的劲敌。那么，马克思对它们的批判又是什么样子的呢？在进入具体分析之前，需要事先说明的是：马克思对论敌的批判并非直接冲着本质主义思维方式去的，而是另有所指。本文没有要将马克思解释成一个反本质主义者的意图。接下来的分析只不过想表明，马克思的批判的炮火在轰炸论敌的营垒的时候，也重创了其本质主义的根基，并炸出了一片重建思维方式的可能性场域。

我们先来看看马克思对黑格尔的批判在哪些方面显示了反本质主义的意蕴。在这方面，马克思的论述非常多，这里选录几段。

在《黑格尔法哲学批判》中，马克思说："国家的职能和活动是和个人有联系的（国家只有通过个人才能发生作用），但不是和肉体的个人发生联系，而是和国家的个人发生联系，它们是和个人的国家特质发生联系的。因此，黑格尔说它们'是以外在的和偶然的方式同这种特殊的人格本身相联系'，那是很可笑的。相反地，它们是通过 vinculum substantiale［实体性的联系］，通过这种人格的本质的质而和这种人格发生联系的。它们是人格的本质的质的天然活动。黑格尔之所以发这些谬论，是因为他抽象地、单独地来考察国家的职能和活动，而把特殊的个体性看做它们的对立物；但是他忘记了特殊的个体性是人的个体性，国家的职能和活动是人的职能；他忘记了'特殊的人格'的本质不是人的胡子、血液、抽象的肉体本性，而是人的社会特质，而国家的职能等等只不过是人的社会特质的存在和活动的方式。"①

---

① 马克思著《黑格尔法哲学批判》，《马克思恩格斯全集》第 1 卷，人民出版社，1956，第 270 页。

在这段话中，马克思首先承诺了个人的实体地位，并认为个人身上具有许多不同的特质：有肉体特质，有社会特质；前者跟肉体对象发生联系，后者跟国家的职能和活动发生联系。这在一定程度上暗示了个人的属性是逻辑异质的这样一种意思。特别是用这种观点去批判黑格尔，就颇有反叛本质主义思维方式的意味。

在《1844 年经济学哲学手稿》中，马克思说：在黑格尔那里，"正象本质、对象表现为思想的本质一样，主体也始终是意识或自我意识，或者更正确些说，对象仅仅表现为抽象的意识，而人仅仅表现为自我意识。"① "人的本质，人，在黑格尔看来是和自我意识等同的。因此，人的本质的一切异化都不过是自我意识的异化。"② 马克思要做的就是将自我意识看成人的质，而反对将人看成自我意识的质。③ 在马克思看来，"人直接地是自然存在物。人作为自然存在物，而且作为有生命的自然存在物，一方面具有自然力、生命力，是能动的自然存在物；这些力量作为天赋和才能、作为欲望存在于人身上；另一方面，人作为自然的、肉体的、感性的、对象性的存在物，和动植物一样，是受动的、受制约的和受限制的存在物，也就是说，他的欲望的对象是作为不依赖于他的对象而存在于他之外的；但这些对象是他的需要的对象；是表现和确证他的本质力量所不可缺少的、重要的对象。说人是肉体的、有自然力的、有生命的、现实的、感性的、对象性的存在物，这就等于说，人有现实的、感性的对象作为自己的本质即自己的生命表现的对象；或者说，人只有凭借现实的、感性的对象才能表现自己的生命。"④

这几段话鲜明地表达了马克思对人的丰富的属性的确认。也就是说，马克思把具有丰富属性的人看作主体，而把黑格尔所说的自我意识仅仅看作主体的属性之一。这样一种颠倒过去主要被理解为从唯心主义到唯物主义的颠倒，今天看来，它实际上还蕴涵了从本质主义到反本质主义的颠倒。只要承认了人的属性的丰富性、杂多性，并且承认了这些属性的实在

---

① 马克思著《1844 年经济学哲学手稿》，《马克思恩格斯全集》第 42 卷，人民出版社，1979，第 162 页。

② 马克思著《1844 年经济学哲学手稿》，《马克思恩格斯全集》第 42 卷，人民出版社，1979，第 165 页。

③ 参见马克思著《1844 年经济学哲学手稿》，《马克思恩格斯全集》第 42 卷，人民出版社，1979，第 164 页。

④ 马克思著《1844 年经济学哲学手稿》，《马克思恩格斯全集》第 42 卷，人民出版社，1979，第 167 ~ 168 页。

性，即便这种承认只是在类的层面上而不是在个体的层面上，相比自我意识、绝对精神之类的纯粹本质来说，也算是往反本质主义的方向跨出了一步。

在《神圣家族》中，马克思说："黑格尔在《现象学》中用自我意识来代替人，因此最纷繁复杂的人类现实在这里只是自我意识的特定的形式，只是自我意识的规定性。但自我意识的赤裸裸的规定性是'纯粹的范畴'，是赤裸裸的'思想'，因此，这种'思想'我能够在'纯'思维中加以扬弃并且通过纯思维来加以克服。在黑格尔的'现象学'中，人类自我意识的各种异化形式所具有的物质的、感觉的、实物的基础被置之不理，而全部破坏性工作的结果就是最保守的哲学，因为这样的观点以为：既然它已经把实物的、感性现实的世界变成'思维的东西'，变成自我意识的纯粹规定性，而且它现在又能够把那变成了以太般的东西的敌人溶解于'纯思维的以太'，所以它就把这个世界征服了。因此，'现象学'最后完全合乎逻辑地用'绝对知识'来代替全部人类现实，——之所以用知识来代替，是因为知识是自我意识的唯一存在方式，而自我意识则被看做人的唯一的存在方式；之所以用绝对知识来代替，是因为自我意识只知道它自己，并且不再受任何实物世界的拘束。黑格尔把人变成自我意识的人，而不是把自我意识变成人的自我意识，变成现实的人即生活在现实的物质世界中并受这一世界制约的人的自我意识。黑格尔把世界头足倒置起来，因此，他也就能够在头脑中消灭一切界限；可是，对于坏的感性来说，对于现实的人来说，这当然丝毫不妨碍这些界限仍然继续存在。此外，凡是表明普遍自我意识的有限性的一切东西——人及人类世界的任何感性、现实性、个性，在黑格尔看来都必然是界限。全部'现象学'的目的就是要证明自我意识是唯一的、无所不包的实在。"①

这段话十分精彩地揭示了自我意识哲学的本质主义性质。这种哲学将自我意识视为唯一的、无所不包的实在，并逻辑地用绝对知识代替全部人类现实。这里，马克思关于"坏的感性"和"现实的人"的思想值得重视。所谓"坏的感性"，就是本文所说的逻辑异质性，它专门跟本质作对，令本质难堪，不论人们确定什么样的本质，它都会拿出一大堆其他属性来证明被视为"本质"的属性其实作用有限。"现实的人"无非就是拥有

---

① 马克思、恩格斯著《神圣家族，或对批判的批判所做的批判》，《马克思恩格斯全集》第2卷，人民出版社，1957，第244~245页。

"坏的感性"的人，即杂有无数逻辑异质的属性的个人，他是各种黑格尔式的世界本质的天敌。

在马克思的早期著作中，到处都是这两种对立的思维方式的对照：一方是自我意识及其外化、抽象物、人的生命的抽象、异化、神灵的过程、人的神灵的过程、神、绝对精神、知道自己并实现自己的观念、隐秘的非现实的人、异化的抽象的无内容的非现实的表现、抽象形式、思维形式、逻辑范畴、抽象思维、绝对观念、意识、知识的知识、思维的思维，等等；另一方是现实的物、人自身、现实的人和现实的自然界、人、内容丰富的活生生的感性的具体的活动、现实的精神、某物、感性、生命、现实、实物或感性现实的世界、现实的有形体的站在稳固的地球上呼吸着一切自然力的人，等等。这种强烈的对照抒写了马克思当时的内心感受：对抽象本质的厌烦和"对内容的渴望"。①

上述马克思对黑格尔的批判从理论取向上看跟费尔巴哈对黑格尔的批判是一致的，即都是用人去代替神和绝对精神充当世界的主体。不同之处在于，费尔巴哈的思维方式基本上还是本质主义的，而马克思的思维方式已经明显有了反本质主义的意味。也正因为如此，马克思才不满足于费尔巴哈的进展程度，以至于很快将费尔巴哈也当成了批判的靶子。尤其发人深省的是，马克思批费尔巴哈不是批别的，而正是批他的"抽象"，亦即批他所树立的新的"本质"。

在《德意志意识形态》中，马克思跟恩格斯一道对费尔巴哈的"抽象的人"进行了清算。他们认为："费尔巴哈设定的是'一般人'，而不是'现实的历史的人'。'一般人'实际上是'德国人'。在前一种情况下，在对感性世界的直观中，他不可避免地碰到与他的意识和他的感觉相矛盾的东西，这些东西扰乱了他所假定的感性世界的一切部分的和谐，特别是人与自然界的和谐。为了排除这些东西，他不得不求助于某种二重性的直观，这种直观介于仅仅看到'眼前'的东西的普通直观和看出事物的'真正本质'的高级的哲学直观之间。"② 这里的"一般人"实际上也就是施蒂纳所批判的"人"，即一种抽象的本质。这种抽象的本质的一个特点就

---

① 参见马克思著《1844 年经济学哲学手稿》，《马克思恩格斯全集》第 42 卷，人民出版社，1979，第 178 页。

② 马克思、恩格斯著《德意志意识形态》，《马克思恩格斯选集》第 1 卷，人民出版社，1995，第 75～76 页。

是其中预设了某种和谐。对这种和谐构成威胁的就是"现实的历史的人",即个别实存的人,以及他们在感性世界中所不可避免地要遭遇到的矛盾,即逻辑异质性。

在费尔巴哈所遗漏的异质性属性中,人的实践活动和社会关系是最重要的。对此,马克思说:"诚然,费尔巴哈比'纯粹的'唯物主义者有很大的优点:他承认人也是'感性对象'。但是,他把人只看作是'感性对象',而不是'感性活动',因为他在这里也仍然停留在理论的领域内,没有从人们现有的社会联系,从那些使人们成为现在这种样子的周围生活条件来观察人们——这一点且不说,他还从来没有看到现实存在着的、活动的人,而是停留于抽象的'人',并且仅仅限于在感情范围内承认'现实的、单个的、肉体的人',也就是说,除了爱与友情,而且是观念化了的爱与友情以外,他不知道'人与人之间'还有什么其他的'人的关系'。"① 很明显,在马克思看来,费尔巴哈的"人"之所以是抽象的,一个很重要的原因是他没有考虑"感性活动"和"其他的人的关系",特别是社会关系。这些因素相对于费尔巴哈已经考虑到的人的感情范围内的因素来说属于异质性因素。马克思没有否定费尔巴哈已经指出的那些属性的存在及其意义,他只是觉得"除了"那些属性"以外",费尔巴哈还应"知道""其他"属性。这就隐含了马克思对人具有异质性属性这一事实的承诺。

马克思跟费尔巴哈一样重视人,但他对费尔巴哈的抽象的人的批判使得他最终走上了真正属于自己的理论进路,这就是从人的现实的实践活动和社会关系去思考人。正是这一点,使得马克思对费尔巴哈的抽象的人的批判明显不同于施蒂纳的批判,并使他们两人在反叛本质主义的道路上很快分道扬镳。单就对本质主义和反本质主义的冲突这一主题的意义而言,马克思跟施蒂纳的分歧比马克思跟黑格尔和费尔巴哈的分歧更加意味深长。

施蒂纳曾对马克思有所批评。在谈到"人"与"我"的关系时,他说:"此一永生,如同这个平等那样只有关于我之中的人,而无关于我。只有作为人的担负者和寄宿者的我是不死的。如同众所周知的那样'国王不死'。路德维希死了,然而国王存留着;我死了,然而我的精神,这个

---

① 马克思、恩格斯著《德意志意识形态》,《马克思恩格斯选集》第1卷,人民出版社,1995,第77~78页。

人存留着。为了把我完全与人等同起来，有人发明和提出了要求：我必须成为一个'真正类的存在'。"这里的"有人"指的就是马克思，"真正类的存在"是施蒂纳从马克思的《论犹太人问题》中挑出来的用语。① 实际上，"真正类的存在"或"真正类的本质"是《德意志意识形态》之前马克思的常用语。正是因为这些用语被人抓住作为攻击的目标，马克思才在回击施蒂纳时声明放弃使用这些用语。② 不过，更重要的问题是：马克思和施蒂纳的根本分歧究竟何在？按照施蒂纳的理解，"我"是实体，"人"或"真正类的存在"只是"我"的某一类型的属性，即被一些理论家所指认的人的本质；"我"就是"我"，不能让"我"仅仅变成某种本质。在这里，施蒂纳是一个明确的反本质主义者，他不能容忍将任何意义的本质放到比"我"更高的位置上，哪怕这个本质是以"人"的名义出现的。对此，他把主张"人"的观点称为"人的宗教"，并说："人的宗教只是基督教宗教的最后的变形。所以说自由主义是宗教，这是因为它把我的本质与我割裂开来并将前者置于我之上；因为它以同样的程度抬高'人'，如同任何一种其他的宗教抬高它的神或偶像那样；因为它使我自身的事成为某种彼岸的事，因为它完全使我自身的事、我的特性和我的所有物成为一种外来疏远的东西，即一种'本质'，简言之这是因为它把我置于人之下，并且由此为我完成了一种'使命'。"③ 这段话实际上就是施蒂纳反本质主义的理论告白。站在这样一种立场上，马克思早期有关人的类本质的思想确实难逃施蒂纳的指责。

有意思的是，施蒂纳对马克思的批评只是一笔带过，而马克思对施蒂纳的批判则写得比施蒂纳的原书还要厚。更有意思的是，马克思批施蒂纳同样是批他的抽象的人的概念。

在《德意志意识形态》批判施蒂纳的专题中，马克思和恩格斯指出："圣物世界归根结底集中于'人'。正如我们在全部'旧约'中所看到的，桑乔把'人'当作全部过去历史的积极的主体。在'新约'中，他又把'人'的这种统治扩展到全部现存的物质世界和精神世界，扩展到现存个人的一切特性。一切都是属于'人'的，因此世界就变成了'人的世界'。

---

① 施蒂纳著《唯一者及其所有物》，金海民译，商务印书馆，1989，第188页。
② 参见马克思、恩格斯著《德意志意识形态》，《马克思恩格斯全集》第3卷，人民出版社，1960，第261~262页。
③ 施蒂纳著《唯一者及其所有物》，金海民译，商务印书馆，1989，第189页。

作为个人的圣物就是'人'，在桑乔那里，'人'只是概念、观念的另一个名称而已。人们的这个脱离了现实事物的观念和思想，必然不是以现实的个人，而是以哲学观念中的个人，以脱离了自己的现实而只存在于思想中的那个'人'，也就是人的概念为其基础。"① 因为施蒂纳把第一人称的个体的人看作唯一的实体兼主体，所以其余的一切自然就成了它的属性，尽管这种个人之为实体兼主体和世界之为属性的关系只是施蒂纳的价值愿望，而非实存的事实。马克思和恩格斯所抨击的就是这一点。仅仅存在于观念中而脱离现实事物的实体兼主体，不管它是神，是绝对精神，是人，是我，不都同样抽象吗？

马克思和恩格斯进而指出："'我们可以承认'，桑乔直到开始之前都没有思想，他像其他任何人一样，在这方面是没有前提的思想者。同样，我们也可以同意桑乔的说法：任何一种思想都不可能是他的存在的前提，也就是说，他不是思想所创造的。如果桑乔把他的整个思想上的破烂摊暂时抛开（在他那货色十分贫乏的情况下，这样做并不困难），那就会剩下他的现实的我，但是他的这个现实的我处在对这个现实的我来说是存在着的外部世界的现实关系中。这样他就暂时摆脱了一切教条式的前提，然而他摆脱教条式前提之日正是他开始有现实的前提之时。这些现实的前提也是他的教条式前提的前提。只要他还没有获得其他现实的前提因而也没有获得其他教条式的前提的时候，或者只要他还没有从唯物主义的意义上去承认现实的前提是他的思维的前提（如果承认，那末教条式的前提的基础就会完全失去）的时候，不管桑乔愿意还是不愿意，总之他是在有这些现实前提时才有那些教条式前提的。正如桑乔由于他过去的发展和他所处的柏林环境而具有自我一致的利己主义的教条式的前提一样，无论桑乔如何幻想没有前提，总之在他没有克服这些教条式前提的现实前提之前，这些教条式的前提对他仍然发生效力。"② 在这段话中，马克思和恩格斯比照施蒂纳的用语，提出了一个"现实的我"的概念，用以显示施蒂纳的观念的"我"的问题。观念的"我"完全可以自任所有者而把其余的一切作为自己的所有物，但"现实的我"，包括施蒂纳本人，却没法做到这一点，因

① 马克思、恩格斯著《德意志意识形态》，《马克思恩格斯全集》第3卷，人民出版社，1960，第332页。
② 马克思、恩格斯著《德意志意识形态》，《马克思恩格斯全集》第3卷，人民出版社，1960，第510页。

为还存在着许多限制和束缚人的社会关系，不改变这些关系，一切都是徒劳。这样一来，就引出了一个新的问题：观念的"我"有许多属性，包括成问题的属性，"现实的我"也有许多属性，也包括成问题的属性，但是，这两者又互相冲突，那么，其间的症结究竟在哪里呢？

对此，马克思和恩格斯有进一步的说明："'不是你、我、我们的一切东西'在这里当然仍旧是那种教条式的观念，如国家、民族、分工等等。在这些观念已受批判之后（据桑乔看来，这项工作已由'批判'，即批判的批判完成了），他也就以为他已经摆脱了现实的国家、现实的民族和现实的分工了。于是在这里作为'中心'的我，作为'摆脱了不是我的一切东西'的我，还是具有我所无法摆脱的一切的上述那个没有前提的我。但是，如果桑乔谈到'摆脱'问题的时候是要不仅摆脱范畴，而且要摆脱现实的枷锁，那末这样的摆脱又须以桑乔和其他大多数人共同的变化为前提，同时又引起世界的面貌的一定变化，这种变化对桑乔和其他的个人来说又是共同的。因此，虽然经过了摆脱，他的'我''仍旧存在着'，但这已经是完全发生了变化的我，这个我和其他的个人共同处在发生了变化的社会环境中，这个环境正是这个我和其他个人的共同前提，是它的和他们的自由的共同前提；因此，桑乔的'我'的唯一性、无比性和独立性又化为灰烬。"① 这里，马克思和恩格斯又提出了"无前提的我"和"有前提的我"的区别问题。在他们看来，施蒂纳的观念的"我"虽然拥有许多属性，但这些属性中没有任何属性可以作为"我"的本质，因而都不构成对"我"的限制和约束。既然如此，观念的"我"摆脱各种本质的限制和约束的事情，就只是观念中的事情，即只是批判的事情。只要从理论上意识到了"我"不应该接受任何本质的限制和约束，就等于实际摆脱了这些本质的限制和约束。这样一来，观念的"我"就成了"无前提的我"。与之相反，"现实的我"之所以是"有前提的我"，是因为它以承认社会环境对每一个个人的制约为前提，如是，摆脱枷锁的问题根本说来就是一个实践的问题，只有在实践上消除了束缚人的社会关系，每一个"我"才能获得真正的自由，才能成为真正的"我"。由此可见，观念的"我"和"现实的我"互相冲突的症结在于：在施蒂纳看来，只要赋予"我"以本质，不管这个本质是什么（包括是社会关系），就定会导致以本质代替"我"的

---

① 马克思、恩格斯著《德意志意识形态》，《马克思恩格斯全集》第 3 卷，人民出版社，1960，第 511 页。

后果，这样一来，"我"就被抽象化了；而在马克思看来，如果"我"不是指那个由实际的社会关系所规定的"我"，对"我"的解放不是通过实际改变社会关系来实现，那么，这个"我"就不过是一种观念的抽象。

从上面的对比分析可以看出，马克思和施蒂纳都强调具体的人，都强调具体的人的自由，都把以黑格尔的精神为代表的各种抽象的本质作为攻击的对象，并且都把对方的人的概念作为抽象的东西加以攻击。也就是说，至少在这个意义上，马克思和施蒂纳的思想都是对本质主义思维方式的反叛，尽管他们反叛的路子各不相同。

对于马克思和施蒂纳的争论，有许多值得我们认真反刍的东西。仔细考察就会发现，马克思的人论和施蒂纳的人论并不是严格意义上的矛盾关系，它们之间的冲突只是不同理论航向上的两艘船只间的斜向碰撞。

施蒂纳在乎的是直接的反本质主义，他反对给具体的个人规定任何本质，其目的是树立绝对唯我主义的价值观。没有任何本质的个人就是"无"，就是"不是"，他的事业就是"无"的事业、"不是"的事业。但绝对唯我主义价值观又是一种确定的价值主张，把每一个"我"都变成绝对唯我主义者，实际上等于赋予了人一种新的本质规定，从而使得"我"到头来并不是本质上的"无"，而仍然是"有"，并不是"不是"，而仍然是"是"。施蒂纳的理论困难部分归咎于他的反本质主义的思维方式和其本质主义的价值主张之间的矛盾，部分归咎于人类思维的共同局限：思维必须有所肯定，而反本质主义的目的就在于要消解任何一种肯定的绝对性。事情就到了这种地步：如果施蒂纳不否定一切本质，他的理论就不能彻底；如果他彻底了，他的理论就成了新的本质主义。进而，如果施蒂纳接受马克思的批评，承认现实的社会关系对每一个个人的前提性规定，他的反本质主义理论就只能半途而废；反之，只要他拒绝马克思的批评，他的反本质主义理论即使建立起来也只能满足于观念状态的存在。

当施蒂纳批评马克思时，马克思的立场确实还带有明显的费尔巴哈特征，但不久以后，马克思把整个"神圣家族"和"德意志意识形态"都清算了一遍，从而明确了真正属于自己的理论立场。这一立场有三个支点：一是认为人应该过一种真正人的生活，这一点主要来自费尔巴哈的遗产；二是认为问题的关键在于现实的社会关系，特别是经济关系，而实际变革现存社会是解决问题的唯一办法，这一点是马克思的创见；三是认为这一切受着一种辩证运动的规律的支配，前述价值目标和实现目标的过程跟这个规律是一致的，这一点主要来源于黑格尔。在这三个支点中，第一点和第三点，即源自费尔巴哈的一点和源自黑格尔的一点都难以避免被施蒂纳指责为本质主义，尽管马克思比费尔巴哈更加注重人的属性的丰富性。第二点，即马克思自创的一点，若从本质主义和反本质主义的冲突这一视角看，则具有两歧的性质，即：如果现实的社会关系或经济关系的意义只是被揭示出来以见其他本质主义理论之所不能见，并补充到人的属性的整体之中，那就会走向比施蒂纳更加实际的反本质主义；反之，如果社会关系或经济关系的重要性被强调过头，并成为凌驾于一切其他属性的本质属性，那就会重新回到黑格尔和费尔巴哈的本质主义的老路上去。当然，马克思在乎的是怎样通过彻底变革资本主义的社会关系而实现他心目中的人的全面发展的价值理想，至于这种本质主义和反本质主义的两歧，对他来说不是一个问题。也就是说，马克思对施蒂纳的工作基本上是不屑一顾的。

马克思和施蒂纳的分歧表明：在反本质主义的道路上，马克思没有施蒂纳走得那么远；或者说，在叛离黑格尔的道路上，在同行了最初一段路之后，施蒂纳直奔反本质主义方向而去，而马克思则选择了另外一个走向。尽管如此，马克思对本质主义的抽象始终有一种厌烦的心理。他既想发现人的奥秘，求解历史之谜，用一套逻辑化的理论将人的真理揭晓，同时又不愿意把人的丰富的属性抽象为某种僵固的本质，尤其不愿意将某种僵固的本质树立为人的价值目标，强加到众生之上。可以认为，马克思实际上跟施蒂纳分着有着许多共同的价值理念，比如个人的自由发展，这些价值理念中充满了反本质主义的精神，但是，他的思维方式、他解决问题的思路却跟他的理想有着相当明显的距离，甚至有着互相矛盾之处。

说马克思厌烦本质主义的抽象，我们还可以继续举证。比如，他反对异化劳动、私有财产和分工，理由不是别的，正是这些社会关系造成了人的片面性，亦即在实践中将人本质主义化了。又如，他不认为存在着不变的人性，主张人性是可以随历史的变化而变化的，这也无非是想给人的丰富的属性的自由而全面的张扬提供一种说法。不过，最值得指出的恐怕还是他对唯物主义发展过程的下面这番意味深长的评论。

在《神圣家族》中，马克思说："唯物主义在它的第一个创始人培根那里，还在朴素的形式下包含着全面发展的萌芽。物质带着诗意的感性光辉对人的全身心发出微笑。但是，用格言形式表述出来的学说本身却反而还充满了神学的不彻底性。唯物主义在以后的发展中变得片面了。霍布斯把培根的唯物主义系统化了。感性失去了它的鲜明的色彩而变成了几何学家的抽象的感性。物理运动成为机械运动或数学运动的牺牲品；几何学被宣布为主要的科学。唯物主义变得敌视人了。为了在自己的领域内克服敌视人的、毫无血肉的精神，唯物主义只好抑制自己的情欲，当一个禁欲主义者。它变成理智的东西，同时以无情的彻底性来发展理智的一切结论。"① 从这段话中，我们既能领会马克思究竟渴望什么样的人的内涵，也能领悟人类思维在把握这种内涵上的内在困境。马克思对那些抽象的精神之类的实体没有兴趣，他渴望的是物质，不过不是那种冷冰冰的机械的物质，更不是空洞乏味的物质概念，而是"带着诗意的感性光辉"的物质，而且是能够"对人的全身心发出微笑"的物质。物质而带着诗意，必定充满异质性属性，充满偶然性，充满灵光。物质而能对人的全身心发出微笑，也只有在它跟人的联系不是那种简单的、必然的、呆板的联系的前提下才有可能。所以，马克思所喜欢的唯物主义是具有反本质主义意蕴的唯物主义，或者说是诗意的唯物主义。然而，唯物主义概念化、系统化、教条化后，它所用以对抗抽象精神的感性也成了"抽象的感性"，成了"敌视人"的东西。感性居然也能抽象，并翻脸不认人，从对人微笑变成对人敌视，个中原因无疑十分复杂，但不管怎样，思维方式上的本质主义肯定是重要原因之一。如果把物质当作世界的本质，甚至人的本质，就必定会由此引申出一整套逻辑化的理论体系来。既然这种理论自以为表达了世界的真理和人的真理，人和世界的其他的属性自然就或者被打入另册，或者被忽略不计。然而，正如马克思所指出的那样，这些在理论上被排斥或遗忘的"世俗的胃"② 之类的"坏的感性"还会在实践中跳出来跟人捣乱，充满异质性的物质世界不会因为本质主义的唯物主义把它看作本体就对这种主义加以感激，相反，它那常常令人意想不到的异质性总会让这种主义感到难堪，甚至丢尽脸面。由此可见，马克思对唯物主义的本质主义是反感的，这种反感跟他对唯心主义的反感出于同一个原因，即对抽象的厌烦和对内容的渴望。只是马克思没有充分意识到，只要采用本质主义思维方式就只能得到抽象的东西，不管这种抽象是唯心主义的还是唯物主义的；真正的内容只能来自对人和世界的异质性因素的认可、尊重和整合，即来

---

① 马克思、恩格斯著《神圣家族，或对批判的批判所做的批判》，《马克思恩格斯全集》第 2 卷，人民出版社，1957，第 163～164 页。

② 参见马克思、恩格斯著《神圣家族，或对批判的批判所做的批判》，《马克思恩格斯全集》第 2 卷，人民出版社，1957，第 154 页。

自一种非本质主义的思维方式。

在以上的分析中，我们探讨了马克思反叛本质主义的复杂背景和具体情况。总的看来，马克思讨厌一切形式的抽象，而喜欢一种生动活泼的人生状态和世界图景。这是其反本质主义倾向的基础。同时，马克思特别强调现实的社会关系对人的制约作用，强调改变世界对于实现人的解放的至关重要的意义。这也是反本质主义的一条可能的途径。但无可讳言，在马克思所自觉反叛的种种旧的东西中，并不包括本质主义思维方式。马克思反叛黑格尔的唯心主义、宗教、费尔巴哈的人本学和旧唯物主义、他的同时代的形形色色的学说，但他没有自觉意识到，支配其中绝大多数学说的思维方式都是本质主义，不同学说的竞争基本上就是不同品种和版本的人的本质和世界本质的竞争。在他所熟悉的人中，唯有施蒂纳是一个自觉的反本质主义者，即便如此，他也只在反本质主义的思路上走出了有限的几步，何况其自身也存在许多重大的理论困难。马克思深刻地揭露了施蒂纳的问题，却基本上没有理解施蒂纳反本质主义的理论意义。在施蒂纳之后，尼采的视角主义将反本质主义往前推进了一步，再往后就是二十世纪的反本质主义思潮了。

于是，我们就随着马克思的思考走到了一个岔路口：面对大千世界，面对人生百态，面对个别事物所具有的杂多异质性属性，思想理论意欲何为？究竟是去抓住本质，以求纲举目张之效呢，还是逃避本质，满足于就事论事呢？抓住本质，难免会滑向本质主义，这种情况下，事物的其他异质性属性在理论上和实践上又当如何处置？逃避本质，容易遁入虚无主义，这种情况下，又如何在事物的所有异质性属性中取舍调配呢？面对这种难局，马克思最终的选择是：复归本质主义。

三　马克思人论对本质主义的复归

马克思在价值上向往一种具有足够丰富性的人的生活状态，他的人论的反本质主义意蕴主要包含在这种价值设定里。问题在于，这种丰富性远不是异质性。丰富性是一种和谐系统中的多样性，即：在每一个个人那里，各种各样的属性都各得其所，并相安无事。马克思关于"上午打猎，下午捕鱼，傍晚从事畜牧，晚饭后从事批判"的比方最生动地说明了这一特点。但异质性则意味着不相干性甚至相互冲突性。打猎不仅有危险，而且有可能触犯野生动物保护法；捕鱼不仅是一种艰辛的劳动，而且被污染的河里可能根本就没有鱼①；傍晚才有闲暇和心情去畜牧，可牲畜不能饿着肚子等上一个白天；批判需要长期枯燥的专业训练，而且话一出口就会得罪人，有时后果不堪设想。不仅如此，你打猎，可能会伤害你孩子的恻隐之心，让孩子觉得你残忍；你捕鱼，可能会因技不如人而心生不快，乘兴而去，败兴而归；你想傍晚畜牧，你夫人却希望你陪她散步；你晚饭后从事批判，你父母可能会骂你吃饱了撑的。就算这些事你都顺心遂意地做了，夜里躺在床上，你照样可能觉得生活没有意思。就算你怡然自得，甚至不知老之将至，到头来你还是得黯然退出历史舞台和人生舞台。可见，马克思将人的理想生活设想为一种内容丰富的状态，虽然比那些干巴巴的精神等抽象本质少了很多本质主义气息，但也并非没有本质主义的思维品质。

对马克思的人论来说，单就其价值设定而言，本质主义和反本质主义是同时存在的，理论的演进既有可能朝着反本质主义方向前行，也可能复归本质主义的轨道。使得马克思人论最终复归本质主义思维方式的，主要不是他对人的价值的设定本身，而是他对人的存在事实的解释，尽管这两方面在马克思那里不是截然分开的。下面，我们就来看看他的有关解释的具体情况。

虽然马克思在价值上崇尚人的属性的丰富性，但是，在解释人的存在事实时，他从未放弃过使用"人的本质"之类的概念，从未放弃过以抓本质的方式来说明人的状况的做法。

在马克思开始理论活动的初期，他对政治问题最为关注。当时的德国人既是普鲁士君主的臣民，又是法兰西式民主的向往者。对于德国人的这两种属性——前者是实然的属性，后者是可能的属性，马克思从价值上肯定的是后者，他所给出的理由是：这是人和动物的区别所在——专制制度下的人不是人，而是动物；只有民主制度下的人才是人。② 这时的马克思不仅在理论观点上以亚里士多德的"人是政治动物"的命题为本，而且在思维方式上也采用亚里士多德所发明的办法——把臣民之类的属性看作人的非本质的偶性，把公民之类的属性看作人的本质属性。他说："如果德

---

① 有意思的是，马克思也谈过河里的鱼跟污染的水之间的矛盾，当然他针对的是其他问题。参见马克思著《德意志意识形态》，《马克思恩格斯选集》第 1 卷，人民出版社，1995，第 97~98 页。

② 主要参见马克思著《摘自"德法年鉴"的书信》，《马克思恩格斯全集》第 1 卷，人民出版社，1956。

国的亚里士多德想根据德国的制度写一本他自己的'政治学'，那末他会在第一页上写道：'人是一种动物，这种动物虽然是社会的，但完全是非政治的'"①，因为政治在德国是专制王朝的专利。马克思的言下之意是：如果他写一本"政治学"，其中的人的定义必定是符合亚里士多德的原义的。马克思的这种把人的众多属性区分为本质和非本质，从而给人的存在事实以理论说明的思维方式正是典型的本质主义，也是最简单的本质主义。

到了《1844年经济学哲学手稿》时期，马克思所理解的人的本质有了重大的变化。尽管马克思在价值上高度重视人的属性的丰富性，但他在为这种价值设定寻找理由时，仍然明确将一种特殊的属性判定为人的本质，这就是"人的类特性"——"自由的自觉的活动"②。马克思论证这一观点的基本思路仍然是寻找人与动物的区别。马克思说："动物和它的生命活动是直接同一的。动物不把自己同自己的生命活动区别开来。……有意识的生命活动把人同动物的生命活动直接区别开来。"③"动物只生产它自己或它的幼仔所直接需要的东西；动物的生产是片面的，而人的生产是全面的；动物只是在直接的肉体需要的支配下生产，而人甚至不受肉体需要的支配也进行生产，并且只有不受这种需要的支配时才进行真正的生产；动物只生产自身，而人再生产整个自然界；动物的产品直接同它的肉体相联系，而人则自由地对待自己的产品。动物只是按照它所属的那个种的尺度来进行生产，而人却懂得按照任何一种的尺度来进行生产，并且懂得怎样处处都把内在的尺度运用到对象上去；因此，人也按照美的规律来建造。"④应当说，马克思所找出的人与动物的这种区别是非常有新意的，在人的自我认识的学说史上又增添了浓重的一笔。这无疑是需要充分肯定的。但是，不能否认的是，正是这种区别同时又使得马克思对人的理解显露出了明显的本质主义特征。

把"自由的自觉的活动"看作人的类特性，亦即人与动物的根本区别，从内容上看，比把政治民主看作人与动物的区别更加富于理论的独创

---

① 主要参见马克思著《摘自"德法年鉴"的书信》，《马克思恩格斯全集》第1卷，人民出版社，1956，第410页。

② 参见马克思著《1844年经济学哲学手稿》，《马克思恩格斯全集》第42卷，人民出版社，1979，第96页。

③ 参见马克思著《1844年经济学哲学手稿》，《马克思恩格斯全集》第42卷，人民出版社，1979，第96页。

④ 参见马克思著《1844年经济学哲学手稿》，《马克思恩格斯全集》第42卷，人民出版社，1979，第96~97页。

性和新颖性。但是，从思维方式看，二者是一样的，即都是在人所具有的众多属性中挑选一种作为本质。在马克思思想发展的这一时期，被当作人的本质的属性，不论是政治民主，还是自由的自觉的活动，相比其他属性来说，不仅具有价值上的合理性和优先性，而且具有事实上的决定性和恒久性。反之，那些非本质的属性，不仅在价值上不合理或不重要，而且能够在事实上加以改造或剔除。特别是在"自由的自觉的活动"被确认为人的本质之后，所有那些与该本质不相符合的生活现象、社会关系，比如分工、市民社会、私有制、雇佣劳动、资产阶级人权、宗教信仰等，不仅在价值上受到了否定，而且被认定必然会从事实上加以消除。马克思的革命学说正是建立在所有这些坏的属性均能从事实上加以消除的基础之上的。由此可见，对人的属性做本质和非本质的区分，尤其是根据人和动物的差异性所做的区分，往往蕴涵着重大的理论与实践后果。

或许有人会讲，马克思所认定的"自由的自觉的活动"这一人类本质，并不是黑格尔的精神那样的抽象的东西，而是有着丰富多彩内容的十分具体的东西。对这一点，我们在前面已经充分肯定了。马克思对人的属性的丰富性的强调本来就是为了反对黑格尔式的抽象。也正因为如此，本文才认为马克思的人论具有反本质主义的倾向。但是，我们同时又必须看到，马克思所指出的那些丰富性有着很强的本质设定的约束，即人的属性的丰富性程度不得超过本质所允许或容忍的范围。也就是说，马克思所认可的那些属性，跟他所确定的人的本质在理论逻辑上是同质性的。本质主义的限度也就在这里：它不可能去认可跟它所确认的本质毫不相干或互相冲突的属性。

马克思所确认的"自由的自觉的活动"具有明显的费尔巴哈的痕迹。在后来的思想发展过程中，马克思有意淡化这一痕迹，并对人的本质提出了新的看法，即把社会关系看作人的本质。

在《关于费尔巴哈的提纲》中，马克思说："费尔巴哈把宗教的本质归结于人的本质。但是，人的本质不是单个人所固有的抽象物，在其现实性上，它是一切社会关系的总和。费尔巴哈没有对这种现实的本质进行批判，因此他不得不：（1）撇开历史的进程，把宗教感情固定为独立的东西，并假定有一种抽象的——孤立的——人的个体。（2）因此，本质只能被理解为'类'，理解为一种内在的、无声的、把许多个人自然地联系起来的普遍性。"①

---

① 马克思著《关于费尔巴哈的提纲》，《马克思恩格斯选集》第1卷，人民出版社，1995，第56页。

这里，当马克思说"人的本质不是单个人所固有的抽象物"时，他不仅仅是在批判费尔巴哈，实际上也对自己所提出的关于"自由的自觉的活动"的观点有所反省。这时的马克思已深感批判的武器和震撼世界的词句在面对顽固的旧世界时的软弱与乏力，所以将目光投向社会生活的深处，投向那些实际牵动着大大小小的生活事件的社会关系，并且认定不是别的，正是社会关系决定着人之所以为人，而实际地改变社会关系就能改变人之所以为人。

把社会关系看作人的本质，就等于否定了先前流行的那种从人的某些固定属性中挑拣本质属性和非本质属性的做法，同时也就否定了人具有任何意义上的固定不变的本质。不仅如此，由于社会关系是变异的，不同国家、不同时代的社会关系总有这样那样的差别，甚至有互相矛盾之处，因而以社会关系为人的本质不再意味着本质即善、非本质即恶的价值二分。再者，把社会关系看作本质，就解除了自然界对人的问题所应负的责任，意味着人的问题的根源在人的社会关系状况而不在人的自然本性，从而彻底变革社会才是必要的和可能的。当然，这不是说马克思因此否认人具有自然禀赋并受自然界的制约，相反，马克思是高度重视自然界对人的基础性的制约作用和人的天赋资质与机能的价值地位的。马克思的意思不过是：社会关系的问题是人的问题的罪魁祸首，改造社会关系是解决人的问题的根本途径。

这样一来，在马克思人论的演化过程中，被认定为人的本质的东西就从一种价值合理性的东西变成了一种事实决定性的东西。"自由的自觉的活动"被看作本质，是因为它是马克思心目中的人所应该成为的样子；"社会关系的总和"被看作本质，是因为它是造成人的问题的决定性因素，也是解决人的问题所应抓住的根本。如是，又引出一个新的问题：是否马克思在提出社会关系是人的本质的看法后，完全抛弃了"自由的自觉的活动"是人的本质的看法？我的回答是否定的。如果马克思完全抛弃了"自由的自觉的活动"是人的本质的看法，那么，社会关系也好，人的本质也好，就无所谓合理不合理了，一切都不过是一连串的事实之间的冲突与替代而已。要真是这样的话，马克思提出人的本质在于社会关系，就不仅不是本质主义的表现，而是反本质主义的深化了。实际上，马克思在提出社会关系是人的本质后，虽然对"自由的自觉的活动"这一价值预设有所反省，但并未放弃，要不，马克思对资本主义社会关系的批判和对共产主义社会关系的憧憬就变得不可思议了。事情的合理解释似乎是这样：马克思在提出人的本质是社会关系的总和这一新观点之后，作为价值预设的"自由的自觉的活动"就隐退到了思想的幕后，并继续发挥价值尺度的作用。也可以这样说：至少在写作《关于费尔巴哈的提纲》的时期，马克思有着一显一隐两个"人的本质"："社会关系的总和"是人的事实本质，"自由的自觉的活动"是人的价值本质。

还应指出的是，把社会关系看作人的本质，在一定程度上已经超越了通过寻找人和动物的差异性来确认人的本质的做法。把人和动物作为某种现成的东西摆在面前去寻找它们的差异性，这是亚里士多德式的做法，也是黑格尔所批评的知性思维的做法。这种做法能够将对象界定清楚，但难以将对象的变化着的事实纳入一套特定的逻辑化的解释框架之中。以社会关系为本质，将人的本质置于社会关系的历史变动之中，既能说明人的本质的流变性，又能维持对人的本质的解释的逻辑确定性。这种做法就是大家熟知的辩证法。马克思人论的辩证法不同于黑格尔辩证法的地方就在于：在黑格尔那里，历史地变化着的实体兼主体是精神本身，人及其意识只是精神演化的一个环节；在马克思这里，历史地变化着的实体兼主体是人的社会关系，人及其本质均应从社会关系来理解。当然，这里并不是说马克思在提出人的本质在于社会关系的观点之前没有辩证法，他的"自由的自觉的活动"作为对象性的活动、作为扬弃异化劳动的历史结果也是富于辩证精神的。不过，相比之下，"自由的自觉的活动"之为人的本质是先设定再交付给历史的，而社会关系之为人的本质直接地就在历史之中。

如是，人的事实的辩证的本质和价值的知性的本质在一段时间里就并存于马克思对人的思考之中。从理论逻辑上整合这两者，就成了马克思此后的主要工作，同时也成了马克思进一步复归本质主义的契机。

在《德意志意识形态》中，马克思对人的本质的理解实现了理论逻辑上的彻底化，表现为：他不再泛泛地将社会关系看作人的本质，而是将生活资料的生产看作人的本质，看作人与动物的根本区别所在。他说："这些个人把自己和动物区别开来的第一个历史行动不在于他们有思想，而在于他们开始生产自己的生活资料。"① "个人怎样表现自己的生活，他们自己就是怎样。因此，他们是什么样的，这同他们的生产是一致的——既和他们生产什么一致，又和他们怎样生产一致。因而，个人是什么样的，这

---

① 马克思、恩格斯著《德意志意识形态》，《马克思恩格斯选集》第 1 卷，人民出版社，1995，第 67 页。

取决于他们进行生产的物质条件。"① 进而，马克思又指出了物质生产跟社会生活的其他方面之间的关系，并在这种关系中进一步规定了人之为人。"以一定的方式进行生产活动的一定的个人，发生一定的社会关系和政治关系。……社会结构和国家总是从一定的个人的生活过程中产生的。但是，这里所说的个人不是他们自己或别人想象中的那种个人，而是现实中的个人，也就是说，这些个人是从事活动的，进行物质生产的，因而是在一定的物质的、不受他们任意支配的界限、前提和条件下活动着的。"② 由此可见，这时的马克思已经明确地将物质生产看成了全部社会关系的决定因素，进而看成了人的本质的决定因素。

在此基础上，马克思还解决了一个重要问题，这就是人的事实本质和价值本质的统一问题。解决的办法就是将物质生产客观化，让物质生产的客观规律内在地包含人的价值本质，从而达到物质生产的规律性和人的价值的目的性的辩证统一。不少人认为，马克思在发现物质生产的决定作用之后就抛弃了人本主义的价值观。其实，与其说马克思抛弃了先前的价值观，不如说他抛弃了先前价值观的表达方式。如前面的分析所显示的那样，马克思先前的价值观主要是按照亚里士多德的本质主义思维方式直接设定的，采取的是纯粹主观性的形式。这种做法同时也是费尔巴哈、施蒂纳等人的做法。一种纯粹主观性的价值诉求固然容易打动人，但总会给人依据不足、缺乏底气之感。这也是马克思看不起"批判的批判"的地方。马克思需要的是能够实实在在起作用的价值，显然，这种价值首先必须是有充分的客观依据的，最好直接就是一种客观的必然的东西，或者说既是合规律的，又是合目的的。这样一来，马克思又回到了黑格尔那里，回到了依靠某种实体兼主体的自我运动来统一事实和价值的辩证法上，其间的差别不过在于黑格尔的实体兼主体是精神，而马克思这时所确定的实体兼主体是物质生产罢了。物质生产通过自己的辩证运动最终使人类获得彻底解放，从而"自由的自觉的活动"作为人的价值本质就跟物质生产作为人的事实本质整合到了一起。至此，马克思的人论就获得了自己独到的品质，并跟先前各种人论区别了开来。

---

① 马克思、恩格斯著《德意志意识形态》，《马克思恩格斯选集》第 1 卷，人民出版社，1995，第 67 ~ 68 页。

② 马克思、恩格斯著《德意志意识形态》，《马克思恩格斯选集》第 1 卷，人民出版社，1995，第 71 ~ 72 页。

　　然而，这样做并非没有代价。代价之一就是马克思人论在回归本质主义思维方式的路上迈出了决定性的一步。我们知道，黑格尔本质主义的关键在于他所设定的实体兼主体是一种抽象本质，实存的个人只是这个抽象本质的外在显现和自我实现的环节。费尔巴哈把感性的人确立为实体兼主体，为反叛本质主义开显了一个方向。施蒂纳和马克思都不满意费尔巴哈的地方在于，他所说的人仍然是一种本质化的抽象东西。马克思曾经明确将现实的个人作为实体兼主体，可以说走到了反本质主义的门口。如果将这一立场贯彻到底，个人所杂有的逻辑异质的属性就必然彰显出来，并要求一种非本质的思维方式与之匹配。施蒂纳拒绝给个人规定任何本质，从而将"我"树立为实体兼主体，算是为后来的反本质主义思潮开了个头。但施蒂纳在乎的并不是本质主义在学理上的问题，而是一种极端利己主义价值观的理论宣泄。马克思和施蒂纳虽然互相指责对方的"人"抽象，但对于如何从理论上守住具体的个人作为实体兼主体的地位，二人都没有给予圆满的解答。人类思维走到这一步，实际上已经在一个向度上触到了自己的边界。如果要理论地把握人，就必须将关于人的阐释逻辑化，但一旦这样做，就必然遗漏人身上那些跟这套逻辑无关或冲突的属性。反之，如果要在认识中兼容人的异质性属性，就只能满足于就事论事式的现象描述，而无法上升到理论的层面。这样一种困境也从马克思和施蒂纳的理论走向中反映出来。施蒂纳拒斥一切本质的结果是走向了价值上的彻底利己主义，即走向了一种新的本质，而且这种本质的纯粹性丝毫不亚于黑格尔的精神。其结果是："我"似乎是指具体的个人，但实际上是指这些个人所共有的那个"我"性；以具体的个人的名义争得的实体兼主体的地位最终还是被他们的一种属性所篡夺了。马克思的情况有相似之处。他最大限度地认可了人的丰富属性，但当他试图给这些属性一个逻辑化的说明的时候，尤其是当他决心为人的各种属性的彻底合理化寻找现实途径的时候，他最后还是在人的众多属性中挑选了物质生产属性作为本质。这样做的结果是：被确认为本质的物质生产取代具体的个人成了实体兼主体。

　　虽然在《德意志意识形态》中以及之后，马克思始终坚持个人的自由的全面发展这样的价值理想，也照样讲人的主体性，但是，既然物质生产成了社会历史的最终决定因素，人作为实体兼主体就越来越有名无实，甚至反主为客了。重要的并不在于人和物质生产究竟哪一个更应充当实体兼主体，而在于究竟是人的某种本质充当实体兼主体，还是杂有无数异质性属性的个人充当实体兼主体。其中的关键在于是否承认和重视异质性属性以及如何理解和对待异质性属性。如果不能在理论上给人的异质性属性一个合理的安排，即使把人奉若神明也不意味着对人的地位的尊崇。比如费尔巴哈的人就是自己的神，但那并非真实的个人，而只是一种号称"人"的属性。如果是在认可异质性属性的前提下把人当作实体兼主体，人论的思维方式就转向了非本质主义；反之，如果不认可异质性属性，不论将什么看作实体兼主体，其思维方式都是本质主义的。

马克思看到并揭示了物质生产的巨大作用，这无疑是他作为一流思想家的独到之处。甚至他的本质主义的思维方式也为此做出了贡献。但是，必须指出的是，当马克思指认物质生产为社会历史的决定因素，从而也是人的决定因素时，本质主义的思维方式使得他一方面不可避免地无法看到从其他理论视角可能看到的东西，另一方面同样不可避免地要把从自己的理论视角所看到的东西当成唯一真实的东西。在马克思之后，许多思想家又确认了不少新的人类本质，又提供了对于人、对于社会历史的新的说法，这些说法也无不各有所见，同时也各有所蔽。不管怎样，它们合在一起，最真切地向我们展示了人的属性的异质性状态，表明了一个深刻而朴素的道理：人的全部异质性属性无论如何不可能在一套逻辑一贯的理论体系中得到有效的说明，它们必定只能由许多不同的逻辑化理论体系分别加以说明。如果事情仅仅是解释人、解释世界，那么本来片面却自以为全面倒也无关紧要。如果事情是彻底改变世界，那么，把一种特定视角的所见当成世界的全部或决定性的方面，其后果就不堪设想了。自从马克思把物质生产确定为人及其社会历史的本质以来，实践中的大量沉痛教训不断将人和社会历史的其他属性逐一揭示在我们面前，让我们觉悟到：解决社会人生的问题，特别是历史长期积淀下来的问题，完全依靠本质主义的思维方式是肯定不行的。

在确认物质生产是人的本质之后，马克思的精力主要投入到了对资本主义经济关系的研究之中。对他来说，大的原则性的问题已经解决了，剩下的问题是从资本主义社会向社会主义社会过渡的规律的发现问题和无产阶级革命任务的制订问题。在这一漫长的研究时期，马克思在理论上最重要的成就是演绎了"资本的逻辑"。这个逻辑实际上就是物质生产在资本主义阶段所表现出来的客观必然规律。在马克思看来，在资本主义社会中，资本扮演着实体兼主体的角色，资本的逻辑支配着社会人生的所有方面，资本就是人的本质，也是世界的本质。资本的运行遵循自身的逻辑，不以人的意志为转移。在资本的逻辑支配下，个人只是机器、奴隶或拜物教徒，即使无产阶级也不过是资本逻辑自我演进的一个环节。资本的本性就是通过吮吸人的劳动而不断膨胀，并且把绝大多数人逼向生活的绝境，但它运行的终点却是自身的灭亡和全人类的彻底解放。资本仿佛一枚威力无比的运载火箭，只有它才能将人送到足以脱离物质必然性束缚的地方，让每一个人都能在自由王国中成为"自由的自觉的活动"的人。显而易见，在这里，马克思所运用的思维方式就是标准的黑格尔式的本质主义，资本的逻辑跟绝对精神的逻辑在思维方式上没有什么两样。马克思也公开承认自己是黑格尔的学生，甚至说自己在《资本论》的有些章节是在卖弄黑格尔的表达方式。①

至此，马克思完成了向本质主义思维方式的复归。因为这一缘故，生动的、丰富的个人被放置到了历史的彼岸，而现实生活中的真实的个人则被还原成了统一的本质——没有个人，只有资本；没有个人，只有阶级。个人及其所杂有的众多属性之间的关系问题，从一开始就没有被马克思注意到，而到最后则连被马克思注意的可能性都丧失了。

沿着这条本质主义的思路，后世的正统马克思主义人论最终走到了本质化的极端，将人仅仅解释为阶级的人，并仅仅按照其阶级身份加以对待。实存着的千差万别的个人，有着种种坏的感性的个人，在这种强大的本质化潮流的洗刷下都成了阶级性的千篇一律的符号，自由地全面发展的个人即使作为彼岸的理想也无由奢望。这样的理论和实践后果一定是马克思始料未及的。他预设的是一个富于反本质主义内涵的价值目标，可走的却是一条彻底本质主义的道路。只是当这条路已经无法走通的时候，人们才发现，他们沿路实际所看到的人的景象跟马克思预言的人的景象大相径庭。

这种变化过程跟马克思所批评的旧唯物主义的变化过程何其相似——"带着诗意的感性光辉对人的全身心发出微笑"的唯物主义到头来变得敌视人了。

结语

本文从个人与其所拥有的众多属性的关系出发，对马克思关于人的理论的思维方式做了一番较为系统的考察，得到的基本结论是：马克思早期

---

① 马克思著《资本论》第 1 卷，《马克思恩格斯全集》第 23 卷，人民出版社，1972，第 24 页。

所树立的关于人的价值理想是个人所拥有的丰富的资质和禀赋的自由而全面的发展，这一理想所反对的是把具有丰富属性的人变成一种片面的人，在这个意义上，马克思的人论富于反本质主义的意蕴；但与此同时，马克思又赋予了这一价值理想以"自由的自觉的活动"这一本质，在其后的思考中，在为人的价值理想探寻现实道路的过程中，他又进一步将人的本质规定为社会关系的总和，规定为物资生产活动，规定为资本及其运动的必然逻辑，从而回到了本质主义思维方式的轨道上。也就是说，在马克思人论中，存在着本质主义和反本质主义的内在冲突。

下面还有一些补充性的说明。

过去的研究大多倾向于将马克思的人论解释为一个逻辑上无矛盾的圆满体系，而不愿意去想象马克思的理论也可能存在问题，或者情愿将马克思的问题归咎于那些可以从其思想内核中剥离出来的部分。总之，人们乐于塑造一个无问题的真正的马克思的形象。本文的分析显示，思维方式上本质主义和反本质主义的冲突就是马克思人论的思维程序方面的问题，并且该冲突贯穿于马克思对人的思考的始终。无问题的真正的马克思只是一种精心撰构的学术神话。

过去的研究习惯于无语境的操作，将马克思的思想观点从其活动的具体过程中孤立出来，将其思想活动从其思想的具体环境中孤立出来，将其思想环境从其环境的社会历史方位中孤立出来，从而使马克思的思想成了一种无语境的超历史的抽象的真理体系。对马克思人论的研究也不例外。本文的分析表明，马克思对人的问题的思考是在一个复杂的社会历史语境和学术语境中进行的，或者说是在一个思想的生态系统中进行的，其中，马克思的观点只是复杂的互动关系中的一方，其观点的不断调整也是这种互动过程的结果。因此，马克思人论确实是关于人的思考的一条颇有特色和成效的路径，但绝非唯一可能和唯一合理的路径。只有把马克思的人论还原到它的实际语境之中，看成其所属的生态系统的一个部分，我们才能更加真切地理解它的含义和价值。

过去对马克思人论的研究还往往是缺乏立场或隐瞒立场的操作。究竟从什么样的视角出发来分析马克思的人论？采取该视角的学理依据是什么？究竟用什么样的价值尺度来评价马克思的人论？该尺度是从哪里来的？研究者个人在分析、评论马克思人论时的学术主张究竟是谁的？是自己的还是他人的？这些问题不是被有意回避就是交代模糊。有鉴于此，本文明确地把个别事物与其众多属性间的关系问题作为分析的视角，把本质主义和反本质主义的对立关系作为评价的尺度，并说明了该视角和尺度的学理渊源与现实根据，以及笔者本人在这方面的心得，以尽量限定本文观点的适用范围。也就是说，本文对马克思人论的种种论断都是从一个明确规定了的前提出发所得到的结论，跟从其他前提出发所看到的看法不必然构成反驳关系。这样一来，本文可能存在的问题也都可以从纯粹学理上加以检视了。

认为马克思人论存在本质主义和反本质主义的内在冲突，不意味着对马克思人论的全盘否定。一个思想家的高明不在于他的理论无所不备、完美无缺、永远正确，而在于他能见他人之所不能见。只要马克思人论所开显的人的特定逻辑扇面不能被其他理论所兼容，它的意义和价值就是永恒的。但同时我们也必须看到，马克思人论也只是对人的众多解释体系中的一种。既然我们都同意柏拉图的人论、亚里士多德的人论、黑格尔的人论都存在这样那样的问题，我们为什么就不肯承认马克思的人论也存在自己的问题呢？既然我们对柏拉图、亚里士多德和黑格尔的批评丝毫无损于他们在思想史上的杰出地位，那我们还有什么必要担心对马克思的反思性研究会有损他的历史地位呢？

归根到底，反思马克思人论的思维方式，是为了检讨我们自己在人的问题上的思维方式。如果我们到今天还看不到马克思人论的思维方式的问题，就意味着我们还在犯同样的思维错误。当然，我们领悟到马克思人论的思维方式的问题，并不意味着这个问题就此可以迎刃而解。本质主义思维方式的问题并非马克思人论所独有的问题，正如前面已经指出的那样，它是人类思维的一个普遍性问题。在一个更深的层面上去思考和解决这个问题，正是当今时代需要我们承担的一个重要课题。无论如何，马克思人论对理解这个课题、完成这个课题都具有不可取代的作用。

说明：写于 2002 年 6 月前半月，发表于《河北学刊》2004年第 1~3 期。

专题三
关于马克思主义的
哲学观、宗教观与
意识形态观

论恩格斯关于哲学终结的思想

引言

恩格斯这些年被我们冷落了，而这种冷落不利于我们深化对马克思主义哲学的理解。

传统理解马克思主义哲学的视角是"恩格斯视角"，该视角的基点是恩格斯关于"哲学基本问题"的经典表述，由此出发所看到的马克思主义哲学就是后来的体系化的"辩证唯物主义和历史唯物主义"。改革开放以来，对马克思主义哲学的理解主要采取了"青年马克思视角"，该视角的基点是感性实践活动，由此出发所看到的马克思主义哲学就是今天被多数学者所接受的"实践唯物主义"。视角转换的一个直接后果是恩格斯思想的边缘化，以至于今天人们宁愿提说"马克思哲学"而不愿提说"马克思主义哲学"，似乎这样就可以对恩格斯的哲学另作处理。

随着研究的深入，事情让人感到并不如此简单。人们首先需要正视的问题是：马克思主义哲学的本来面貌能否等同于从某一特定视角所观察到的面貌？是否存在某种绝对优越的观察视角，该视角的观察结果就等于或约等于马克思主义哲学本身？如果回答是肯定的，意味着马克思主义哲学的解释视阈是封闭的、有限的和同质性的，意味着"恩格斯视角"和"青年马克思视角"或此或彼，二者必居其一。如果回答是否定的，意味着马克思主义哲学的解释视阈应是开放的、无限的和异质性的，意味着突出恩格斯关于"哲学基本问题"的观点不必以遮蔽马克思的实践观点为代价，反过来重视马克思的思想也不必以轻视恩格斯的思想为代价。我本人持后一种看法。我认为，恩格斯的哲学其实并不等于被"辩证唯物主义和历史唯物主义"体系所定型的那个样子，其意蕴要比通常所估计的丰富得多。如果说上述两种视角易于呈现马恩二人的差异的话，那么一定还存在许多别的视角，它们足以彰显二人的一致性，而马克思主义哲学的本来面貌也许正在这些异质性视角所复合出来的样态里。

本文尝试系统阐述恩格斯关于哲学终结的思想，并顺带探讨这一思想跟马克思本人的做法、跟后世马克思主义哲学的演进、跟现当代西方哲学的走向的基本关系，但愿由此可以开启一个理解马克思主义哲学的新视角。

恩格斯既是马克思主义哲学的创始人之一，又是马克思主义哲学的第一个阐释者。不仅如此，恩格斯系统建构和阐发马克思主义哲学的工作主要集中在晚年，所反映的思想至少在著者本人看来应是最成熟的思想。这些思想主要体现在下述著作中：《反杜林论》（写于 1876 年 9 月至 1878 年 6 月）、《自然辩证法》（写于 1873～1883 年，1885～1886 年作了个别补充）、《路德维希·费尔巴哈和德国古典哲学的终结》（写于 1886 年初）。这几部著作的时间跨度达十多年，是恩格斯 50 多岁到 60 多岁之间的作品，其中的思想保持着高度的连贯性。从这些著作中可以看出，恩格斯的哲学思想（或恩格斯所建构和阐发的马克思主义哲学思想）至少可以分为两大基本层面：一是元理论层面，一是对象理论层面。元理论层面的中轴观点就是本文所要论述的关于"哲学终结"的思想，而对象理论的中轴观点才是大家耳熟能详的有关"哲学基本问题"和辩证法的思想。相比之下，元理论比对象理论更加重要，对后者的理解必须以对前者的理解为前提，而在剥离了元理论的情况下去把握对象理论，只能是舍本逐末。就此而言，传统的"恩格斯视角"其实只是恩格斯的对象理论视角，而不是恩格斯的元理论视角。

一　恩格斯关于"哲学终结"的命题及相关表述

恩格斯明确提出"哲学终结"这个命题，是在《路德维希·费尔巴哈和德国古典哲学的终结》的第一部分（关于"哲学基本问题"的论述是在第二部分）。他说："假定一切矛盾都一下子永远消除了，那末我们就会达到所谓绝对真理，世界历史就会终结，而历史是一定要继续发展下去的，虽然它已经没有什么事情可做了。……这样给哲学提出任务，无非就是要求一个哲学家完成那只有全人类在其前进的发展中才能完成的事情，那末全部以往所理解的哲学也就终结了。我们就把沿着这个途径达不到而且对每个个别人也是达不到的'绝对真理'撇在一边，而沿着实证科学和利用辩证思维对这些科学成果进行概括的途径去追求可以达到的相对真理。总之，哲学在黑格尔那里终结了：一方面，因为他在自己的体系中以最宏伟的形式概括了哲学的全部发展；另一方面，因为他（虽然是不自觉地）给我们指出了一条走出这个体系的迷宫而达到真正地切实地认识世界的道路。"① 这段话的意思是说，先前那种想要在一套体系中穷尽"绝对真理"的哲学到黑格尔那里已经走到了尽头，从而辩证的实证科学得以引领风骚。

在另外几个地方，恩格斯虽未使用"哲学终结"的字眼，但阐述的内容是关于"哲学终结"的。他在《反杜林论》中说道："在这两种情况下（指把历史和自然都看作过程——引者注），现代唯物主义都是本质上辩证的，而且不再需要任何凌驾于其他科学之上的哲学了。一旦对每一门科学都提出了要求，要它弄清它在事物以及关于事物的知识的总联系中的地位，关于总联系的任何特殊科学就是多余的了。于是，在以往的全部哲学中还仍旧独立存在的，就只有关于思维及其规律的学说——形式逻辑和辩证法。其他一切都归到关于自然和历史的实证科学中去了。"② 他还在《自然辩证法》中说："自然科学家满足于旧形而上学的残渣，使哲学还得以苟延残喘。只有当自然科学和历史科学接受了辩证法的时候，一切哲学垃圾——除了关于思维的纯粹理论——才会成为多余的东西，在实证科学中消失掉。"③ 这两段话的意思是：自然科学和历史科学作为实证科学的辩证化，使得哲学（关于思维的纯粹理论除外）变得多余。

上述两方面的表述角度不同，但中心意思相同，即：哲学的终结和实证科学的兴盛是相互关联和相互对应的。具体说来，哲学之所以终结，在于它既是非实证的，又是非辩证的。非实证，意指往往以观念中虚构的联系代替可以观察到的真实的联系；非辩证，意指总想一网打尽"绝对真理"。哲学之所以刚好在黑格尔那里终结而不在其他地方终结，一方面是

---

① 《马克思格格斯选集》第 4 卷，人民出版社，1972，第 1 版，第 215～216 页。
② 《反杜林论》"引论·一、概论"或《社会主义从空想到科学的发展》"二"，《马克思恩格斯选集》第 3 卷，人民出版社，1972，第 1 版，第 65 页或第 422 页。
③ 《自然辩证法》"自然科学和哲学"，《马克思恩格斯选集》第 3 卷，第 533 页。

因为黑格尔将这种非实证又非辩证的"绝对真理"体系发展到了登峰造极的地步，以至于物极必反；另一方面是因为黑格尔在其非辩证的框架内使辩证法得到了有史以来最充分的发育，从而为实证科学的辩证化准备好了唯一正确的思维方式。与哲学的终结相对应的是实证科学地位的最大提升。实证科学早已有之，此前之所以不能代替哲学，是因为它虽是实证的，却不是辩证的，世界的辩证联系只得靠哲学去建立。在黑格尔时代结束时，实证科学自身开始了辩证化的过程，这就使得出现一种既实证又辩证的科学成为可能。如果科学既实证又辩证，那么，既不实证又不辩证的哲学显然就是多余的，至于虽不实证却还辩证的哲学（即作为思维学说的辩证法本身）则可以继续保留。

可见，在恩格斯关于"哲学终结"的命题及相关表述中，其"哲学终结"观是一种"有限终结观"——终结那些构造自然规律体系和历史规律体系的哲学，将它们的职权移交给辩证的实证科学，同时保留研究思维规律（形式逻辑和辩证法）的哲学。在这二者之间，恩格斯还空出了一片重要的学科领域，这就是上述引文中提到的"现代唯物主义"、"利用辩证思维对这些科学成果进行概括"等类似思想和活动所居留的学科领域。这些领域究竟属于实证科学还是属于哲学，恩格斯未加界说。

一 "哲学终结"的两个维度——唯心主义的终结和形而上学的终结

恩格斯关于"哲学终结"的思想有着自身确定的内涵，该内涵是由两个维度共同加以规定的，即：唯心主义的终结和形而上学的终结。唯心主义的终结所开启的是唯物主义，形而上学的终结所开启的是辩证法，因而这两个维度也可以叫做唯物主义维度和辩证法维度。单就这一点而言，称恩格斯的哲学（或恩格斯所表述的马克思主义哲学）为"辩证唯物主义"不仅不错，而且十分恰当。但问题在于，恩格斯的这两个维度就其直接的含义来说，并不是建构新的哲学体系的维度，而是"终结哲学"的维度。如果不以"终结哲学"为前提，"辩证唯物主义"的精神实质就会被丢掉。

先看唯心主义的终结这一维度。什么是恩格斯要加以终结的唯心主义？简单地说，就是：在研究自然界和人类历史的过程中，用幻想的联系代替真实的联系，或者说用思辨的联系代替实证的联系的那种哲学。在这里，不仅存在唯心主义和唯物主义的斗争，更重要的是存在唯心主义和实证科学（亦即哲学与实证科学）的斗争。也就是说，终结唯心主义和终结哲学是一回事，终结唯心主义的目的不是要建构一套唯物主义的自然体系和历史体系，而是要将关于自然和历史的具体联系交给实证科学去研究。恩格斯的口号是"从事实出发"，他说："不论在自然科学或历史科学的领域中，都必须从既有的事实出发，因而在自然科学中必须从物质的各种实在形式和运动形式出发；因此，在理论自然科学中也不能虚构一些联系放到事实中去，而是要从事实中发现这些联系，并且在发现了之后，要尽可能地用经验去证明。"① 实际上，恩格斯之所以要反对黑格尔的自然哲学，嘲笑杜林的《合理的物理和化学的新的基本定律》，就是因为他们都犯了将臆测的自然规律强加给自然界的唯心主义错误。也正因为如此，恩格斯在划分唯物唯心阵营时才这样说唯心主义："凡是断定精神对自然界说来是本原的，从而归根到底以某种方式承认创世说的人（在哲学家那里，例如在黑格尔那里，创世说往往采取了比在基督教那里还要混乱而荒唐的形式），组成唯心主义阵营。"② 并且声明有关用语不能在别的意义上被使用。恩格斯的意思无非是说：精神和自然界谁产生谁的问题不是一个靠思辨的玄想可以解决的问题，而是一个实证科学的问题；在这个问题上，从前的唯物主义哲学之所以具有合理性，不是因为它是哲学的缘故，而是因为它的结论接近于实证科学的结论。

接下来再看形而上学的终结这一维度。恩格斯批判形而上学的篇幅要远远多于批判唯心主义的篇幅。关于什么是形而上学，恩格斯说得很清楚："把自然界的事物和过程孤立起来，撇开广泛的总的联系去进行考察，因此就不是把它们看做运动的东西，而是看做静止的东西；不是看做本质上变化着的东西，而是看做永恒不变的东西；不是看做活的东西，而是看做死的东西。这种考察事物的方法被培根和洛克从自然科学中移到哲学中以后，就造成了最近几个世纪所特有的局限性，即形而上学的思维方式。"③ 这种形而上学不仅存在于自然科学中，而且也存在于历史科学中，资产阶级的理性王国设计、空想社会主义的绝对真理观，都是其表现。形

---

① 《自然辩证法》"《反杜林论》旧序。论辩证法"，《马克思恩格斯选集》第 3 卷，第 469～470 页。

② 《路德维希·费尔巴哈和德国古典哲学的终结》"二"，《马克思恩格斯选集》第 4 卷，第 220 页。

③ 《反杜林论》"引论·一、概论"或《社会主义从空想到科学的发展》"二"，《马克思恩格斯选集》第 3 卷，第 60～61 页或第 418 页。

而上学的终结包含两个层面：一是作为实证科学的思维方式的形而上学的终结，一是作为哲学学说的形而上学的终结。在前一个层面上，实证科学本身的发展正在导致形而上学思维方式的终结。"自然科学现在已发展到如此程度，以致它再不能逃避辩证的综合了。"① 马克思揭示了人类社会的运动规律，特别是揭示了资本主义经济形态中的剩余价值规律，使得历史学科也发生了辩证的革命。在后一个层面上，黑格尔恢复了辩证法这一最高的思维形式，使哲学形而上学遭受了沉重打击。只要将黑格尔的辩证法从他的僵化体系（亦即形而上学外壳）中解放出来，并置于唯物主义的基础之上，哲学形而上学（包括费尔巴哈的形而上学）的丧钟就会响起。需要强调的是，实证科学中形而上学的终结不仅不意味着实证科学的终结，反而意味着实证科学因辩证化而获得新生，并且这种新生恰好又构成哲学终结的条件；至于哲学中形而上学的终结，则仅仅是哲学自身的终结。所以，形而上学的终结不管具体形式如何复杂，归根到底仍然是哲学的终结，而不是用辩证的关于自然和历史的哲学体系去取代形而上学的哲学体系，更不是拿这种哲学体系去替代实证科学。

可见，将哲学的终结跟唯心主义和形而上学的终结结合起来理解，将唯心主义和形而上学的终结看成哲学的终结的两个维度，对于准确把握恩格斯的哲学（或恩格斯所阐发的马克思主义哲学），具有十分重要的意义。脱离哲学的终结来谈唯心主义和形而上学的终结，只会导致黑格尔式的体系哲学的重建；即使这种体系既唯物又辩证，也与恩格斯的本意大相径庭。

三　"哲学终结"的两个领域——自然哲学的终结和历史哲学的终结

对"哲学终结"来说，唯心主义的终结和形而上学的终结是两种学说类型和两种思维方式的终结，而自然哲学的终结和历史哲学的终结则是两大学科领域的终结。或者说，前两种终结涉及的是"哲学终结"的内涵方面，而后两种终结涉及的则是"哲学终结"的外延方面。这里所说的自然哲学和历史哲学特指那种以哲学方式构造自然规律体系和历史规律体系的学科领域，终结它们不因为别的，只因为它们是唯心主义和形而上学的渊薮。就此而言，自然哲学和历史哲学的终结也可视为唯心主义和形而上学的终结的落实。

① 《反杜林论》"三版序言"，《马克思恩格斯选集》第 3 卷，第 54 页。

关于自然哲学的终结，恩格斯说："由于这三大发现（指细胞、能量转化和生物进化——引者注）和自然科学的其他巨大进步，我们现在不仅能够指出自然界中各个领域内的过程之间的联系，而且总的说来也能指出各个领域之间的联系了，这样，我们就能够依靠经验自然科学本身所提供的事实，以近乎系统的形式描绘出一幅自然界联系的清晰图画。描绘这样一幅总的图画，在以前是所谓自然哲学的任务。而自然哲学只能这样来描绘：用理想的、幻想的联系来代替尚未知道的现实的联系，用臆想来补充缺少的事实，用纯粹的想象来填补现实的空白。它在这样做的时候提出了一些天才的思想，预测到了一些后来的发现，但是也说出了十分荒唐的见解，这在当时是不可能不这样的。今天，当人们对自然研究的结果只是辩证地即从它们自身的联系进行考察，就可以制成一个在我们这个时代是令人满意的'自然体系'的时候，当这种联系的辩证性质，甚至迫使自然哲学家的受过形而上学训练的头脑违背他们的意志而不得不接受的时候，自然哲学就最终被清除了。任何使它复活的企图不仅是多余的，而且是一种退步。"① 在这里，恩格斯的意思很清楚：自然界客观存在着一套辩证联系的规律系统，对自然界的正确认识无异于该系统的思想图画；描绘这一图画必须具备两个要件，一是这种描绘必须是经验的和实证的，二是这种描绘必须是辩证的；自然科学在一定条件下可以二者兼备，但自然哲学则永远不可能具备前一个要件，因此必然被自然科学所取代。可见，恩格斯所要终结的不是某种特定的自然哲学理论，而是自然哲学这一学科。

历史哲学的问题首先在于它的形而上学性质。资产阶级的启蒙理想标榜永恒的真理、永恒的正义、基于自然的平等和不可剥夺的人权，可是由这些华美约言换来的却是"一幅令人极度失望的讽刺画"。空想社会主义自命为绝对真理、理性和正义的表现，最终也不免"陷入纯粹的空想"。② 黑格尔虽然恢复了辩证法这一最高的思维形式，但"在这里，历史哲学、法哲学、宗教哲学等等也都是以哲学家头脑中臆造的联系来代替应当在事变中指出的现实的联系，把历史（其全部和各个部分）看做观念的逐渐实现，而且当然始终只是哲学家本人所喜爱的那些观念的逐渐实现。"历史

---

① 《路德维希·费尔巴哈和德国古典哲学的终结》"四"，《马克思恩格斯选集》第 4 卷，第 241～242 页。

② 参见《反杜林论》"引论·概论"和"社会主义·历史"等处，《马克思恩格斯选集》第 3 卷。

哲学由此进一步暴露出了它的唯心主义性质。有鉴于此，恩格斯指出："在这里也完全象在自然领域里一样，应该发现现实的联系，从而清除这种臆造的人为的联系；这一任务，归根到底，就是要发现那些作为支配规律在人类社会的历史上为自己开辟道路的一般运动规律。"① 马克思的历史观就是对这种规律的揭示。"这种历史观结束了历史领域内的哲学，正如辩证的自然观使一切自然哲学都成为不必要的和不可能的一样。"② 在这一严格的意义上，马克思的唯物史观、剩余价值学说、社会主义学说都不再是哲学，而是历史领域的实证科学，或者说，它们的高明不是因为它们是一种崭新的哲学，而是因为它们已经跟哲学划清了界限。当恩格斯说由于唯物史观和剩余价值的发现，"社会主义已经变成了科学"时，当他将"理论的社会主义和已经死去的哲学"对举时③，他的意思无非是说"社会主义已经不再是哲学"，因为哲学"已经死去"。

总结自然哲学和历史哲学的终结，恩格斯认为，"现在无论在哪一方面，都不再是要从头脑中想出联系，而是要从事实中发现这种联系了。这样，对于已经从自然界和历史中被驱逐出去的哲学来说，要是还留下什么的话，那就只留下一个纯粹思想的领域：关于思维过程本身的规律的学说，即逻辑和辩证法。"④ 这些话十分清楚地表明，在恩格斯的心目中，关于自然界和历史的哲学，不论它所试图建构的是局域性联系还是总体性联系，因其不可避免的唯心主义和形而上学错误，其使命都彻底结束了。换句话说，在恩格斯看来，对唯心主义和形而上学的最好批判，并非是用唯物主义和辩证法去占领自然哲学和历史哲学等学科领域，而是彻底废除这些领域。

四 "哲学终结" 的前提与限度

前已述及，恩格斯的"哲学终结"观是有限终结观。这种有限性主要表现在两个方面：一是它以坚持思维与存在的同一性为基本前提，二是它

---

① 《路德维希·费尔巴哈和德国古典哲学的终结》"四"，《马克思恩格斯选集》第 4 卷，第 242~243 页。

② 《路德维希·费尔巴哈和德国古典哲学的终结》"四"，《马克思恩格斯选集》第 4 卷，第 253 页。

③ 参见《反杜林论》"引论·概论"，《马克思恩格斯选集》第 3 卷，第 67 页。

④ 《路德维希·费尔巴哈和德国古典哲学的终结》"四"，《马克思恩格斯选集》第 4 卷，第 253 页。

为哲学保留了思维领域这块地盘。这两个方面又是密切关联的。

跟多数哲学家一样，恩格斯坚信"思维和存在的一致"。他说："我们的主观的思维和客观的世界服从于同样的规律，因而两者在自己的结果中不能互相矛盾，而必须彼此一致，这个事实绝对地统治着我们的整个理论思维。它是我们的理论思维的不自觉的和无条件的前提。"① 他还说："思维规律和自然规律，只要它们被正确地认识，必然是互相一致的。"② 恩格斯的意思是，客观世界是有规律的，人的思维也是有规律的，如果被正确认识的话，二者必然是一致的。

那么，什么是恩格斯所说的被正确认识的规律呢？这就是而且只能是辩证法的规律。在恩格斯的用法中，"辩证法"和"辩证法的规律"是两个不同的概念。关于"辩证法"，恩格斯有几段经典表述："辩证法不过是关于自然、人类社会和思维的运动和发展的普遍规律的科学。"③ "辩证法被看作关于一切运动的最普遍的规律的科学。"④ "辩证法就归结为关于外部世界和人类思维的运动的一般规律的科学"。⑤ 关于"辩证法的规律"，恩格斯也有相应的表述。"辩证法的规律是从自然界和人类社会的历史中抽象出来的。辩证法的规律不是别的，正是历史发展的这两个方面和思维本身的最一般的规律。实质上它们归结为下面三个规律：量转化为质和质转化为量的规律；对立的相互渗透的规律；否定的否定的规律。"⑥ "这两个系列的规律（指外部世界和人类思维——引者注）在本质上是同一的，但是在表现上是不同的，这是因为人的头脑可以自觉地应用这些规律，而在自然界中这些规律是不自觉地、以外部必然性的形式、在无穷无尽的表面的偶然性中为自己开辟道路的，而且到现在为止在人类历史上多半也是如此。"⑦ 恩格斯将"辩证法"和"辩证法的规律"有意加以区别，是为了说明："辩证法"是一种认识、一门科学，"辩证法的规律"则是一种客观存在，"辩证法"是对"辩证法的规律"的反映。这种区分跟他对"主

① 《自然辩证法》"数学"，《马克思恩格斯选集》第3卷，第564页。

② 《自然辩证法》"辩证法"，《马克思恩格斯选集》第3卷，第547页。

③ 《反杜林论》"第一编　哲学·辩证法"，《马克思恩格斯选集》第3卷，第181页。

④ 《自然辩证法》"数学"，《马克思恩格斯选集》第3卷，第565页。

⑤ 《路德维希·费尔巴哈和德国古典哲学的终结》"四"，《马克思恩格斯选集》第4卷，第239页。

⑥ 《自然辩证法》"辩证法"，《马克思恩格斯选集》第3卷，第484页。

⑦ 《路德维希·费尔巴哈和德国古典哲学的终结》"四"，《马克思恩格斯选集》第4卷，第239页。

观辩证法"（或"概念的辩证法"）和"客观辩证法"（或"现实世界的辩证运动"）的区分是相联系的。关于后一种区分，他说："所谓客观辩证法是支配着整个自然界的，而所谓主观辩证法，即辩证的思维，不过是自然界中到处盛行的对立中的运动的反映而已"，① "这样，概念的辩证法本身就变成只是现实世界的辩证运动的自觉的反映，从而黑格尔的辩证法就被倒转过来了，或者宁可说，不是用头立地而是重新用脚立地了。"②

在这里，恩格斯没有明确告诉我们：是否根据上述看法，研究现实世界的辩证运动就应该是属于实证的自然科学和历史科学的任务，而研究主观辩证法的任务则继续由哲学来承担？但从他反复讲"辩证法是科学"这一点不难看出，直接研究自然界和人类社会中的辩证法规律的那种"辩证法"，或者说"利用辩证思维对这些科学成果进行概括"的那种"辩证法"，甚至更明确地说，包括马克思的唯物史观、剩余价值学说和恩格斯本人的自然辩证法在内的这种"辩证法"，肯定是科学而不是哲学。那么，什么是作为哲学的辩证法呢？或者说什么是作为关于思维的纯粹理论的辩证法呢？甚至更明确地说，什么是恩格斯留给哲学作为保留地的辩证法呢？恩格斯没有讲。虽然如此，他的意思却比讲出来还要清楚，那就是黑格尔的辩证法，当然是其革命的方面得到了恢复而唯心主义的装饰被摆脱了之后的辩证法。在《反杜林论》的"引论"的草稿中，恩格斯说："就哲学是凌驾于其他一切科学之上的特殊科学来说，黑格尔体系是哲学的最后的最完善的形式。全部哲学都随着这个体系没落了。但是留下了辩证的思维方式以及关于自然的、历史的和精神的世界在产生和消失的不断过程中无止境地运动着和转变着的观念。不仅哲学，而且一切科学，现在都必须在自己的特殊领域内揭示这个不断的转变过程的运动规律。而这就是黑格尔哲学留给它的继承者的遗产。"③ 更重要的是，黑格尔的辩证法一旦得到唯物主义的改造，其作为主观辩证法跟由实证科学所揭示的客观辩证法实际上就成了一个东西。这种情况下，当务之急就不是继续在"主观辩证法"方面下工夫，即不是在"哲学"方面下工夫，而是在"客观辩证法"方面下工夫，即在"科学"方面下工夫，包括在"利用辩证思维对这些科学成果进行概括"方面下工夫，

---

① 《自然辩证法》"辩证法"，《马克思恩格斯选集》第 3 卷，第 534 页。

② 《路德维希·费尔巴哈和德国古典哲学的终结》"四"，《马克思恩格斯选集》第 4 卷，第 239 页。

③ 《反杜林论》"引论·概论"，《马克思恩格斯选集》第 3 卷，第 63 页注①。

正如恩格斯本人在"自然辩证法"方面所示范的那样。

这样一来，在恩格斯这里，"哲学终结"的限度就一目了然了。首先，对自然哲学和历史哲学，或者说对一切关于外部世界的哲学，都要加以终结；取而代之的是经验的、实证的和辩证的自然科学和历史科学。这些科学所揭示的规律，如果真是规律的话，一定是合乎并表达了辩证法的，不过，它们并不直接讲辩证法本身。其次，"在以往的全部哲学中还仍旧独立存在的，就只有关于思维及其规律的学说——形式逻辑和辩证法。"① 其间，恩格斯用"学说"一词而不用"科学"一词，正好表明这个意义上的"辩证法"仍然是"哲学"而不是"科学"。至于将形式逻辑和辩证法一同保留，只是因为前者相当于思维领域的初等数学而后者相当于高等数学。与科学的规律（即自然规律和历史规律，或外部世界的规律）只是合乎和表达辩证法不同，哲学的规律（即思维规律）是关于辩证法本身的。最后，在哲学的终结和保留之间，在科学的规律和哲学的规律之间，实际上还存在一个特殊的地带，即作为科学而非哲学的辩证法和作为科学而非哲学的唯物主义，或者说作为科学而非哲学的"辩证唯物主义"。

需要说明的是，将马克思主义的各种主要学说按恩格斯的"科学—哲学"分类法明确归类，并不是一件轻而易举的事情。我们也许可以较为容易地将马克思的剩余价值学说、社会主义学说划入实证科学范畴，但要将马克思的唯物主义历史观也划入这一范畴就颇为困难了，至于恩格斯本人的自然辩证法就更难如此归类了。同时，唯物史观和自然辩证法也肯定不会是哲学，至于剩余价值和社会主义学说，就更不应是哲学了，因为以自然和历史为对象的哲学正是恩格斯宣布了要终结的东西。如是，马克思主义的几种主要学说，特别是唯物史观和自然辩证法，究竟是科学还是哲学就成了问题。对此，恩格斯曾说过："现代唯物主义……已经根本不再是哲学，而只是世界观，它不应当在某种特殊的科学的科学中，而应当在现实的科学中得到证实和表现出来。因此，哲学在这里被'扬弃'了，就是说，'既被克服又被保存'；按其形式来说是被克服了，按其现实的内容来说是被保存了。"② 这等于是说，现代唯物主义或辩证的唯物主义是一种介

---

① 《反杜林论》"引论·一、概论"或《社会主义从空想到科学的发展》"二"，《马克思恩格斯选集》第 3 卷，第 65 页或第 422 页。

② 《反杜林论》"第一编　哲学·十三、辩证法"，《马克思恩格斯选集》第 3 卷，第 178～179 页。

于科学和哲学之间的东西，它既不是二者中的任何一个，又内在于它们之中。所以，恩格斯不用对这个问题作非此即彼的回答。在恩格斯看来，唯物的辩证法无论作为哲学还是作为科学，亦即无论作为关于思维规律的学说还是作为关于外部世界规律的科学，其实是一个东西，重要的不是辨明它的身份，而是将辩证法的哲学或思维的辩证法贯彻到实证科学之中，同时又将实证科学的成果上升到哲学高度，以确证和充实辩证法的理论。于是，在"哲学终结"之后，学科格局就呈现"两大学科一个中介"的特点——两大学科是科学和哲学，中介是马克思主义，特别是其中的唯物辩证法。透过这样一种格局，我们就能透彻地领悟到马克思主义本身的特殊价值和地位——它既是一种科学的哲学，又是一种哲学的科学；既是哲学终结的执行者，又是科学发展的引领者。

归结起来，没有哲学的终结，就没有马克思主义，而没有哲学终结的前提和限度，也没有马克思主义。这就是恩格斯关于哲学终结思想的秘密所在。

五　恩格斯关于哲学终结的思想的若干比较与分析

关于哲学终结的思想作为恩格斯哲学思想的元理论，既是马克思主义哲学以至整个现当代西方哲学的历史语境的产物，也是这一历史语境的组成部分。将这一思想置于这一语境中加以评析，不仅对于我们反省马克思主义哲学史的曲折过程，重新理解马克思主义哲学的含义和精神，而且对于我们领会现当代西方哲学的走向，把握人类思想演进的大势，都有不容忽视的意义。下面是几组简要的比较和分析。

1. 在"哲学终结"的问题上恩格斯跟马克思的关系

对于在"哲学终结"的问题上恩格斯跟马克思的关系，我的看法很简单：马克思是哲学终结的实践家，恩格斯则是哲学终结的理论家，他们的基本思想是一致的。

这里有必要对哲学概念做一限定。从上面的讨论可以看出，恩格斯所谓哲学是有特定所指的，这种哲学的典型形态就是黑格尔的思辨体系。哲学终结是指黑格尔体系中关于外部世界的理论以及其他各种体系中类似理论的终结。在这个意义上，马克思的思想历程就是从用哲学批判哲学到用实证科学替换哲学的过程，或者说，哲学终结在马克思那里是作为一个实际发生了的事件而存在的。按照我们今天通行的哲学概念，马克思自始至终都是一个哲学家，他的全部各类著作中都包含着丰富的哲学思想。这两种看法其实并不矛盾，只要当心这两个"哲学"所指不同即可。马克思没有构造过关于自然规律和历史规律的思辨体系，他早年以思辨的方式或哲学的方式所写的论著基本上都是论战性的，并且多数都是针对思辨哲学亦即哲学本身的唯心主义和形而上学品质的。在完成这一工作之后，马克思就不再以哲学的方式或思辨的方式说话，而只以科学的方式或实证的方式说话了，或者说马克思就不再是一个那种意义上的哲学家，而只是科学家了。大约在《共产党宣言》完成之后，马克思在自己的理论研究中就很少过问哲学了。对他来说，哲学事实上已经终结了，并且是被他自己亲手埋葬的。所以，恩格斯晚年关于哲学终结的思想，实际上是对马克思毕生行为的一种理论阐释，并且这种阐释是得到了马克思的认可的。早在《德意志意识形态》中，二人就曾共同写道："思辨终止的地方，即在现实生活面前，正是描述人们的实践活动和实际发展过程的真正实证的科学开始的地方。关于意识的空话将销声匿迹，它们一定为真正的知识所代替。对现实的描述会使独立的哲学失去生存环境，能够取而代之的充其量不过是从对人类历史的发展的观察中抽象出来的最一般的结果的综合。"① 在《反杜林论》序言中，恩格斯还专门讲道："我的这部著作如果没有他（指马克思——引者注）的同意就不会完成，这在我们相互之间是不言而喻的。在付印之前，我曾把全部原稿念给他听，而且经济学那一编的第十章（《〈批判史〉论述》）就是由马克思写的"。② 这些话均可为证。

2. 恩格斯关于哲学终结的思想跟后世马克思主义哲学体系的关系

在恩格斯关于哲学终结的思想跟后世马克思主义哲学体系的关系问题上，我的基本判断是：总的来看，后世马克思主义哲学是朝着体系化的方向发展的，而这与恩格斯关于哲学终结的思想正好南辕北辙。

按恩格斯的想法，自然哲学和历史哲学的终结不仅可以直接废除许多荒唐的哲学命题，而且可以使实证科学从哲学的束缚中解放出来，同时，被唯物地改造后的作为思维哲学的辩证法还能帮助实证科学提升自己的思维水准。其间，作为哲学的辩证法或唯物辩证法既不是关于外部世界的命题系统，也不是等待着去包容各种科学命题的理论框架，而仅

---

① 《德意志意识形态》第 1 卷第一章，《马克思恩格斯选集》第 1 卷，人民出版社，1972，第 31 页。

② 《反杜林论》"三版序言"，《马克思恩格斯选集》第 3 卷，第 49 页。

仅是一种方法或思维方式。实际上，无论马克思展示《资本论》的辩证法，还是恩格斯撰写《自然辩证法》，都不是为了构造某种新的哲学体系，而是为了从德国唯心主义哲学中拯救"自觉的辩证法并且把它转为唯物主义的自然观和历史观"。① 在这里，"自觉辩证法"也好，"观"也好，显然就是方法或思维方式的意思。对此，恩格斯在去世前几个月曾强调指出："马克思的整个世界观不是教义，而是方法。它提供的不是现成的教条，而是进一步研究的出发点和供这种研究使用的方法。"② 然而，后世的马克思主义哲学却最终变成了关于外部世界和人类思维的命题系统，而不再是关于思维的纯粹理论。特别是苏联模式的教科书哲学，更是将这种体系扩展到了无所不包的程度，使"已死的哲学"重又复活。哲学复活的首要后果就是将制定自然和历史规律的权力从实证科学手中夺了回来，从而使得人们对自然界和社会历史的认识既不必接受经验的证实，也不必随着实践的变化而与时俱进，而只须听从信仰和臆想的独断。从保守的僵化体系的轰然崩塌中拯救出来的革命的辩证法不知不觉中竟然变成了新的保守的僵化体系，这恐怕是以"哲学终结"为元理论的恩格斯所始料未及的。

3. 恩格斯关于哲学终结的思想跟现当代西方哲学的关系

接下来让我们着重考察一下恩格斯关于哲学终结的思想跟现当代西方哲学的关系。

哲学的面貌和主题本来是异常复杂的。不过，就最通常的理解来说，哲学在古代是一种知识总汇，其中的许多知识在今天看来都是想当然的。到了近代，实证科学所提供的知识越来越可靠，也越来越丰富，作为知识总汇的哲学就不再必要了。这种情况下，哲学转而从事世界总体联系的建构，不用说，其中的许多联系也是想当然的。到了恩格斯的时代，实证科学发展到了不仅可以提供具体知识，而且可以提供总体联系的程度，于是，专门构造总体联系的哲学也就不再必要了。这时，哲学又得另觅出路，按照恩格斯的理解，这条出路在思维领域。对于实证科学的进逼和哲学的退却，恩格斯的许多同时代人也注意到了。比如，比恩格斯年长 20 余岁的孔德就把人类智力在不同活动范围的整个发展分为三个阶段，即：神

---

① 参见《反杜林论》"三版序言"，《马克思恩格斯选集》第 3 卷，第 51 页。

② 《恩格斯致威纳尔·桑巴特的信》（1895 年 3 月 11 日），《马克思恩格斯全集》第 39 卷，人民出版社，1974，第 406 页。

学阶段，又名虚构阶段；形而上学阶段，又名抽象阶段；科学阶段，又名实证阶段。① 比恩格斯小10余岁的冯特则开创了实验心理学，大有将哲学进一步逐出思维领域之势。从那时到现在，一百多年过去了，实证科学和哲学的情况都发生了很大变化。虽然如此，恩格斯所指出的哲学终结的趋势却一直延续着。在思维领域，相关的心理和生理问题后来均被实证科学拿走了，留给哲学的是更加纯粹的思维规律问题，比如语言逻辑问题、思维方式问题。哲学终结的呼声此起彼伏，实证科学的地盘在持续扩张而哲学则不断向思维深处后退。现代逻辑、语言哲学、分析哲学和科学哲学，甚至现象学和海德格尔的别样的思，都是哲学后撤到思维深处后新建的家园。由此可以说，一部哲学史就是哲学不断走向终结的历史，当然同时也是哲学不断重新起步的历史。

在现当代西方哲学中，关于哲学的终结，有三个人的思想具有代表性。他们是：维特根斯坦、卡尔那普和海德格尔。其中，卡尔那普跟维特根斯坦前期的思想接近，而维特根斯坦后期和海德格尔则通过不同路径走到了时代的最远端。

（1）恩格斯的哲学终结观与前期维特根斯坦的哲学终结观

在《逻辑哲学论》中，维特根斯坦为思想的表达划了一条界限：一边是有意义的、可说的，另一边是无意义的、不可说的。他认为："凡是可以说的东西都可以说得清楚；对于不能谈论的东西必须保持沉默。"②他对此的阐释是："哲学中正确的方法是：除了可说的东西，即自然科学的命题——也就是与哲学无关的某种东西之外，就不再说什么，而且一旦有人想说某种形而上学的东西时，立刻就向他指明，他没有给他的命题中的某些记号以指谓。"③ 跟恩格斯一样，这时的维特根斯坦是高度信任自然科学的，所不同的是，恩格斯把自然科学的可靠性一般地归结为经验和实证，而维特根斯坦则把自然科学的可靠性归结为命题世界和事态世界的逻辑同构性。当然，恩格斯也重视逻辑，但他更重视辩证法，而维特根斯坦的"逻辑哲学"是不会容纳辩证法的。再者，恩格斯所信任的与其说是自然科学，不如说是实证科学，这其中还包括历史科学，并且，恩格斯还

① 孔德著《实证哲学教程》，参见洪谦主编《西方现代资产阶级哲学论著选辑》，商务印书馆，1964，第31页。

② 维特根斯坦著《逻辑哲学论》"前言"，贺绍甲译，商务印书馆，1996，第23页。

③ 维特根斯坦著《逻辑哲学论》6.53，贺绍甲译本，第23页。

相信自然界、人类社会和人类思维都统一于唯物辩证法的根本规律。在这一点上，维特根斯坦则相反。根据他的看法，逻辑所能把握的只是事态，而非事物；既然事态之外的东西都不能逻辑地说清楚，表明世界不存在可以最终统一万有的规律；而对那些不能逻辑地说清楚的东西，哲学和这里所谓历史科学却总是想加以说明，这是错误的。另外，恩格斯和维特根斯坦都把纯粹的思维作为哲学的保留地，不同之处在于，恩格斯一直致力于思维哲学和实证科学的辩证沟通，维特根斯坦则心甘情愿将自己的"逻辑哲学"当作助人登楼后再撤掉的梯子。从这一比较可以看出两个基本趋势：其一，对自然科学之思维基础的挖掘在不断深化；其二，世界可以由一套规律加以统一的信念已经动摇。这表明哲学终结的脚步还没有走到尽头。

（2）恩格斯的哲学终结观与卡尔那普对形而上学的拒斥

卡尔那普"拒斥形而上学"的声音可能是最响亮的，但由于他的观点既相似于前期维特根斯坦又没有维特根斯坦那么有棱角，因而其在学理上的意义要逊于维特根斯坦。跟维特根斯坦一样，卡尔那普追求严格意义上的科学命题，决心把世界还原为一种逻辑构造，不同的是，他在"原则上"可构造的东西要比维特根斯坦宽泛许多，并且他明确提出了经验证实的原则。关于该原则，他说："从逻辑上来说……只有从基本对象出发构造出一个对象之后，先前对此对象所作的论断才成为严格意义上的科学命题。因为只有对象的构造式——把关于此对象的命题翻译为关于基本对象即原初经验关系的命题的规则——才给这些命题一种可证实的意义。证实意即根据经验进行检验。"① 这种逻辑加经验的证实原则应当说是对恩格斯所理解的那种一般意义的经验实证的一种落实。关于哲学，卡尔那普声称："要把全部形而上学从哲学中驱逐出去，因为形而上学命题不可能得到合乎理性的证明。""新型哲学……力求把科学家的严格负责的基本态度作为哲学工作者的基本态度，而旧哲学家的态度则更类似于诗人的态度。这种新的态度不仅改变了思想方式，而且改变了为哲学提出的任务：各个哲学家不再想一下子就建立起一幢完整的哲学大厦，而是每人都在一个总的科学内在一定的职位上进行工作。"② 卡尔那普所要驱逐的形而上学跟恩格斯所要终结的哲学，就其命题不能经验地证实而言，具有相似之处；卡

---

① 卡尔那普著《世界的逻辑构造》，陈启伟译，上海译文出版社，1999，第322页。
② 卡尔那普著《世界的逻辑构造》，陈启伟译本，"第一版序"第3、2页。

尔那普相信科学的逻辑统一性，跟恩格斯相信思维和存在的同一性以及世界的辩证统一性，也不乏可沟通之处。不同的是，在恩格斯那里，凡是哲学终结之处，都有科学填补空白，从而保证了世界的完整性和统一性；而在卡尔那普那里，拒斥形而上学的结果则是科学世界和非科学世界的二分，亦即科学的统一和世界的分裂是相生相伴的，这一点跟维特根斯坦是一致的。至于说卡尔那普本人的工作以及其他类似工作的意义，则在于："建立一个完全的构造系统是全部科学的任务，而构造理论只能对此作逻辑的研究。"① 这种定位跟恩格斯对思维辩证法的定位颇为相似，而比维特根斯坦的登楼撤梯式的定位则要积极得多。

（3）恩格斯的哲学终结观与后期维特根斯坦的哲学终结观

维特根斯坦在后期放弃了他对于"逻辑的晶体般的纯粹性"的信仰，而走上了用语言在生活中的实际运用来规定语言意义的道路。他说："被我们称之为'语句'、'语言'的东西并没有我所想象的那种形式上的统一性，而是一个由多少相互关联的结构所组成的家族。""一个词的意义就是它在语言中的使用。""我们称之为'符号'、'词'、'语句'的东西有无数种不同的用途。而这种多样性并不是什么固定的、一劳永逸地给定了的东西；可以说新的类型的语言，新的语言游戏，产生了，而另外一些则逐渐变得过时并被遗忘。……在这里，'语言游戏'一词的用意在于突出下列这个事实，即语言的述说乃是一种活动，或是一种生活形式的一个部分。"② 如果让恩格斯来评价维特根斯坦的这种变化，我想他首先会说，维特根斯坦实现了语言哲学领域从形而上学到辩证法的转变，然后会说，可惜他的辩证法没有保持在赫拉克利特的状态，而是过了头，滑到了克拉底鲁的状态。的确，维特根斯坦后期已经很辩证了，但辩证得连规律也不要了。依照恩格斯的标准，存在着两种规律，一种是由形式逻辑所支持的规律，一种是辩证法的规律；如果坚执于形式逻辑支持下的规律，就不免陷入形而上学；只有辩证法的规律才是最终合乎客观事物本性的规律。维特根斯坦在前期所坚信的无疑属于前一种规律，而在后期则索性放弃了规律本身。如果坚持前一种规律，那么哲学的意义最多就是充当那把一次性的梯子。如果放弃所有规律，哲学的意义最多只是"对语言的实际使用进行

---

① 卡尔那普著《世界的逻辑构造》，陈启伟译本，第 321 页。

② 维特根斯坦著《哲学研究》第一部分 108、43、23 节，李步楼译，商务印书馆，1996，第 70、31、17 页。

描述"，"因为，它也不可能给语言的实际使用提供任何基础。它没有改变任何东西。"① 从这里可以看出，维特根斯坦沿着哲学终结的道路径直前行，不仅已经看到了哲学的尽头，而且已经看到了包括哲学和科学在内的整个逻辑思维的尽头，而这个地方，距离恩格斯已经相当遥远了。

（4）恩格斯的哲学终结观与海德格尔的哲学终结观

维特根斯坦留给哲学的最后的疑惑是："我不知道出路何在。"② 对此，海德格尔则说：我知道。海德格尔有一篇题为《哲学的终结和思的任务》的文章，提出了两个问题："一、哲学如何在现时代进入其终结了？二、哲学终结之际为思留下了何种任务？"他自己的解答是："哲学即形而上学。形而上学着眼于存在，着眼于存在中的存在者之共属一体，来思考存在者整体——世界、人类和上帝。"终结同时又是完成的意思（恩格斯也是这样理解的）。"纵观整个哲学史，柏拉图的思想以有所变化的形态始终起着决定性作用。形而上学就是柏拉图主义。尼采把他自己的哲学标示为颠倒了的柏拉图主义。随着这一已经由卡尔·马克思完成了的对形而上学的颠倒，哲学达到了最极端的可能性。哲学进入其终结阶段了。""哲学之发展为独立的诸科学——而诸科学之间却又愈来愈显著地相互沟通起来——乃是哲学的合法的完成。""哲学之终结显示为一个科学技术世界以及相应于这个世界的社会秩序的可控制的设置的胜利。"③ 不知海德格尔是否读过恩格斯的著作，但不管怎样，熟悉海德格尔的读者应能看出，这里所表达的意思差不多就是本文所阐述的恩格斯关于哲学终结的思想的翻版，只不过两人立场不同罢了。站在恩格斯的立场上，哲学经过马克思式的颠倒而终结于科学，是一件好事情，但在海德格尔看来并非如此。对海德格尔来说，哲学的思维方式一直很成问题，特别是在哲学孵化出科学并终结于科学后，其问题通过科学的思维方式才得到了最充分的暴露。那么，这些问题究竟是什么呢？至为简单地讲，就是维特根斯坦从他的角度也把握到了的逻辑思维本身的问题，就是以逻辑化的方式——不论形式逻辑还是辩证逻辑，不论科学逻辑还是哲学逻辑——将意蕴无穷的存在化约为某种特定的存在者的问题。该问题导致的后果是：一方面是智能的急剧膨胀

---

① 维特根斯坦著《哲学研究》第一部分124节，李步楼译本，第75页。

② 维特根斯坦著《哲学研究》第一部分123节，原话为："哲学问题具有的形式是：'我不知道问题何在。'"李步楼译本，第75页。

③ 海德格尔著《面向思的事情》"哲学的终结和思的任务"，陈小文、孙周兴译，商务印书馆，1999，第68、68、70、71、72页。

和技术的无限扩张，另一方面则是精神的不断衰竭和世界的日趋没落。① 在这里，海德格尔将哲学的终结推到了极端，并同时提出了一种既非形而上学又非科学的别样的思，亦即非逻辑的思，借以通达存在的意义、振拔人类的精神。可是，若问这样的思究竟谓何、如何操作，则答曰：一切尚在且永在探寻的途中。

不管海德格尔的思是否足以消除维特根斯坦的疑惑，也不管海德格尔的思维与存在跟恩格斯的思维与存在如何相去天渊，更不管他们各自希望将哲学终结的操作限定在怎样的范围之内，哲学既然已经被海德格尔推到了悬崖边上，跌下深渊也就在所难免了。后现代主义就是哲学粉身碎骨的思想文化表征。对此，本文就不再详论了。

通过上述比较和分析，我们不难发现，恩格斯关于哲学终结的思想跟马克思终结哲学的行为是互为表里的，他们以自己的智慧在"哲学终结"这场旷日持久的哲学革命初现端倪时就发现了它并实际参与其中，从而使他们的思想站到了现当代哲学一边，而跟传统哲学区别开来。令人没有想到的是，对于马克思主义创始人的"哲学终结"思想，马克思主义的后继者们基本上未加领会，反倒是非马克思主义的现当代西方哲学对这一思想作了极度的发挥。由此带来的后果是，马克思主义哲学通过苏联模式的教科书体系回到了传统哲学当中，而现当代西方哲学则沿着马克思和恩格斯所标示的方向大大地向前推进了。

结语

以上就是我针对当今马克思主义哲学研究的"视角纷争"所尝试建构的一个新的理解视角，即作为恩格斯哲学思想之元理论的视角，亦即"哲学终结"的视角。从上述探讨中所能得出的基本结论如下。

（1）理解马克思主义哲学的视角应是多样化的，马克思主义哲学的真实面貌存在于多样化视角的景象复合之中。马克思主义哲学研究的目的不在于寻求某种最佳视角或超视角，而在于不断开启新的视角以纠正既有视角的偏差，弥补既有视角的缺失。

（2）恩格斯的哲学（或恩格斯所阐发的马克思主义哲学）有两大理论层面，一是元理论层面，二是对象理论层面。前者指恩格斯关于"哲学终

---

① 参见海德格尔著《形而上学导论》，熊伟、王庆节译，商务印书馆，1996，第 26、45~50 页。

结"的思想，后者指恩格斯关于"哲学基本问题"的思想，以及有关辩证法和形而上学之分的思想。元理论是第一位的，对象理论是第二位的。

（3）恩格斯"哲学终结"命题的基本含义是：一方面，以思辨的方式（想象和臆测的方式）构造自然规律体系和历史规律体系的哲学在黑格尔那里已臻于最完善的形态，而不可能再有什么作为了；另一方面，包括自然科学和历史科学在内的实证科学则已发展到了足以提供世界联系和运动之总体图像的程度，因此，用实证科学取代哲学去认识外部世界、建立规律体系已势在必行，哲学终结的时代已经来临。

（4）恩格斯关于哲学终结的思想，就内涵方面讲，具有唯心主义终结和形而上学终结两个维度，就外延方面讲，则包括自然哲学领域的终结和历史哲学领域的终结。哲学终结的内涵方面和外延方面是一个整体。

（5）恩格斯关于哲学终结的思想有一个根本的前提，这就是思维和存在统一于辩证法的规律，并且主观辩证法是对外部世界的辩证运动的反映。外部世界的辩证运动由实证科学去研究，思维的辩证法跟形式逻辑一起作为关于思维的纯粹理论则继续由哲学来研究。思维领域遂成为哲学的保留地。由此，恩格斯的"哲学终结"观显现为一种有限终结观。

（6）马克思主义的唯物辩证法（包括自然观、历史观）既是科学的哲学，更是哲学的科学，或者说是"世界观"。它无意于成为新的自然哲学体系和历史哲学体系。它的使命在于：一方面，作为自觉的辩证法去提升实证科学的思维水准；另一方面，通过总结实证科学的成果来证明和充实辩证法理论。

（7）在"哲学终结"的问题上，恩格斯和马克思是一致的。马克思早年以哲学的方式批判哲学，后来则以实证科学的研究实际地终结了哲学。恩格斯有关哲学终结的理论，是对马克思终结哲学之实践的表达。

（8）后世的马克思主义哲学基本上没有领会恩格斯关于哲学终结的思想，没有沿着"哲学终结"的思路往下走，而是选择了一条相反的道路，即复活体系哲学的道路。苏联模式的教科书哲学敷设了一套集自然规律、历史规律和思维规律于一体的思辨体系，将体系哲学重新推向极致。

（9）现当代西方哲学反而对"哲学终结"的主题作了极度的发挥。前期维特根斯坦和卡尔那普界划了科学世界和非科学世界、逻辑命题和诗意想象、可说的和不可说的，从而清除了哲学中的思辨成分，将哲学变成了语言分析和逻辑构造的工具。后期维特根斯坦放弃了对逻辑的信仰，将语言的意义归结为它在语言游戏中的使用，归结为家族相似，从而使哲学的终结加剧为逻辑的终结。海德格尔重复了恩格斯关于哲学被实证科学所替代之过程的描述，却从哲学的终结和科学的兴盛中看到了精神的衰竭和世界的没落，并把这一切归咎于哲学和科学中的逻辑化思维方式，最后提出了一种既非哲学又非科学的思以期补偏救弊。

（10）恩格斯关于哲学终结的思想把握住了一个具有历史方向意义的哲学发展态势，是马克思主义哲学对于现当代人类思想的一个宝贵贡献。其中，恩格斯关于对自然规律和历史规律的认识不应由思辨哲学来担当而应由实证科学来担当的观点，关于哲学应当聚焦于思维规律的主张，关于自然、历史和思维既流变不息又有章可循的信念，即使在今天看来也仍然是有效的。

当然，哲学及其问题包含着十分复杂的维度和层面，从不同的视角出发所看到的景象很可能大异其趣。正如本文是从一个特定视角去观察恩格斯的哲学的一样，恩格斯也是从某种特定的视角去观察整个哲学的发展的。也正如谁也不可能将本文的视角当作理解恩格斯哲学以至整个马克思主义哲学的唯一合理的视角甚至超视角一样，我们也不必将恩格斯观察哲学发展的视角看作唯一合理的视角甚至超视角。这里应当诚实交代的是，恩格斯的视角主要是一种知识论视角，该视角把哲学跟科学一样都主要看成关于规律的知识体系。实际上，哲学除了要认识规律外，还要探求价值、塑造信仰，有的还设计蓝图，等等。因此，哲学在知识论意义上的终结——准确地说是有限终结——不必然蕴涵哲学在其他意义上的终结。不仅如此，哲学在某个维度或层面的终结很可能还意味着哲学在其他维度或层面的勃发。一句话，终结既是完成，又是开始。我强调这一点，一方面是想表明：我们指认恩格斯关于哲学终结的思想，不仅不妨碍我们从其他视角将马克思主义的许多学说继续看成哲学，而且有助于我们通过视角的自觉选取与调适来更加准确地为马克思主义哲学定位，并发掘和弘扬其当代价值；另一方面是想表明：我们研习恩格斯关于哲学终结的思想，不是为了贬损哲学的价值，从而自暴自弃，而是为了弄清：在21世纪的今天我们究竟应当建设什么样的哲学——已经终结的哲学还是正在新生的哲学？

说明：写于2001年初秋，主要内容分拆发表于《学术研究》2002年第11期和《学习与探索》2003年第1期。

求解"柯尔施问题"

——论马克思学说跟哲学与科学的关系

眼下，在我国马克思主义哲学学界，越来越多的人宁愿提"马克思哲学"而不愿提"马克思主义哲学"，这一现象值得关注。其实，就用语而言，提"马克思主义哲学"反倒不会有什么问题，因为确实存在叫着"马克思主义哲学"的理论形态，如那套已风行大半个世纪的马克思主义哲学教科书体系。但是，提"马克思哲学"就不一样了——马克思有没有或者有何种意义上的哲学？他本人对哲学究竟持何看法？他认为自己的学说是哲学吗？他的思想跟哲学这门古老的学问究竟是什么关系？这些问题至今悬而未决。所以，如果一定要提"马克思哲学"，那就得先对上述问题以及其他相关问题作一番认真的考察。加之，这种考察还有助于我们深化对马克思学说的性质的理解，就显得更为必要了。

一 "柯尔施问题"——问题的命名与涵义

80 年前，卡尔·柯尔施发表了他最重要的著作《马克思主义和哲学》，首次明确地将"马克思主义和哲学的关系"作为一个问题提了出来。出于这一点，我试着将这个问题命名为"柯尔施问题"。

"柯尔施问题"的针对性是："在那个时期，无论马克思主义理论和资产阶级理论在所有其他方面有着多大的矛盾，这两个极端在这一点上却有着明显的一致之处。资产阶级的哲学教授们一再互相担保，马克思主义没有任何它自己的哲学内容，并认为他们说的是很重要的不利于马克思主义的东西。正统的马克思主义者们也一再互相担保，他们的马克思主义从其本性上来讲与哲学没有任何关系，并认为他们说的是很重要的有利于马克思主义的东西。但还有从同样的基本观点出发的第三种倾向。它由各种'研究哲学的社会主义者'所组成，他们声称他们的任务是用来自文化哲学的观念或者用康德、狄慈根、马赫的哲学概念或别的哲学来'补充'马克思主义。然而，正是因为他们认为马克思主义体系需要哲学的补充，他们也就使人们明白了，在他们的眼里，马克思主义本身是缺乏哲学内容的。"① 也就是说，据柯尔施观察，那个时代占主导地位的观点是：马克思主义没有自己的哲学。

对这些观点，柯尔施是反对的。在他看来，尽管马克思和恩格斯有许多否定哲学的说法，但马克思主义理论的最初形态"却是完完全全为哲学思想所渗透的。它是一种把社会发展作为活的整体来理解和把握的理论；或者更确切地说，它是一种把社会革命作为活的整体来把握和实践的理论"；尽管马克思和恩格斯的后期著作突出地发展了"科学的精确性"，但"马克思主义理论的核心特征实质上仍然没有变化"；可是，第二国际的理论家却把马克思主义当作"没有价值判断"的、"描述因果联系"的"客观的和自由的科学"，从而导致了"马克思主义的危机"。② 可见，柯尔施所强调的马克思主义的哲学，是指马克思主义从黑格尔哲学等思想遗产中所继承下来并加以改造的那种关于社会发展和阶级革命的整体性的辩证观念和方法，它的对立面是"抽象的和非辩证的实证科学"③，"它是一种革命的哲学，它的任务是以一个特殊的领域——哲学——里的战斗来参加在社会的一切领域里进行的反对整个现存秩序的革命斗争。"④

不难看出，柯尔施的观点跟当时卢卡奇的观点十分相近⑤，他们都针对把马克思主义仅仅看成"科学"的观点而极力强调马克思主义的"哲学"性。这样一来，"柯尔施问题"的涵义就该更确切地界定为：马克思

---

① 柯尔施著《马克思主义和哲学》，王南湜、荣新海译，重庆出版社，1989，第4页。
② 参见柯尔施著《马克思主义和哲学》，王南湜、荣新海译，重庆出版社，1989，第22～29页。
③ 参见柯尔施著《马克思主义和哲学》，王南湜、荣新海译，重庆出版社，1989，第32页。
④ 参见柯尔施著《马克思主义和哲学》，王南湜、荣新海译，重庆出版社，1989，第37～38页。
⑤ 参见卢卡奇著《历史与阶级意识》，杜章智、任立、燕宏远译，商务印书馆，1992。

主义跟哲学和科学之间的关系问题。

"柯尔施问题"的价值在于问题的呈现而不在于柯尔施对问题的回答，尽管他的回答确有真知灼见。今天看来，无论柯尔施还是卢卡奇，在他们最初提出上述想法时，都有许多局限。比如，一些能够表明马克思观念变迁的重要文献他们没有看到，当时，《1844年经济学哲学手稿》尚未发表，《德意志意识形态》也没有发表完整，对后者，柯尔施也遗憾地提到了。①更重要的是，他们更多地是从当时革命形势对哲学的需要出发去阐扬马克思思想中的哲学内涵，至多考虑了其与近世哲学的承续关系，而没有从更加宏阔的思想文化和社会历史背景中去审视马克思思想的理论品质。一些学者提"马克思哲学"时直接以柯尔施的回答为据，尚欠深入的考量。我们如今要做的，就是在新的时代境遇和学术条件下求解"柯尔施问题"。

本文不可能全面地探讨"柯尔施问题"，即整个马克思主义跟哲学和科学的关系，而仅仅探讨马克思本人的学说跟哲学与科学的关系，特别是他本人对此的理解。

一 西方知识观的近代转型——求解"柯尔施问题"的一条进路

在柯尔施的心目中，哲学和科学的分野在于：科学是局域性的实证的事实描述，哲学（至少马克思主义所包含的那种哲学）把握的是整体运动的辩证过程；科学不介入事物的变化，哲学则是实际变革世界的一种能动力量，正因为如此，马克思主义不仅事实上有哲学，而且应该有哲学。今天看来，这种理解不能说没有道理，但跟马克思本人对哲学和科学之区别的理解有很大的距离。在后面的分析中我们将会看到，在马克思形成自己学说的过程中，他对自己学说的性质及其跟哲学和科学的关系有过一个较为明晰的看法：哲学是一种抽象的思辨的学问，科学才是真正的知识；哲学随着黑格尔哲学的瓦解而终结了，他所创立的学说是科学而不是哲学。同时，问题的复杂性在于：对于究竟什么是哲学，什么是科学，二者的具体界限究竟何在，区分的标准是什么，马克思本人并未专门讨论；实际上，他的学说中有许多成分是很难清楚地判定其是哲学还是科学的，比如

---

① 参见柯尔施著《马克思主义和哲学》，王南湜、荣新海译，重庆出版社，1989，第37页注释。

唯物史观的那些基本命题、辩证法的方法等。马克思在哲学和科学的关系问题上的看法，反映了西方知识观在近代所发生的重大转型——旧的知识标准动摇了而新的知识标准尚未建立起来，他的学说的特色和问题也都与此缠绕在一起。这一点尚未得到人们的充分认识。

说到西方的知识观，首先要明确的是：追求一种叫做"知识"（episteme，knowledge）的东西，这是西方文明的一大特点，或者说是西方人的一种特殊嗜好。尽管在其他文明中也有许多思想、学说，但都不被刻意当作"知识"来追求。这种传统源于古希腊的"爱智慧"（philosophia）。按柏拉图《理想国》的汉译者郭斌和、张竹明的说法，"古希腊学术文化的根本目的在于追求知识，希腊语哲学一词（philosophia）原义爱知，科学一词（episteme）原义知识，在古希腊人看来，哲学科学一而二，二而一，初无区别。现代所用 science 一词，出自拉丁；knowledge一词，出自古英语；原义均为知识。"①

知识意味着对"真"（truth）的把握要体现到语言形式之中，即要用确定的语言符号（logos）将其固定下来。Logos 既是语言，又是逻辑，又是理性，还是道。这跟其他文明中的心智活动所追求的东西很不一样，也跟其他人类精神样式把握世界的方式大不相同。这就涉及数学的问题（量化意味着表达的确定性）、逻辑的问题（形式化的语言也意味着表达的确定性）。所以，对"知识"的追求跟其他追求的根本差别就在于对语言世界之规范的强调和落实。这种传统实际上就是波普所谓的"世界3"（客观理论的世界）所体现的那种传统，即要在物理世界和主观世界之外建构一个客观的知识的世界、理论的世界。②

在古希腊，知识的典范就是以沉思（contemplation）或思辨（speculation）的方式对一种永恒不变的东西的认识。它的对象是超感性的事物，手段是合乎逻辑的证明。柏拉图将知识和意见相对，知识是对不变的相（idea，eidos）的认识，意见是对可变的具体事物的认识。③ 真意见只有用因果推理拴牢，才能成为知识。④ 亚里士多德则将知识和理论（theoria）联系起

---

① 郭斌和、张竹明译《理想国》，商务印书馆，1986，"译者引言"第5页，引用时将希腊字母转写成了拉丁字母。

② 参见波普著《客观知识》，舒炜光等译，上海译文出版社，1987，第116页。

③ 参见柏拉图著《理想国》477B，郭斌和、张竹明译，商务印书馆，1986，第220页。

④ 参见柏拉图著《美诺篇》97E－98A，*The Essential Plato*，Quality Paperback Book Club，New York，1999，p. 468。

来，它包括数学、物理学和神学，其特点就是对不变的原因和原理的沉思，而那些研究人的活动的学科则不提供这种意义上的知识。①

这就进而涉及知识的问题领域。按照柏拉图的理解，相既是本真的事实，也是价值的目的，还是行动的指南。据此，知识就既能告诉人们事物、世界是什么，也能告诉人们事物、世界应该怎样，还能告诉人们如何通过行动使事物、世界变成它们应该的样子。由此，柏拉图开了通过知识统一地解释事实、价值和操作三个问题领域的先河。相比之下，亚里士多德或多或少代表了另一倾向。他认为，以伦理、政治活动为对象的实践学科和以生产、工艺活动为对象的创制学科都不提供知识，亦即人们在这些领域不可能形成普遍必然的客观知识。由此，他将理论问题、实践问题（伦理与政治问题）和创制问题（生产劳动问题）分开处理，从而将知识主要限定在对自然事实的认知领域。

中世纪知识观的特点在于寻求对上帝的知识，为信仰提供理论支持。上帝是最根本的"是"，是终极的"应该"，人的"做"在于听上帝的话，按上帝的意志行事。知识活动的方式仍然是"沉思"。

弗·培根是马克思给予过很高评价的哲学家，他引发了西方知识观在近代的巨大变革。培根批判亚里士多德的"沉思加演绎逻辑"的知识观，提出了"实验加归纳逻辑"的知识观，② 由此开启了一个知识要以可见的事物为对象、要以实验为手段、要以归纳出普遍原理为结果、要以服务于现实生活为目的的新的知识传统。培根的工作导致了自然科学的知识和思辨哲学的知识的分裂。这种分裂既表现为英国经验主义传统与大陆唯理主义传统的分裂，也表现为实证的自然科学研究以及后来的实证的人文社会科学的研究和非实证的形而上学学科的研究的分裂。由此就有了两种知识：一种是经验的归纳的知识，一种是先验的演绎的知识。今天意义上的哲学和科学从这时起才逐渐有了区别，不过尚未截然二分。

康德解决了经验知识（主要指自然科学知识）的可靠性问题，把有效的知识仅仅限定在现象领域（phenomenon），看成先验范畴之为形式和感性经验之为质料相互结合的产物，而将用先验范畴去论断本体（noumenon）所

---

① 参见亚里士多德著《形而上学》1025b－1026a，吴寿彭译，商务印书馆，1959，第118～120页。

② 参见培根著《新工具》，许宝骙译，商务印书馆，1984；余丽嫦著《培根及其哲学》，人民出版社，1987。

得到的看法视为理性的幻相，视为一种思辨（speculative）的东西，并排除在知识之外。①康德哲学的后果是：不能加以经验的认识都不是知识，我们不能对无法经验的东西拥有知识。这使得人类理性无法在"知识"的水准上获得对世界的完整认识，也就等于剥夺了思辨性学问提供知识的资格，这是对古代知识观的一种颠覆。与此同时，康德通过理性地确立道德的绝对规范来解决实践领域的问题，从而造成了事实领域和价值领域的分割。

黑格尔相信人类能够用理性统一认识一切领域，并且能够把世界的本质作为一个历史变化的整体来加以辩证地把握。于是，他用绝对精神自我演进的力量将关于世界的所有普遍性的认识联结为一个自圆其说的庞大系统，尽管其中的大量内容按照康德的标准就不能算作知识，而只能算作思辨。或者说，黑格尔把思辨地追求知识的传统发挥到了极致。

由此可见，至少到黑格尔时代，西方人追求知识的嗜好并没有改变，所改变的只是对知识的标准的看法，亦即：究竟抽象思辨的东西称得上知识，还是经验实证的东西称得上知识。当时的局面是：经验实证的东西逐渐占得上风，抽象思辨的东西处于退败之势，不过二者并未决出胜负。一方面，思辨的东西不无道理，甚至也有不可取代的价值，特别像黑格尔哲学，还独具辩证的整体性的思维力量，但这些东西已经很难再被视为可靠的知识了。另一方面，知识要可靠，必须经验实证，其楷模就是自然科学，不过这种经验实证的方法又很难照搬到人类现象的研究，特别是价值领域的研究中。这种新旧知识观此消彼长、互竞短长的状态，就是马克思开始思想活动时西方知识观转型的一般背景。其实，这一转型一直延至今天，并造就了当代人类的一种主导性观念：只有经验实证的东西才是知识，抽象思辨的东西只能是意见。

三 马克思对哲学和科学二词的使用情况

为了更好地求解"柯尔施问题"，我们有必要把哲学和科学二词的用语问题和实质问题区分开来，先解决用语问题。在马克思的著述中，哲学和科学二词经常出现，并且含义差别很大。我们所讨论的哲学和科学，是指两种不同的学问样式，在本文语境中可分别对应于"抽象思辨"的学问和"经验

① 参见康德著《纯粹理性批判》，蓝公武译，商务印书馆，1960，第223页等处。

实证"的学问。这种含义的哲学和科学的关系是本文探讨的实质问题。

在西方语言和学术传统中，哲学和科学二词都充满歧义。前已述及，古希腊的哲学（philosophia）字面意思是"爱智慧"，这时并没有一门跟哲学不一样的叫做"科学"的学问。这种意义上的哲学是广义的哲学。亚里士多德把哲学分为数学、物理学和形而上学，其中形而上学为第一哲学，即狭义的哲学，也是后世通常所谓的哲学。在德语中，广义的哲学很多时候指的恰恰是科学（Wissenschaft），即一种认识"现存"事物的井井有条的思想工作，狭义的哲学只是科学中的一种。① 这就导致了在德语哲学文献中屡见不鲜的把"哲学"称作"科学"的情况，康德如此，费希特和黑格尔也是如此。② 一个有意思的对比是，在英语中，哲学一词还较多地保留着广义哲学的古义，牛顿的书名"自然哲学的数学原理"即为一例，而科学（science）则主要指自然科学，牛顿的物理学当然也在其中了，一些模仿自然科学的人文社会学科也自称科学。也就是说，粗略地看，德语的科学是广义的，英语的科学是狭义的；德语的哲学往往包含在科学之中，而英语的科学则往往包含在哲学之中。当然，语言是互相翻译和互相影响的，上述用法并不绝对。比较明显的是，哲学和科学还有一种跨语言性质的普遍用法，这就是：哲学仅指狭义的哲学，科学则指狭义的科学；前者的特征是抽象思辨，其代表是形而上学，后者的特征是经验实证，其代表是自然科学。

现在我们要搞清楚的是：马克思在自己的著作中究竟是在哪些意义上使用哲学和科学这两个词语的？

就总的情况看来，马克思对"哲学"一词的用法终其一生都比较确定，即用其狭义。大家知道，马克思是哲学博士，其博士论文是《德谟克利特的自然哲学和伊壁鸠鲁的自然哲学的差别》。应当不会有人认为马克思在博士论文中所讨论的哲学是广义的哲学，尽管古希腊哲学科学不分。需要注意的只是：马克思用"哲学"一词所指的并不全是那种理论形态的哲学，有时也指其他学科的理论中所包含的哲学观念，如在《法的历史学派的哲学宣言》中所提到的"历史学派的哲学"，③ 在《哲学的贫困》中

---

① 参见文德尔班著《哲学史教程》上卷，罗达仁译，商务印书馆，1987，第 8 页。

② 不过，康德也曾区分过本义的科学和广义的科学。参见《自然科学的形而上学基础》，邓晓芒译，上海人民出版社，2003，第 3 页。

③ 《马克思恩格斯全集》中文第 1 版第 1 卷，人民出版社，第 97 页。

所提到的蒲鲁东的哲学，和在《共产党宣言》中所提到的"真正的社会主义"的哲学等。另外，马克思还有"哲学的形而上学"[①] 和"用哲学来对抗形而上学"[②] 之类的提法。其间显出马克思用"哲学"一词所指的东西具有一定的游移性和不确定性。还要注意的是：马克思有时只提学说的名称而不提学问的名称，使得读者不易明了那些东西是不是哲学。比如，在《关于费尔巴哈的提纲》中，马克思说："旧唯物主义的立脚点是'市民'社会；新唯物主义的立脚点则是人类社会或社会化了的人类。"[③] 在《资本论》第二版跋中，马克思说："我的辩证方法，从根本上来说，不仅和黑格尔的辩证法不同，而且和它截然相反。"[④] 其中，"旧唯物主义"、"新唯物主义"、"我的辩证方法"、"黑格尔的辩证法"都是学说的名称，它们如今看来似乎是哲学，但马克思自己没有言明。

马克思对"科学"一词的用法情况比较复杂，其中主要有三种。第一，广义的科学，即典型的德语中的科学。在《〈科隆日报〉第 179 号的社论》中，马克思大量使用了"科学研究"一词，在《〈资本论〉法文版序言》中有"在科学上没有平坦的大道"的名言，其中的"科学"显然是广义的。这种意义上的"科学"跟我们所讨论的"柯尔施问题"没有直接的关系。第二，狭义的科学，即典型的英语中的科学。在《德意志意识形态》的手稿中，马克思（和恩格斯）写道："我们仅仅知道一门唯一的科学，即历史科学。历史可以从两方面来考察，可以把它划分为自然史和人类史。……自然史，即所谓自然科学……"[⑤] 这里面的"科学"显然是对德语"科学"的外延大大限定之后的概念，基本上同于英语的"科学"。如果考虑到该著作对这种"科学"的经验性、实证性的强调，就更不难确认这一点。马克思在使用狭义的"科学"时，往往同狭义的"哲学"对举，而这正是本文关注的焦点。当然，探讨同一主题时，马克思也有不用"哲学"和"科学"两词的时候，比如在《法的历史学派的哲学宣言》中，他用的就是"理性"和"实证"。第三，狭义科学的引申义，近似于"真理性的"的意思。比如，在《〈政治经济学批判〉序言》中，马克思说："我们见解中有决定意义的论点，在我的 1847 年出版的为反蒲鲁东而

---

① 参见《马克思恩格斯全集》中文第 1 版第 1 卷，人民出版社，第 116 页。

② 参见《马克思恩格斯全集》中文第 1 版第 2 卷，人民出版社，第 159 页。

③ 《马克思恩格斯全集》中文第 1 版第 3 卷，人民出版社，第 6 页。

④ 《马克思恩格斯全集》中文第 1 版第 23 卷，人民出版社，第 24 页。

⑤ 参见《马克思恩格斯全集》中文第 1 版第 3 卷，人民出版社，第 20 页。

写的著作'哲学的贫困'中第一次作了科学的、虽然只是论战性的表述。"① 其中，"科学的"首先是指"非哲学的"，其次是指"真理性的"。这种情况下，"科学"一词一般都作形容词使用。在当代汉语中，"科学"的这种引申义已经失去了它的"非哲学的"这层含义，只留下"真理性的"这层含义。比如，教科书哲学就称"马克思主义哲学是唯一科学的世界观和方法论"。殊不知，"科学"之所以具有"真理性的"这一含义，恰恰是因为"哲学"在历史上所具有的"真理性的"含义被否定了，亦即这是哲学作为知识的地位被科学取代的结果。

由上可知，探讨"柯尔施问题"，不能一见马克思的带有"哲学"和"科学"字眼的论述就加以引证，而必须小心鉴别——只有那些在狭义上使用"哲学"和"科学"的论述才能引以为据。

四　从"哲学—知识"观到"科学—知识"观——马克思对自己学说的定位

在通常对马克思的著作，特别是早期著作的解读中，人们留意的是马克思的理论观点及其变化，比如留意他何时何处提出了实践的观点、何时何处提出了唯物史观之类，而不大留意这些理论观点所属的知识类型的变化。实际上，这两方面的变化在马克思那里是分不开的。一方面，马克思对自己学说的信心，很大程度上基于他对这种学说所属的知识类型的信心，另一方面，马克思归根到底在乎的又不是知识类型，而是自己的具体理论主张。这就使得马克思的理论观点的变化是显性的，而知识观的变化是隐性的。马克思早期谈论知识观问题较多，表明这个问题在当时对他显得很重要；后来他很少甚至不再谈论这个问题，表明至少在他自己看来，这个问题已经解决了。

马克思知识观的演变可分三个阶段。第一个阶段截止到《德法年鉴》时期，所持的是"哲学—知识"观，最后一篇集中反映这种观点的著作是《〈黑格尔法哲学批判〉导言》。第二阶段是一个短暂的过渡期，是从"哲学—知识"观到"科学—知识"观转变的时期，《1844年经济学哲学手稿》、《神圣家族》、《关于费尔巴哈的提纲》都属于这一阶段的作品。第三个阶段是"科学—知识"观确立的时期，《德意志意识形态》（1845～1846

---

① 《马克思恩格斯全集》中文第1版第13卷，人民出版社，第10页。

年）是确立的标志。根据马克思在《〈政治经济学批判〉序言》中的自述，他开始注意经济问题是在《莱茵报》时期（1842～1843 年），提出法的关系根源于物质的生活关系是在 1844 年初出版的《德法年鉴》上，在巴黎期间（1844 年）开始研究政治经济学，移居布鲁塞尔后继续研究，后来才形成他关于唯物史观的总的观点。① 也就是说，马克思的知识观的转变从起步看晚于其核心思想即唯物史观的萌发，但从完成看跟唯物史观的确立是基本同时的。

从博士论文到《德法年鉴》上的文章，虽然马克思的理论观点在发生变化，但他对哲学一直是信任的，相信哲学能够提供真理和知识。在《〈科隆日报〉第 179 号的社论》（写于 1842 年 6 月 28 日～7 月 3 日）中，马克思对哲学给予了高度颂扬，著名的"哲学是时代精神的精华"的说法就出自这里，同时他还提出了"哲学真理性的证据"问题。② 在《法的历史学派的哲学宣言》（写于 1842 年 7 月底～8 月 6 日）中，马克思批判法的历史学派的"实证"法学，而维护普遍的"理性"。③ 这种理性正是由哲学来体现和表达的。在这些文章中，马克思所看重的是哲学能够用普遍理性的必然法则去批判现实，而实证的主张总是意味着对现存事实的接受。不难看出，这个理由非常近似于柯尔施在主张马克思主义有哲学时所提出的理由。实际上，在马克思一生的理论活动中，"理性"和"实证"，或者说"哲学"的精神和"科学"的精神一直存在着紧张关系，即使在他确立"科学—知识"观后仍然如此，在后面的分析中我们会看到这一点。

《〈黑格尔法哲学批判〉导言》（写于 1843 年末～1844 年 1 月）是马克思早期谈论哲学较多的一篇文献，也是柯尔施重点引用的文献。其中，马克思把黑格尔的"思辨的法哲学"看成德国政治意识和法意识的"最主要、最普遍、升为科学的表现"，并认为它是"唯一站在正统的当代现实水平上的德国历史"。④ 这里所谓"科学"指专业的学术理论，马克思没有反"哲学"的意思，他所呼吁的是要在这种哲学基础上进一步前进，达到"人本身是人的最高本质这个理论"，并用这种理论去武装无产阶级，将"德国人的解放"变成"人的解放"。接下来就有人们广为引用的那句话：

---

① 参见《马克思恩格斯全集》中文第 1 版第 13 卷，人民出版社，第 7～8 页。
② 参见《马克思恩格斯全集》中文第 2 版第 1 卷，人民出版社，1995，第 220～221 页。
③ 参见《马克思恩格斯全集》中文第 1 版第 1 卷，人民出版社，第 99 页。
④ 参见《马克思恩格斯全集》中文第 1 版第 1 卷，人民出版社，第 460、458 页。

"这个解放的头脑是哲学，它的心脏是无产阶级。哲学不消灭无产阶级，就不能成为现实；无产阶级不把哲学变成现实，就不可能消灭自己。"① 这跟博士论文中有关"世界的哲学化"和"哲学的世界化"的观点②是一脉相承的，其中改变了的是具体的"哲学主张"——从更多的黑格尔主义到更多的费尔巴哈主义，再加上一些自己的观点，而对"哲学"本身的看法并没有改变——哲学仍然是时代精神的体现，是实践命令的颁布者。

马克思开始改变对哲学本身的看法，是在《1844 年经济学哲学手稿》（写于 1844 年 4～8 月）中。马克思称赞费尔巴哈说："费尔巴哈的伟大功绩在于：（1）证明了哲学不过是变成思想的并且经过思考加以阐述的宗教，不过是人的本质的异化的另一种形式和存在方式；从而，哲学同样应当受到谴责；（2）创立了真正的唯物主义和现实的科学……"③ 在这部作品中，马克思还多次提到"对思辨的批判"、"对这一切材料的思辨加工进行批判"和"经验的……研究"、"实证的批判者"、"实证的批判"、"实证的人道主义和自然主义的批判"、"实证的真理"等。④ 由此，马克思明显地将哲学与科学、思辨（speculative）与实证（positive）对置起来⑤，同时也将唯心主义和唯物主义、黑格尔和费尔巴哈对置起来。过去，人们只是把这种对立简单看成一种哲学跟另一种哲学的对立，而没有注意到其中包含着一种更深层次的知识观的变迁，即包含着思辨跟实证、哲学跟科学的对立。显然，马克思的这种变化是他从习惯了的哲学思辨转而从事实证的政治经济学研究的直接后果。尽管今天看来，马克思的这部手稿也是非常思辨的，但在他自己那里，思辨哲学作为知识的信念已经动摇了。

当然，《1844 年经济学哲学手稿》属于马克思知识观转变期的作品，我们还应注意到这种转变并非一蹴而就的。马克思 1844 年 8 月 11 日在致费尔巴哈的信中说："在这些著作中，您（我不知道是否有意地）给社会主义提供了哲学基础，而共产主义者也就这样理解了您的著作。"⑥ 在《神圣家族》（写于 1844 年 9～11 月）中，马克思还有一段话："人们用哲学

---

① 参见《马克思恩格斯全集》中文第 1 版第 1 卷，人民出版社，第 467 页。
② 参见《马克思恩格斯全集》中文第 2 版第 1 卷，人民出版社，1995，第 76 页。
③ 《马克思恩格斯全集》中文第 1 版第 42 卷，人民出版社，1979，第 158 页。
④ 参见《马克思恩格斯全集》中文第 1 版第 42 卷，人民出版社，1979，第 45～47 页。
⑤ 参见《马克思恩格斯全集》英文版第 3 卷，International Publishers, New York, 1975, pp. 231 - 233。
⑥ 《马克思恩格斯全集》中文第 1 版第 27 卷，人民出版社，第 450 页。

来对抗形而上学,这正像费尔巴哈在他向黑格尔作第一次坚决进攻时以清醒的哲学来对抗醉醺醺的思辨一样。"① 在这些地方,马克思仍然称费尔巴哈的学说是"哲学",将其跟"形而上学"对置地使用,把"思辨"归到"形而上学"名下。对"哲学"的这种用法,显然具有过渡性,至少马克思这时所说的"哲学"不是"醉醺醺的思辨",跟《〈黑格尔法哲学批判〉导言》中的"哲学"已经有了一定的实质性区别。

接下来就是《关于费尔巴哈的提纲》(写于1845年春)。在这份提纲中,尽管马克思大讲唯物主义、唯心主义,却几乎不讲"哲学"。只有两处提法跟"哲学"有关:一是第二条中的"经院哲学",二是最后一条即著名的"哲学家们只是以不同的方式解释世界,而问题在于改变世界"。② "经院哲学"无疑是马克思所反对的,不过尚不足以说明马克思反对"哲学"本身。关键是对后一句话的理解。如果马克思认为哲学家们不应该只是解释世界,而且还要改变世界,那么马克思对"哲学"就还是信任的,并且充满期待;反之,如果马克思的意思是哲学家们只能解释世界,改变世界是另外一类人的事情,那么,马克思对"哲学"的作用就至少是怀疑的,这跟《〈黑格尔法哲学批判〉导言》中对"哲学"的高度评价就相去甚远。当然,马克思在提纲中对"哲学"究竟怎么看,这是难以定论的,这也表明马克思这时的知识观处于过渡状态。

到《德意志意识形态》(写于1845~1846年),情况就完全不同了。马克思和恩格斯说:"思辨终止的地方,即在现实生活面前,正是描述人们的实践活动和实际发展过程的真正实证的科学开始的地方。关于意识的空话将销声匿迹,它们一定为真正的知识所代替。对现实的描述会使独立的哲学失去生存环境,能够取而代之的充其量不过是从对人类历史的发展的观察中抽象出来的最一般的结果的综合。"③ 其中,马克思明确认为"思辨的哲学"(speculative philosophy)将为"实证的科学"(positive science)、"真正的知识"(real knowledge)所代替。④ 在马克思心目中,真正的知识只能是对经验材料的抽象和概括,而思辨哲学则是"药方"(recipe)和"公式"(schema)。这种区别相当于培根所指出的他自己的方

① 参见《马克思恩格斯全集》中文第1版第2卷,人民出版社,第159页。
② 参见《马克思恩格斯全集》中文第1版第3卷,人民出版社,第3~6页。
③ 《马克思恩格斯全集》中文第1版第3卷,人民出版社,第30~31页。
④ 参见《德意志意识形态》英文版,International Publishers, New York, 1970, p. 48.

法和亚里士多德的方法的区别，跟分析哲学所探讨的综合命题和分析命题的区别也有关系。这一主题被后来的哲学更加广泛深入地探讨了。虽然马克思对该主题的觉悟还是初步的，但这一点恰好就是马克思的新知识观的基点。马克思所创立的全部新学说，都是建立在这种知识观基础上的。由此出发，至少在马克思自己看来，他就告别了整个德国哲学，亦即德国的各种用抽象思辨方式构造的思想体系（意识形态，ideology），而开始了他的以政治经济学和历史学为主要领域的经验实证科学的研究。

以这种知识观为参照，回头看费尔巴哈的思想，马克思发现"费尔巴哈……还是一位理论家和哲学家"，① 这跟《1844年经济学哲学手稿》中称费尔巴哈的理论为"科学"很不一样。这种看法的变化表明，马克思对"科学"的经验性、实证性有了新的理解，所用的标准更加接近于政治经济学等实证学科的标准，其典范就是这部书中有关唯物史观的那些阐述。不用说，若按今天的经济学和历史学的实证标准，《德意志意识形态》中对人类经济生活和历史状况的描述很难称得上是真正实证的，但在作者自己的心目中，这种描述跟黑格尔、费尔巴哈式的描述相比，已经是非常实证的了，这也正是马克思对自己的研究的信心所在。

不仅费尔巴哈的学说不再符合"科学"的标准，而且那些标榜"科学"的学说也未必就是真正的"科学"。《德意志意识形态》对赫斯等人有专题批判，主旨就是把他们的"科学"说成"哲学"。"他们对'不科学的'法国人和英国人所采取的行动，就是首先激起德国读者们对这些外国人的皮相之见或'粗俗的'经验主义表示应有的轻视，歌颂'德国科学'而且还硬说它负有使命要向世界揭示共产主义和社会主义的真理，揭示绝对的、'真正的社会主义'。"② "'真正的社会主义'硬要人们相信，它是以'科学'为基础的，其实，它本身首先就是某种神秘的科学；它的理论著作只是对那些熟知'思维着的精神'的秘密的人才存在。"③ "这个'真正的社会主义者'的'主要党派'是最近两年来的发展的结果，这种发展正是从赫斯的'哲学'开始的……"④ 这几段话中还透露出这样一个重要信息，即：至少存在三种不同的"科学"——英法式的"科学"、赫斯等

① 《马克思恩格斯全集》中文第1版第3卷，人民出版社，第47页。
② 《马克思恩格斯全集》中文第1版第3卷，人民出版社，第535页。
③ 《马克思恩格斯全集》中文第1版第3卷，人民出版社，第537页。
④ 《马克思恩格斯全集》中文第1版第3卷，人民出版社，第550页。

人的"德国科学"和马克思、恩格斯的"科学"。其中，赫斯等人的"德国科学"其实仍然是"哲学"，马恩自己的"科学"才是真正的科学，至于马恩的"科学"跟英法式的"科学"的区别，他们当时没有专门阐述。不过，如果考虑到《法的历史学派的哲学宣言》中对那样一种"实证"的批判，以及《资本论》时期马克思对辩证法的强调，我们可以认为，马克思并不认为英法式的"科学"堪称真正的"科学"，至少它缺乏德国式的辩证精神。如果是这样的话，那马恩式的"科学"跟赫斯等人的"德国科学"究竟有什么实质区别呢？一个可能的解答是：也许在马克思和恩格斯的自我评价中，它们的研究与理论有政治经济学这种当时最实证的科学学科作为支撑，这是赫斯等人所不能比的，尽管赫斯也写过论货币的文章。

上面的分析表明，在《德意志意识形态》中，马克思既建构起了自己的理论学说，又确立了一种新的知识观——"科学—知识"观。这两个方面是密不可分的。

此后，马克思就不再把自己看成哲学家了。在《哲学的贫困》（写于1847年上半年）中，马克思自称："我们是德国人同时又是经济学家，我们要反对这一双重错误。"① 在《共产党宣言》（写于1847年12月~1848年1月）中，他和恩格斯继续揭露"真正的社会主义"的"哲学"本性。"德国著作家们的全部工作，只是要把法国的新思想同他们自己的旧的哲学良心调和起来，或者正确点说，只是要从他们自己的哲学观点出发去领会法国的思想。"② "这种用自己的哲学辞令赝造法国理论的戏法，他们叫做'行动的哲学'，'真正的社会主义'，'德国的社会主义科学'，'社会主义的哲学论证'等等。"③ 在《〈政治经济学批判〉序言》（1859年1月）中，马克思说："1845年春他（指恩格斯——引者注）也住在布鲁塞尔时，我们决定共同钻研我们的见解与德国哲学思想体系的见解之间的对立，实际上是把我们从前的哲学信仰清算一下。这个心愿是以批判黑格尔以后的哲学的形式来实现的。"④ 这些话说得非常明确：马克思通过这一系列的批判，不仅清算了当时各种各样的哲学思想体系，而且清算了自己对

① 《马克思恩格斯全集》中文第1版第4卷，人民出版社，第75页。
② 《马克思恩格斯全集》中文第1版第4卷，人民出版社，第495页。
③ 《马克思恩格斯全集》中文第1版第4卷，人民出版社，第496页。
④ 《马克思恩格斯全集》中文第1版第13卷，人民出版社，第10页。

"哲学"的信仰。后来，当恩格斯在马克思墓前的讲话中称马克思为"思想家"、"科学巨匠"和"革命家"时，① 如果马克思有知，他是会欣然接受这些称谓的。

五　马克思学说——在哲学与科学之间

尽管马克思不把自己所创立的学说看成哲学，但人们仍然要把他放到哲学家的行列当中，并把他的一些理论当作哲学来对待。造成这种状况的原因就马克思这方面来看主要有：其一，马克思早期在"哲学"的名义下做过很多工作，这期间的思想无疑是哲学；其二，在马克思后来以"科学"的名义所建树的思想中，存在着隐性的哲学；其三，马克思的思想中包含着大量的哲学问题。

先看第一方面。在确立"科学—知识"观之前，即《德意志意识形态》之前，马克思已经产生了一些影响其一生的基本观点。比如，对资本主义私有制和市场制度的否定，对人的全面发展和人类解放的价值理想的信念，对历史运动的辩证过程的觉解，对无产阶级的历史使命和革命的必要性的确认等。按马克思自己后来的标准，这些观点主要还是通过"哲学"的方式亦即抽象思辨的方式获得的，因为那时马克思尚未形成自己的"科学"的研究方式。即使《1844 年经济学哲学手稿》中诸如"异化劳动"之类的说法，实际上也是思辨的，尽管这本书已经开始反对思辨了。也就是说，马克思这个时期的观点，跟黑格尔、费尔巴哈和鲍威尔、施蒂纳等人的观点的区别，主要在理论主张上，而不在知识类型上，即它们都是抽象思辨的。重要的是，这些思辨得来的观点在马克思后来"科学"地研究问题的时期并没有被抛弃，而是被整合进了"科学"的理论体系之中。

其次，马克思所说的"科学"，就是《德意志意识形态》中提到的"历史科学"中关于人类史的方面，包括关于社会结构和社会经济形态演变的学说以及全部政治经济学批判，其中所包含的内容是否全是"经验实证"的而不再有"抽象思辨"的成分，这还需要具体分析。比如，马克思的辩证法就是一个大问题。在《资本论》第二版跋（写于 1873 年 1 月 24日）中，马克思在谈到他的辩证法和黑格尔的辩证法的区别时说："在黑

① 参见《马克思恩格斯全集》中文第 1 版第 19 卷，人民出版社，第 374～375 页。

格尔看来，思维过程，即他称为观念而甚至把它变成独立主体的思维过程，是现实事物的造物主，而现实事物只是思维过程的外部表现。我的看法则相反，观念的东西不外是移入人的头脑并在人的头脑中改造过的物质的东西而已。"① 又说："辩证法在对现存事物的肯定的理解中同时包含对现存事物的否定的理解，即对现存事物的必然灭亡的理解"。② 这两段话的意思都是马克思的理论所需要的：前者保证理论的客观性，后者保证理论的革命性。可是，在一定意义上，这两层意思又是相反的：按前一段话，马克思的辩证法应是从经验中归纳出来的；按后一段话，这种辩证法是一种主观的认识框架，只有它才能对事物做出否定性的理解。辩证法若是归纳来的，则首先要解决归纳的科学性问题，这正是从休谟、康德、黑格尔到当代分析哲学和科学哲学都一直争论不休的课题，而马克思并没有专门探讨过；若是认识框架，则它只能算一种思辨性的哲学理论，或者说是一种先验概念关系的系统；若认为上述二者是辩证统一的，则又陷入辩证法用自己论证自己的循环当中。也许正因为如此，恩格斯才把辩证法看作哲学的一块保留地。③ 如果辩证法的理论性质果真是"哲学"的话，岂不意味着马克思的显性的"科学"中内在地包含着隐性的"哲学"？或者"经验实证"中隐含着"抽象思辨"？

即使那些富于经验内容的理论观点，如唯物史观、剩余价值学说，究竟在何种意义上是"经验实证"的？这种"经验实证"的可操作的标准是什么？马克思也并未给予明确的规定和阐释。马克思讲过这样的话："研究必须充分地占有材料，分析它的各种发展形式，探寻这些形式的内在联系。只有这项工作完成以后，现实的运动才能适当地叙述出来。这点一旦做到，材料的生命一旦观念地反映出来，呈现在我们面前的就好象是一个先验的结构了。"④ 但从材料中抽取出来的本真的联系和先验框架究竟如何辨别，马克思并没有提供具体的操作办法。这样一来，尽管他自己认为他关于唯物史观和剩余价值学说的论述是"经验实证"而非"抽象思辨"的，我们还是常常不免要从他的"科学"论证中遇到其"哲学"假定，或者说从他的显性的"科学"中感受到其隐性的"哲学"。

---

① 《马克思恩格斯全集》中文第 1 版第 23 卷，人民出版社，第 24 页。
② 《马克思恩格斯全集》中文第 1 版第 23 卷，人民出版社，第 24 页。
③ 《马克思恩格斯选集》中文第 1 版第 3 卷，人民出版社，1972，第 65 或 422 页。
④ 《马克思恩格斯全集》中文第 1 版第 23 卷，人民出版社，第 23~24 页。

再次，尽管马克思认为他用"科学"超越了"哲学"，但实际上有许多哲学问题一直缠绕着他的理论思考，如今也困扰着我们的研究，这些问题按今人普遍的理解大多是难以超越的。比如，马克思说过："分析经济形式，既不能用显微镜，也不能用化学试剂。二者都必须用抽象力来代替。"① 这种"抽象力"是什么？是经验的还是先验的？它在认识上为什么是有效的？为什么用它去整理经验材料就能得到正确的认识？这显然属于康德式的认识论问题。又如，马克思在《〈政治经济学批判〉导言》中较为细致地阐述了从抽象到具体的方法，并称之为"科学上正确的方法"，它可以通过许多规定性的综合实现对事物的具体的再现。② 可是，若无本体（ousia, substance）观念的支撑，许多规定性如何刚好综合成一个整体而不是多个整体呢？这种综合的背后是否已然假定了这些规定性都是同属一个整体的呢？这个问题是典型的本体论（ontology）问题，从柏拉图、亚里士多德直到康德、黑格尔以至当代哲学都在讨论，且很难设想这种讨论会有一个尽头。再如，马克思把自由王国作为人类历史的终极价值目标，并且这一目标的实现是由"科学"规律来保证的，亦即一种不以人的意志为转移的客观必然性将最终导致人的意志的全面解放。这种悖论式的说法所包含的问题就更多了。价值能否由事实推出？这是"休谟问题"。价值的世界是否可能"科学"地研究？这是后来兴起的精神科学、文化科学、价值哲学以至当代解释学的主题。价值是多元的还是一元的？这是全球化时代聚讼纷纭的问题。尤其重要的是，我们有无可能形成一种关于事实、价值和操作的大一统的知识体系，不管这种体系是通过柏拉图、黑格尔的哲学的方式去构造的还是通过类似自然科学的方式去构造的？所有这些问题都潜藏在马克思的学说中，只不过他自己不认为是问题罢了。

总之，不管马克思如何看待自己的学说，他的学说中无论如何具有哲学内容，或者说"抽象思辨"的内容，这是毫无疑问的。同时也应看到，马克思的学说又肯定不同于他所批判的那些纯粹的"思辨哲学"，这是因为他的政治经济学研究的确具有"经验实证"的性质。所以，我们可以把马克思的学说看成一种介于哲学与科学之间的学问，如果以古代的知识形态和当代的知识形态为参照，那么这种学问就可视为西方近代以来知识观转型的一种过渡形态。其实，这种状况并不奇怪，跟马克思

---

① 《马克思恩格斯全集》中文第 1 版第 23 卷，人民出版社，第 8 页。

② 参见《马克思恩格斯全集》中文第 1 版第 46 卷（上），人民出版社，第 38 页。

大致同时的孔德、斯宾塞的实证主义，稍后的狄尔泰的精神科学，都具有类似的特征。

六 马克思哲学——悬而未决的问题

有了上述考察，我们发现，关于马克思学说跟哲学和科学的关系问题，不论如何作答，都不再显得单纯和轻松。

据前述柯尔施的观察，无论反对马克思主义的人，还是拥护马克思主义的人，都否定马克思主义有哲学。不过，他的观察并不全面，相反的情况同样存在：无论反对马克思主义的人，还是拥护马克思主义的人，都主张马克思主义有哲学或是哲学。李凯尔特因为反对马克思主义而干脆说它就是哲学。李凯尔特在其1899年所写的《文化科学和自然科学》中说：唯物史观"根本不是一种经验的、与价值相联系的历史科学，而是一种以粗暴的和非批判的方式臆造出来的历史哲学。……完全是形而上学的观点。"[1] 1913年，列宁在著名的《马克思主义的三个来源和三个组成部分》一文中明确地把马克思主义哲学看成马克思主义的第一个组成部分。

反对和拥护马克思主义的人都既可以为承认也可以为否认马克思主义有哲学找到各自的理由，这似乎很荒唐。不过仔细分析就会发现，他们的理由之间还是有微妙差别的。从反对马克思主义的人来看，说马克思主义没有哲学，主要是说马克思主义是经济决定论，缺乏价值理想和人文关怀；说马克思主义是哲学，主要是说它的理论是思辨的产物，不具有真理性。从拥护马克思主义的人来看，说马克思主义没有哲学，主要是说马克思主义不是抽象思辨的，而是经验实证的；说马克思主义有哲学，主要是说马克思主义不仅有价值理想和人文关怀，而且有把握历史总体运动、为革命事业提供理论支持的辩证法。如果再加上马克思不认为自己的学说是哲学和我们的分析显示马克思的学说仍然包含哲学，各种观点的排列组合就更多、更复杂了。

然而，不管怎样，对于学术研究来说，上述分析至少可以为我们提供如下一些可以公共接受的学理要素：A. 对人文、社会和思维领域不可能完全经验实证地把握，因而哲学不可缺少，尽管它不能提供客观知识；B. 只要是哲学理论就难免抽象思辨，只要是科学理论就一定要经验实证；C. 马

---

[1] 李凯尔特著《文化科学和自然科学》，涂纪亮译，商务印书馆，1986，第101页。

克思学说中哲学的成分和科学的成分是并存的，尽管马克思把自己的学说当成科学；D. 如果要认可马克思的哲学就必须同时认可其中的抽象思辨性，如果要坚持马克思的科学就必须将其付诸经验实证。接受这些要素后，我们对于马克思哲学到底是什么、有什么具体内容、跟他的其他学说的关系怎样、在哲学史上如何定位、对后世马克思主义有何影响、今天的意义何在等问题，就得有全新的考虑。

总之，哲学和科学在马克思学说中有一种巨大的内在张力。马克思强调自己的学说是科学，归根到底是为了表明自己观点的真理性、可信性，但他一生的中心关切毕竟是革资本主义的命和解放无产阶级及全人类，其中的根本观念和精神肯定是由哲学提供的。任何对马克思学说的理论性质的合理解释都必须以正视这种张力结构为前提。

如果柯尔施看到本文的结论，他会觉得这是对他的观点的一种支持吗？如果马克思知道我们在讨论一个有关他的学说而以"柯尔施"命名的问题，他又会怎么想呢？也许，下面这段话有助于我们一窥马克思的心思。1863 年 4 月 9 日，在跟恩格斯谈起他的《英国工人阶级状况》一书时，45 岁的马克思不胜感慨地说："重读了你的这一著作，我惋惜地感到，我们渐渐老了。这本书写得多么清新、热情和富于大胆的预料，丝毫没有学术上和科学上的疑虑！连认为明天或后天就会亲眼看到历史结果的那种幻想，也给了整个作品以热情和乐观的色彩，与此相比，后来的'灰色而又灰色'就显得令人极不愉快。"①

七　求解"柯尔施问题"的意义

以哲学史为背景、以文献事实为依据，弄清马克思学说跟哲学和科学的关系，对于我们今天重新认识和加深理解马克思的学说、具体分析和对待其不同的理论观点、坚持和发扬那些至今仍然不可超越的内容，具有基础性的学术意义。

本文的分析表明：在马克思学说的纵向发展中，有一个从哲学到科学的过程；在其横向结构中，有一个显性科学和隐性哲学的关联。也就是说，哲学和科学在马克思学说的整体中存在着巨大的张力。对马克思学说的把握，既要看到其理论观点的整体性，又要考虑哲学和科学这两种不同

---

① 《马克思恩格斯全集》中文第 1 版第 30 卷，人民出版社，第 339 页。

思维方式在其中的不同作用和相互影响。

传统的马克思主义哲学教科书对这个问题缺乏分辨，把马克思的"哲学"当作一种现成摆在那里的东西来编排，并搞出了一套体系，同时又称之为"科学"，这实际上模糊了哲学和科学的界线以及这种界线在西方近现代知识观转型中的意义，更谈不上给马克思学说合理定位了。柯尔施所反对的那种把马克思学说仅仅看成"科学"的观点，的确既没有看到在马克思学说中哲学自始至终所发挥的至关重要的作用，更没有看到马克思的哲学观点和方法经历了从显性形态到隐性形态的变化，而一旦丢掉马克思学说中的哲学成分，马克思所主张的价值理想和革命精神就会被根本销蚀。柯尔施等人强调马克思学说中的哲学内涵无疑具有合理性，但他们普遍忽视了马克思本人对哲学的局限的看法，而正是这种看法才促使马克思去开辟科学的道路的。至于今天的研究，不管是依据马克思学说中的哲学性内容而将马克思解释为自觉发动了哲学革命的哲学家，还是依据他终结哲学并推崇科学的言论而将他塑造成旨在发现铁的规律的科学家，都是对哲学和科学在马克思学说中相互交织的复杂性严重估计不足的表现。

厘清了马克思学说跟哲学和科学的关系，我们就可以找到探究马克思学说的哲学意义和科学意义的合理进路。比如，对于马克思研究经验事实的属于科学范畴的理论观点，包括阐述资本主义经济事实并预测其演变趋势的观点、有关社会发展的事实和趋势的观点，以及东方社会理论等，我们就可以按照当今各种经验实证的具体规范来加以考量，放弃那些与新颖性事实相冲突的命题，维护那些仍然合乎事实的论断，发挥那些具有发展潜力的观点。再如，如果今天我们不持科学万能的观点，而认为哲学与科学领域有别、长短互见，哲学自有其不可取代的价值，那么，关于马克思学说中的哲学思想，包括人类解放的价值理想、唯物史观的一些基本预设、辩证法的思维方式等，我们就可以按照今天哲学学科的学术规范，通过历史和现实的广泛比较分析来确证其理论的新颖性、独特性和有效性，从而确立其在人类思想发展进程和当今时代社会生活中应有的位置。

主要参考文献

柯尔施著《马克思主义和哲学》，王南湜、荣新海译，重庆出版社，1989。

波普著《客观知识》，舒炜光等译，上海译文出版社，1987。

柏拉图著《理想国》，郭斌和、张竹明译，商务印书馆，1986。

亚里士多德著《形而上学》，吴寿彭译，商务印书馆，1959。

培根著《新工具》，许宝骙译，商务印书馆，1984。

康德著《纯粹理性批判》，蓝公武译，商务印书馆，1960。

文德尔班著《哲学史教程》上卷，罗达仁译，商务印书馆，1987。

《马克思恩格斯全集》中文第 1 版第 1、2、3、4、13、19、23、27、42、46（上）卷，人民出版社。

《马克思恩格斯全集》中文第 2 版第 1 卷，人民出版社，1995。

《马克思恩格斯选集》中文第 1 版第 3 卷，人民出版社，1972。

The Essential Plato, Quality Paperback Book Club, New York, 1999.

《马克思恩格斯全集》英文版第 3 卷，International Publishers，New York，1975。

《德意志意识形态》英文版，International Publishers，New York，1970。

说明：写于 2004 年 2 ~ 3 月，主要内容载于《哲学研究》2004 年第 6 期。

马克思的宗教观及其当代省思

——为 2005 年两岸宗教与社会学术研讨会而作

一　引言：以学术的方式研究马克思的宗教观

两岸举办宗教与社会学术研讨会，非常有意义。半个多世纪以来，马克思主义关于宗教的学说几乎重塑了大陆中国人的宗教观念，并使海峡两岸的宗教观念大异其趣、宗教生活面貌极为不同，其影响之深远重大目前还难以确切地估量，因此，这个研讨会若不涉及马克思主义，那会是明显的欠缺。在大陆目前对马克思主义的研究中，有一种学术化的声音，即主张将学术的马克思主义研究跟意识形态的马克思主义研究合理分离，允许用完全学术的眼光、按照通行的学术规范去对待马克思主义。本人即持这种主张，本文亦是按照这种主张来撰写的。由于是初次跟台湾同行就这个话题进行交流，因而我有意选取一个入门性的议题，即先概要介绍和简单分析一下马克思主义的老祖宗马克思本人的宗教观，以便形成一个沟通的初级平台，并为以后更加深入和专门的研讨作一个铺垫。

一提到马克思的宗教观，人们就会想起他那句名言："宗教是人民的鸦片。"这连西方的普通老太太都知道。显然，我们不能停留在这样的水准去了解马克思的观点，更不能就此去估计马克思宗教观的理论分量。为了给大家在这个问题上来一个学术提神，我想先引用一段马克思著作中跟我们今天这个场景有内在关联的言论。

1850 年初，马克思流亡英伦数月之后，跟恩格斯合写了一篇时评，其中有言：

> 最后，再谈一件由著名的德国传教士郭士立（Karl Friedrich August Gützlaff）从中国带回来的有代表性的新鲜奇闻。……当郭士立先生离开 20 年之后又回到文明人和欧洲人中间来的时候，他听到人们在谈论社会主义，于是就问：这是什么意思？别人向他解释以后，他便惊叫起来：
>
> "这么说来，我岂不是到哪儿也躲不开这个害人的学说了吗？这正是中国许多暴民近来所宣传的那一套啊！"
>
> 当然，中国社会主义之于欧洲社会主义，也许就像中国哲学与黑格尔哲学一样。但是有一个事实毕竟是令人欣慰的，即世界上最古老最巩固的帝国八年来被英国资产者的印花布带到了一场必将对文明产生极其重要结果的社会变革的前夕。当我们欧洲的反动分子不久的将来在亚洲逃难，到达万里长城，到达最反动最保守的堡垒的大门的时候，他们说不定就会看见上面写着：
>
>
>
> Republique chinoise
>
> Liberté, Egalité, Fraternité
>
> ［中华共和国
>
> 自由，平等，博爱］
>
> 1850 年 1 月 31 日于伦敦①
>
>

这段话中，基督教在华传教、弱势的中国与强势的欧洲、资本主义与社会主义等影响至今的历史性要素都有了。令人惊叹的是，其中不仅看到了中国的社会危机即将爆发，次年便有太平天国起义，更是相当于提前 60 年就预告了"中华民国"的诞生，而中国人自己差不多半个世纪以后才想到这样的名称。可这时的马克思不过是个三十出头的德国青年，跟中国相距万里。

由此，我们不能不感佩西方人特有的理论预见能力，对马克思的理论见解亦不应再等闲视之了。当然，马克思无论如何也无法预见到，在他写下这段话一个半世纪多以后，在有了"中华共和国"近一个世纪以后，会

---

① 马克思、恩格斯：《时评。1850 年 1～2 月》，《马克思恩格斯全集》中文第 2 版第 10 卷，人民出版社，1998，第 276～278 页。

有若干中国学者从因他的主义而分道的海峡两岸来聚首研讨他的观点。

本文拟主要讲三个方面问题：马克思宗教观的生活背景与著述概况；马克思宗教观的理论要点及其内在关联；马克思宗教观的当代省思。末了再提出一点个人浅见以讨教于各位。

二　马克思宗教观的生活背景与著述概况

1. 宗教生活背景

马克思（Karl Marx，1818～1883 年）具有纯正的犹太血统，父母两系都称得上是犹太拉比世家。其父为律师，为了融入主流社会而改信基督新教。马克思在 1824 年受洗，时年 6 岁。马克思家族所生活的小城特利尔属于莱茵地区，在拿破仑战争时期曾划归法国，依法国大革命的基本原则治理，深受法国激进思潮的影响，1814 年并入普鲁士，利益、制度和观念等种种变异和反差导致了巨大的不满。马克思 12 岁到 17 岁上中学，就读的学校原为耶稣会学校，在他读书时，该校的教育理念是从康德哲学的观点出发调和信仰与理性。马克思留下的最早的文字作品是三篇中学毕业作文，其中一篇为宗教作文，题目为"根据《约翰福音》第 15 章第 1 至 14 节论信徒同基督结合为一体，这种结合的原因和实质，它的绝对必要性和作用"。这篇作文基本上能够反映出，马克思完全是浸润在一种宗教文化中成长起来的，尽管文中已经包含了"一种理性的架构"。①

1835 年 10 月到 1841 年 4 月，马克思先后在波恩大学、柏林大学学习，并申请到了耶拿大学的哲学博士学位。其博士论文为《德谟克利特（Democritus）的自然哲学和伊壁鸠鲁（Epicurus）的自然哲学的差别》，在序言中，马克思写道：

> 只要哲学还有一滴血在自己那颗要征服世界的、绝对自由的心脏里跳动着，它就将永远用伊壁鸠鲁的话向它的反对者宣称：
>
> "渎神的并不是那抛弃众人所崇拜的众神的人，而是把众人的意见强加于众神的人。"
>
> 哲学并不隐瞒这一点。普罗米修斯（Prometheus）的自白

---

① 参见戴维·麦克莱伦《卡尔·马克思传》，王珍译，中国人民大学出版社，2005，北京，第 9 页。本文有关马克思生平的介绍大多采自该书，恕不逐一标注。

"总而言之，我痛恨所有的神"

就是哲学自己的自白，是哲学自己的格言，表示它反对不承认人的自我意识是最高神性的一切天上的和地上的神。不应该有任何神同人的自我意识相并列。①

这表明，5 年半的大学生活已经彻底改变了他对宗教的态度，从主张"同基督结合为一体"到"痛恨所有的神"。

这种转变的直接原因之一，是马克思在柏林大学期间参加了一个以几位青年教师为主要成员的"博士俱乐部"，他们经常聚会讨论黑格尔（Hegel）的著作和思想，形成了青年黑格尔派运动。这个圈子从宗教领域（这个领域比政治要安全得多）开始展开对正统思想和普鲁士社会现实的攻击，并日趋激进，留给人的印象是：他们"正使无神论成为他们的格言。上帝、宗教、永恒被从它们的王座上推下来，人类被宣告为上帝。"②马克思的博士论文就是他参加这个运动的思想总结，人、理性、自我意识取得了至高的地位。

不过，马克思形成马克思主义品牌的宗教观还是在他就业之后。

2. 宗教著述概况

在马克思主义的两位创始人中，有关宗教的著述，在数量上马克思的不及恩格斯（Frederick Engels）的多，但理论基调则主要是由马克思的著述来确定的。

由于宗教涉及现实生活合理性的总根据，宗教批判又相对安全一些，因而马克思对社会的批判是从对宗教的批判开始的，且这些论述比较集中于早期著作中。大致可以分为三个阶段和三种情况。

首先，宗教是直接的批判对象。这一阶段从完成博士论文到整个《莱茵报》（Rheinische Zeitung）时期（结束于 1843 年初），大约两年。代表作有《评普鲁士最近的书报检查令》（写于 1842 年 1 月 15 日到 2 月 10日），有关宗教的论说主题是："宗教就是对现存事物的普遍肯定"；"道德的基础是人类精神的自律，而宗教的基础则是人类精神的他律"。③还有

---

① 马克思：《德谟克利特的自然哲学和伊壁鸠鲁的自然哲学的差别》，《马克思恩格斯全集》中文第 2 版第 1 卷，1995，第 12 页。

② 参见戴维·麦克莱伦《卡尔·马克思传》，王珍译，中国人民大学出版社，2005，第 33页。

③ 《马克思恩格斯全集》中文第 2 版第 1 卷，人民出版社，1995，第 118、119 页。

《〈科隆日报〉第 179 号的社论》（写于 1842 年 6 月 28 日 ~ 7 月 3 日之间），有关宗教的论说主题是："你们（指'一批信口雌黄的报纸撰稿人'——引者）要求人们信仰你们的信仰，哲学并不要求人们信仰它的结论，而只要求检验疑团"；"不应该根据宗教，而应该根据自由理性来构想国家"；"用人的眼光来观察国家"。① 在这里，宗教是马克思直接批判的对象，批判的用意在于用人的理性取代对神的信仰，借以打击肯定现实的力量，并达致否定现实的目的。

其次，批判的矛头从指向宗教变为指向当时的宗教批判。这是一个转折和过渡时期，从写作《黑格尔法哲学批判》（写于 1843 年夏天）到完成《德意志意识形态》（写于 1845 ~ 1846 年）。这也是马克思跟青年黑格尔派和费尔巴哈的宗教批判分道扬镳并形成自己独特思想的时期。青年黑格尔派、费尔巴哈（Ludwig Feuerbach）和马克思都批判宗教，并都借批判宗教来批判现实，但路径各不相同。青年黑格尔派的代表人物布·鲍威尔（Bruno Bauer）主张自我意识为最高权威，因而批判本身就是决定其他领域事务的最重要的事情。费尔巴哈把属于神的一切都还原到人的身上，建立了人本思想。马克思曾先后接受过他们的思想，但后来逐步认识到：宗教不是实际生活状况的原因，而是它的结果；并且人类实际生活归根到底受物质生产的决定。因此，马克思主张，宗教批判不是解决问题的法宝，而只是政治和社会批判的先导；对资本主义生产方式的批判则是全部批判的关键和重心所在；并且，这种理论的批判最终要转化为武器的批判。以此为标准，鲍威尔的宗教批判是唯心主义的，颠倒了问题的因果；费尔巴哈的批判则仅仅是人本主义的，没有将批判深入到人类的物质生产领域。马克思这一时期的主要著作几乎都包含了上述内容，它们是：《黑格尔法哲学批判》、《论犹太人问题》（写于 1843 年秋）、《〈黑格尔法哲学批判〉导言》（写于 1843 年 10 月中至 12 月中）、《1844 年经济学哲学手稿》（写于 1844 年 4 ~ 8 月）、《神圣家族》（写于 1844 年 9 ~ 11 月）、《关于费尔巴哈的提纲》（写于 1845 年）、《德意志意识形态》。

第三，在经济批判中联系宗教批判，用宗教异化辅助说明经济异化。在《德意志意识形态》之后，马克思形成了自己品牌的学说，并确定了理论研究的重点，即政治经济学批判，于是，宗教问题不再为他所关注。不过，在后来的著述中，特别是《资本论》系列著作中，他也不时提到宗教

---

① 《马克思恩格斯全集》中文第 2 版第 1 卷，人民出版社，1995，第 222、226、227 页。

问题，论说的特点是：总是拿宗教中所发生的异化去类比地说明资本主义经济关系中所发生的异化，宗教批判只是资本主义批判的辅助手段。当然，这种类型的宗教批判在第二个时期就已开始，比如，在《1844 年经济学哲学手稿》中就如此，所以这里的时期划分也不是截然断开的。另外，在这一时期，马克思对宗教还有其他角度的论说，比如在《哥达纲领批判》（写于 1875 年 4 月~5 月初）中指明了共产党的宗教政策，即："资产阶级的'信仰自由'不过是容忍各种各样的宗教信仰自由而已，而工人党却力求把信仰从宗教的妖术中解放出来。"①

这一时期，马克思在宗教论述上比较重要的文献，除了上面提及的外，还有《"莱茵观察家"的共产主义》（写于 1847 年 9 月 5 日）和《共产党宣言》（与恩格斯合著，写于 1847 年 12 月至 1848 年 1 月）等。

上述情况显示，因为马克思最终把物质生产领域看成人类社会整体中起决定作用的领域，并且把资本主义生产方式看成全人类实现普遍自由和彻底解放的最后一个环节，所以宗教批判对他来说在工作时序上只是全部批判的开始，在理论逻辑上则从属于经济批判。或者说，尽管马克思对宗教的否定十分彻底，但否定宗教却不是他的主要用力所在，否定资本主义才是他倾力而为的事情。

三 马克思宗教观的理论要点及其内在关联

为了大致刻画出马克思宗教观的整体面目，我尝试梳理出如下要点，并尽量显示其内在关联。

1. 前提预设：人性可以满全

马克思宗教观的最根本的前提预设是：人性可以满全。在《〈黑格尔法哲学批判〉导言》中，马克思指出："对宗教的批判最后归结为人是人的最高本质（man is the highest essence for man）这样一个学说"。② 这个观点直接来源于费尔巴哈。在《基督教的本质》一书中，费尔巴哈指出："人的绝对本质、上帝，其实就是他自己的本质。""人的本质就是人所认为的至高本质"。③

---

① 《马克思恩格斯全集》中文第 1 版第 19 卷，人民出版社，1963，第 34 页。
② 《马克思恩格斯选集》中文第 2 版第 1 卷，人民出版社，1995，第 9 页。*Marx and Engels on Religion*, Schocken Books, 1964, New York, p. 50。
③ 费尔巴哈：《基督教的本质》，荣震华译，商务印书馆，1997，第 34、350 页。

上帝是满全的，上帝的本质如果就是人的本质，等于是说人的本质是满全的，人性（human nature）因而具有可满全性，人（满全的人）也就自然成了人（待满全的人）的本质。

人性可以满全，上帝就变得不再必要。这种思想是欧洲文艺复兴以后，特别是启蒙运动以后广义的人本主义（humanism，或译人文主义、人道主义等）思潮长期发展、影响的结果。该思潮的基本倾向是提升人的地位，特别是人的理性的地位。相应地，神的重要性则不断降低。到费尔巴哈的人本学唯物主义（Anthropologischer Materialismus），这种思潮到达了一个理论逻辑上的转折点：把本来赋予神的东西转而赋予人。马克思的宗教观就是直接以这种人本学（Anthropologie，或译人类学、人学）的结论为进一步向前走的理论出发点的。

客观地讲，欧洲思想史的特点便于发生这样的转折。自从基督教一神论（theism）思想融入欧洲文化，千百年间，人们已经把一切所能想到的满全的性质都"打包"交给了独一的上帝，这给被"人"劫夺至少造成了极大的方便。所以，费尔巴哈把用来陈述上帝的宾词一股脑搬去陈述人，甚至也不用搬动宾词，而直接将主词从上帝变成人，就把问题解决了。

人性可以满全，相当于置换了基督教出现后整个欧洲精神的基石，其后果之重大可以想见。马克思的宗教观就是在人本的新基石上建构起来的。

2. 宗教的本质：宗教是人性尚未满全的一种反映

人性可以满全，但事实上没有满全，这种未满全的状态或者由于人性尚不成熟，或者由于人性出现了病态。宗教就是人性的这种不成熟或病态在人的心灵中的反映。这是马克思对宗教的本质的一个基本判定。

人性的不成熟主要有两方面的表现。其一为人们对外部世界的认识的不成熟，不理解自然界、人类社会中各种起作用的力量的真实情况，因而将其神秘化，致使自然力量以一种超自然的存在形式变成了人们顶礼膜拜的对象。一旦理性和科学发展起来，人们识破了自然和社会的秘密，懂得了物质世界运动的原理和规律，超自然的存在就消失了。人们由此就会发现，被人们崇拜的对象实际上是人们的那些观念客体化的产物，事实上并不存在这样的东西。

这条论证思路可以称为认识论的思路，是从认识跟对象的关系来解释宗教现象，把宗教看成认识不成熟、理性不够发达的表现。这方面的论证都跟恩格斯有关。在《德意志意识形态》中谈到自然宗教时，隐约有这种意思。① 在《评格·弗·道默〈新时代的宗教。创立综合格言的尝试〉共两卷》（写于 1850 年 1~2 月）中明确提到："现代自然科学和现代工业一起对整个自然界进行了革命改造，结束了人们对自然界的幼稚态度以及其他幼稚行为"。② 这两篇著述都是马克思和恩格斯合作的。另外，在恩格斯单独撰写的著名的《反杜林论》（写于 1876 年 9 月~1878 年 6 月）中，恩格斯对这种论证交代得十分清楚。他说：

> 一切宗教都不过是支配着人们日常生活的外部力量在人们头脑中的幻想的反映，在这种反映中，人间的力量采取了超人间的力量的形式。在历史的初期，首先是自然力量获得了这样的反映，而在进一步的发展中，在不同的民族那里又经历了极为不同和极为复杂的人格化。根据比较神话学，这一最初的过程，至少就印欧民族来看，可以一直追溯到它的起源——印度的吠陀经，以后更在印度人、波斯人、希腊人、罗马人、日耳曼人中间，而且就材料所及的范围而言，也可以在克尔特人、立陶宛人和斯拉夫人中间得到详尽的证明。但是除自然力量外，不久社会力量也起了作用，这种力量和自然力量本身一样，对人来说是异己的，最初也是不能解释的，它以同样的表面上的自然必然性支配着人。最初仅仅反映自然界的神秘力量的幻象，现在又获得了社会的属性，成为历史力量的代表者。在更进一步的发展阶段上，许多神的全部自然属性和社会属性都转移到一个万能的神身上，而这种神本身又只是抽象的人的反映。这样就产生了一神教，从历史上说它是后期希腊庸俗哲学的最后产物，它的现成体现是犹太的独一无二的民族神雅赫维。③

据此，似乎可以推测，从认识论角度解释宗教现象可能是恩格斯侧重而马克思认可的一条思路。

在马克思独立撰写的著作中，给人以突出印象的是另一条思路，不妨称为社会病理学思路。他的主要观点是：宗教是社会病态的反映，是社会发展还存在缺陷和问题的表现。这路论证最典型的表述是在《〈黑格尔法

---

① 参见《马克思恩格斯全集》中文第 1 版第 3 卷，人民出版社，1960，第 35 页。
② 《马克思恩格斯全集》中文第 2 版第 10 卷，人民出版社，1998，第 254 页。
③ 恩格斯：《反杜林论》，《马克思恩格斯全集》中文第 1 版第 20 卷，人民出版社，1971，第 341~342 页。

哲学批判〉导言》中：

> 宗教是还没有获得自身或已经再度丧失自身的人的自我意识和自我感觉。但是，人不是抽象地蛰居于世界之外的存在物。人就是人的世界，就是国家，社会。这个国家、这个社会产生了宗教，一种颠倒的世界意识，因为它们就是颠倒的世界。宗教是这个世界的总理论，是它的包罗万象的纲要，它的具有通俗形式的逻辑，它的唯灵论的荣誉问题，它的狂热，它的道德约束，它的庄严补充，它借以求得慰藉和辩护的总根据。宗教是人的本质在幻想中的实现，因为人的本质不具有真正的现实性。①

这段话强调的是：产生宗教的社会是病态的，其中的人性是扭曲的；在这样的社会中，人性中本有的对满全性的追求无法在实际生活中得到实现，只能诉诸非人的存在，如上帝、来世之类；因此，宗教本身也是一种病态，只不过社会病态是实际中的病态，宗教作为病态是观念领域中的。

这两路论证其实是相互配合的。认识论思路解决的是"全知"的问题——信宗教是人尚未全知的表现，社会病理学的思路解决的是"全善"的问题——信宗教是人尚未全善的表现，人一旦全知且全善，宗教即告破产。还有一个"全能"的问题，发展生产、发展科技、开展革命等就是要解决这个问题，该问题跟前两个问题不是分开的，而是内在于它们之中的。这样一来，人性可以满全就有了较为具体的内涵，即人性可以实现全知、全能、全善。宗教不过是人性尚未实现这"三全"的反映。

在马克思的宗教观中，人就是这样取代神的地位的。

3. 宗教的作用：宗教是人民的鸦片

马克思对宗教不是无条件否定的，更没有把否定宗教看成否定其他的前提，他还是肯定了宗教的作用的。这种肯定包含两个方面：一是在前共产主义的社会结构中宗教扮演着不可或缺的角色，二是在历史过程中宗教代表着一个必经的阶段。

马克思把社会结构分为生产力、生产关系、政治上层建筑和意识形态，宗教属于意识形态，它不具有独立的意义，更不是决定性的社会因素，而是

---

① 马克思：《〈黑格尔法哲学批判〉导言》，《马克思恩格斯选集》中文第 2 版第 1 卷，人民出版社，1995，第 1～2 页。

生产力、生产关系等基层因素的反映，可以对基层因素起一定的反作用。在这个结构中，宗教的角色就定位清楚了。马克思对此的阐述是：

> 宗教里的苦难既是现实的苦难的表现，又是对这种现实的苦难的抗议。宗教是被压迫生灵的叹息，是无情世界的心境，正像它是无精神活力的制度的精神一样。宗教是人民的鸦片。[①]

这里，说"宗教是人民的鸦片"不全是否定的意思，毕竟宗教包含了对现实的"抗议"，这一点还是马克思所认同的。只不过宗教作为"抗议"是无力的，它不是被作为药物去治病，而是被作为镇痛剂去缓解痛苦。当然，马克思同时也有否定的意思，那就是：如果依赖于宗教去缓解痛苦，治病就有可能被干扰和耽误。但无论如何，马克思没有这样的意思，即：社会的病痛、现实的苦难都是宗教造成的，消除了宗教就消除了病痛和苦难。

马克思眼里的人类历史是以自我否定的方式向前发展并最终到达完善境界的过程，该过程中的因素既没有绝对合理的，也没有绝对不合理的，一切都作为运动的环节而起相对的作用。宗教也是这样。在《资本论》的一篇手稿《第六章。直接生产过程的结果》（写于1863年7月~1864年6月）中，马克思在讨论资本主义生产方式的历史合理性时，顺带对宗教有过这样的论述：

> 从历史上看，这种颠倒（指资本对劳动的统治——引者）是靠牺牲多数来强制地创造财富本身，即创造无限的社会劳动生产力的必经之点，只有这种无限的社会劳动生产力才能构成自由人类社会的物质基础。这种对立的形式是必须经过的，正象人起初必须以宗教的形式把自己的精神力量作为一种独立的力量来与自己相对立完全一样。[②]

资本的历史作用是创造财富，这很明确，可马克思没有细说：宗教的历史

---

① 马克思：《〈黑格尔法哲学批判〉导言》，《马克思恩格斯选集》中文第2版第1卷，人民出版社，1995，第2页。

② 马克思：《第六章。直接生产过程的结果》，《马克思恩格斯全集》中文第1版第49卷，人民出版社，1982，第49页。

作用到底是什么？如果一定要落实的话，恐怕还是那句话：宗教是人民的鸦片——通过鸦片提炼出药品，鸦片是药品的一个环节。

4. 批判的走向：把宗教批判变成对现实生活的批判

在马克思看来，由于现实生活是第一性的、真实的存在，宗教是第二性的、观念的存在，因而批判宗教就不是事情的结束，而是事情的开始，或者说重要的不是拿走病人的镇痛剂，而是实际消除其现实的痛苦。

关于实际生活和宗教的关系，马克思论述得非常多，这也构成了马克思历史唯物主义学说的重要组成部分。他和恩格斯曾以基督教与世界秩序的关系来说明这一点。

> 古代"世界秩序"彻底瓦解以后产生了基督教，基督教不过是这种瓦解的表现；"全新的世界秩序"不是通过基督教从内部产生的，而是在匈奴人和日耳曼人"从外部"攻击罗马帝国的尸体时才产生的；在日耳曼人入侵以后，不是按照基督教建立起"新的世界秩序"，而是基督教随着这种世界秩序的每一个新阶段的到来而发生变化。……

> 显然，随着每一次社会秩序的巨大历史变革，人们的观点和观念也会发生变革，因此，人们的宗教观念也发生变革。但是，现在的变革和过去一切变革不同的地方恰恰在于：人们最终识破了这种历史变革过程的秘密，抛弃一切宗教，而不再以新宗教的狂热形式把这种实际的"外在的"过程奉为神明。①

因为这个缘故，宗教批判对于解决社会历史问题的价值才不能被过高地估计，宗教批判才不仅不能代替而且必须转化为现实批判。

对这种转化，马克思在《关于费尔巴哈》（未经恩格斯修改的手稿，写于 1845 年）中有一段典型的阐述。他说：

> 费尔巴哈是从宗教上的自我异化，从世界被二重化为宗教的世界和世俗的世界这一事实出发的。他致力于把宗教世界归结于它的世俗基础。但是，世俗的基础使自己和自己本身分离，并在云霄中为自己建立一个独立王国，这只能用这个世俗基础的自我分裂和自我矛盾来

① 马克思与恩格斯：《评格·弗·道默〈新时代的宗教。创立综合格言的尝试〉共两卷》，《马克思恩格斯全集》中文第 2 版第 10 卷，人民出版社，1998，第 253 页。

说明。因此，对于世俗基础本身应当在自身中、从它的矛盾中去理解，并在实践中使之革命化。①

马克思对现实的批判有一个逐渐下沉的过程，一开始强调的是政治批判，既而力主社会批判，最后落脚到经济批判。其中，从政治批判进到社会批判的过程很短，可以处理成一种逻辑先后的关系。

在《〈黑格尔法哲学批判〉导言》中，马克思提出要把"对天国的批判变成对尘世的批判，对宗教的批判变成对法的批判，对神学的批判变成对政治的批判。"② 政治批判的主题是把宗教跟国家分离开来，实现宗教信仰的自由，但宗教照样存在。因此，政治批判只是一种有限的批判，必须深化为足以消除宗教存在的现实基础的社会批判，进而实现人类的解放。对此，马克思在同一篇文章的后面部分有展开的论述。不过，关于宗教跟政治批判与社会批判、政治解放与人类解放的关系，《论犹太人问题》（写于1843年秋）一文的表述更加集中。他写道：

> 既然我们看到，就在政治解放已经完成了的国家，宗教不仅存在，而且表现了生命力和力量，这就证明，宗教的存在和国家的完备并不矛盾。但是由于宗教的存在是一个缺陷的存在，那么这个缺陷的根源只应该到国家自身的本质中去寻找。在我们看来，宗教已经不是世俗狭隘性的原因，而只是它的表现。因此，我们用自由公民的世俗桎梏来说明他们的宗教桎梏。我们并不认为：公民要消灭他们的世俗桎梏，必须首先克服他们的宗教狭隘性。我们认为：他们只有消灭了世俗桎梏，才能克服宗教狭隘性。我们不把世俗问题化为神学问题。我们要把神学问题化为世俗问题。相当长的时期以来，人们一直用迷信来说明历史，而我们现在是用历史来说明迷信。在我们看来，政治解放和宗教的关系问题已经成了政治解放和人类解放的关系问题。③

---

① 马克思：《关于费尔巴哈》，《马克思恩格斯全集》中文第1版第3卷，人民出版社，1960，第7页。

② 马克思：《〈黑格尔法哲学批判〉导言》，《马克思恩格斯选集》中文第2版第1卷，人民出版社，1995，第2页。

③ 马克思：《论犹太人问题》，《马克思恩格斯全集》中文第1版第1卷，人民出版社，1956，第425页。

而人类解放的实质就在于把整个人类社会从自私自利的资本主义金钱关系中解放出来，从私有财产制度中解放出来，使每一个人都能作为真正平等自由的一员跟所有其他社会成员一起共同掌控社会的生产生活资料和社会联系。只有这样的世俗生活状态才会使宗教彻底失去其存在的基础。

在《1844 年经济学哲学手稿》中，马克思指出："私有财产的积极的扬弃，作为对人的生命的占有，是一切异化的积极的扬弃，从而是人从宗教、家庭、国家等等向自己的人的即社会的存在的复归。"① 到这里，从宗教批判起航的批判之舟就到达了它的最重要的停泊地——政治经济学批判。

5. 批判的类比：对资本主义各种拜物教的批判

马克思毕生最看重的他自己的研究成果是其对资本主义生产方式的批判性剖析，他在理论学术上的功力和威力也在这里。他认为，资本主义生产是由交换价值所中介的生产，即全部生产都围绕交换价值来进行。这种生产一方面造成了人与人之间最普遍的社会联系和相互依赖，另一方面这种联系和依赖又完全不在人们自觉的控制之中。工人阶级生产的产品异化成了资本家阶级用来进一步剥削工人阶级的手段，这种劳动与资本的关系久而久之似乎变成了一种客观的、自然的关系，人们在这种关系面前除了驯服和膜拜外几乎无能为力。因此，资本主义社会真正的宗教并不是传统的各种宗教，而是把体现这种生产关系的物作为一种神秘的对象来加以崇拜的宗教，即商品拜物教、货币拜物教和资本拜物教。②

马克思用以解释资本主义拜物教的方法跟用以解释宗教的方法是一样的，即异化与复归的辩证法。本来属于人的产物，转而凌驾于人之上，成为人的崇拜物。"正像人在宗教中受他自己头脑的产物的支配一样，人在资本主义生产中受他自己双手的产物的支配。"③ 但这种异化包含着向否定方向转化的力量，资本主义生产方式的发展最终将引起一种自我否定，其结果是一切以异化的方式积累起来的物质财富和社会联系都转而成为所有人自由发展的条件和手段，正如在宗教中异化到神身上的性质最终都还给了人自己一样。更重要的是，资本主义生产中的异化及其扬弃是人类历史的必然，它是人类一切其他异化的扬弃，包括宗教异化的扬弃的根本前

---

① 马克思：《1844 年经济学哲学手稿》，《马克思恩格斯全集》中文第 1 版第 42 卷，人民出版社，1979，第 121 页。

② 参见马克思《资本论》第 1 卷，人民出版社，2004，第 88、113 页等处。

③ 马克思：《资本论》第 1 卷，人民出版社，2004，第 717 页。

提。对此，马克思有一个自己的说法：

> 只有当实际日常生活的关系，在人们面前表现为人与人之间和人与自然之间极明白而合理的关系的时候，现实世界的宗教反映才会消失。只有当社会生活过程即物质生产过程的形态，作为自由联合的人的产物，处于人的有意识有计划的控制之下的时候，它才会把自己的神秘的纱幕揭掉。①

资本主义拜物教和宗教的这种类比，让我们能够更加深入地体会到马克思宗教观的思维方式和理论逻辑，也让我们看到了他解决宗教问题的特殊法宝。

6. 目标状态：每个人自由全面发展的无神论社会

随着资本主义生产方式的消除，已经十分发达的生产力、科学技术和社会联系将首次置于联合起来的自由个人的控制之下，并且将获得进一步发展的无限空间。在这样的条件下，每一个人都将得到自由而全面的发展，获得圆满的自我实现。如是，人性的满全就从可能性变成了现实性，这样的社会就是一个名副其实的人的社会，其中，神彻底失去存在的必要，无神论的时代就此到来。

早在 1844 年，马克思就通过评价比埃尔·培尔（Pierre Bayle，1647～1706 年）表达过对无神论社会的向往。他说：

> 比埃尔·培尔不仅用怀疑论摧毁了形而上学，从而为在法国掌握唯物主义和健全理智的哲学打下了基础，他还证明，由清一色的无神论者所组成的社会是可能存在的，无神论者能够成为可敬的人，玷辱人的尊严的不是无神论，而是迷信和偶像崇拜，并从而宣告了注定要立即开始存在的无神论社会的来临。②

在《德意志意识形态》中，马克思跟恩格斯一起，就对当时人们所讨论的如何能够"从神的王国进入人的王国"的问题发表了历史唯物主义的

---

① 马克思：《资本论》第 1 卷，人民出版社，2004，第 97 页。

② 马克思、恩格斯：《神圣家族》，《马克思恩格斯全集》中文第 1 版第 2 卷，人民出版社，1957，第 162 页。引文所在部分为马克思一人所写。

看法。①

当巴黎公社事件发生后，马克思撰写了《法兰西内战》（写于 1871 年 5 月下半月~6 月初之间），其中对公社的宗教政策作了如下的肯定性描述：

> 公社在铲除了常备军和警察这两支旧政府手中的物质力量以后，便急切地着手摧毁作为压迫工具的精神力量，即"僧侣势力"。方法是宣布教会与国家分离，并剥夺一切教会所占有的财产。教士们要重新过私人的清修隐遁的生活，像他们的先驱者即使徒们那样靠信徒的施舍过活。②

由此，马克思称许巴黎公社为"不信教的公社"。③

共产主义社会其实就是这种公社的普遍化、彻底化。关于这一点，可参考恩格斯早年的表述，"迄今一切宗教都是单个民族或几个民族的历史发展阶段的表现，而共产主义却是使一切现有宗教成为多余并使之消灭的发展阶段。"④ 在这个没有宗教的社会中，人得以"围绕着自身和自己现实的太阳转动"⑤，去追求"每个人的自由发展"和"一切人的自由发展"。⑥ 人性在此满全，历史在此终局。

四　马克思宗教观的当代省思

站在当代回过头去看马克思的宗教观，我们自然会有许多省思。特别是中国人实践了马克思的宗教观，造成了巨大的历史后果，值得总结的东

---

① 参见马克思、恩格斯《德意志意识形态》，《马克思恩格斯全集》中文第 1 版第 3 卷，人民出版社，1960，第 45 页。

② 马克思：《法兰西内战》，《马克思恩格斯选集》中文第 2 版第 3 卷，人民出版社，1995，第 56 页。

③ 马克思：《法兰西内战》，《马克思恩格斯选集》中文第 2 版第 3 卷，人民出版社，1995，第 65 页。

④ 恩格斯：《共产主义信条草案》，《马克思恩格斯全集》中文第 1 版第 42 卷，人民出版社，1979，第 380 页。

⑤ 马克思：《〈黑格尔法哲学批判〉导言》，《马克思恩格斯选集》中文第 2 版第 1 卷，人民出版社，1995，第 2 页。

⑥ 参见马克思、恩格斯著《共产党宣言》，《马克思恩格斯选集》中文第 2 版第 1 卷，人民出版社，1995，第 294 页。

西实在太多。本文主要讲两个方面。

1. 马克思宗教观所针对的现实问题

马克思的宗教观具有理论的普遍性，但这种普遍性的理论是一个特殊社会情境的产物，并针对着一些特殊的社会问题。马克思的宗教观被中国人接受和采纳，也是事出有因。如果不满足于把这个理论妖魔化，不满足于把实践这个理论的那部分中国人妖魔化，我们就有必要本着学术的精神去做认真的考察和分析，看看究竟是什么样的一些因素使得马克思对宗教如此不满，使得其在中国的实践者对宗教采取如此激进的政策。当然，本文只分析马克思的理论。

可以肯定的是，马克思在批判宗教时，他心目中主要的实例和靶子是当时普鲁士的国教，即跟专制政治密切关联的基督新教。宗教改革以后，罗马教廷系统和各世俗国家间原有的权力制衡关系被打破，普鲁士的新教教会和王权政府紧密结合在一起，并且前者屈从于后者。马克思早年最痛恨的是普鲁士专制制度，后来最痛恨的是资本主义经济制度，他对宗教的怒火很大部分是烧向教会系统保守的政治和社会功能的。

针对基督教为普鲁士国家所作的辩护，马克思说：

> 基督教并不能判定制度的好坏，因为它不懂得制度之间的差别，它像宗教应该教导人们那样教导说：你们要服从执掌权柄者，因为任何权柄都出于神。因此，你们就不应该根据基督教，而应该根据国家的本性、国家本身的实质，也就是说，不是根据基督教社会的本质，而是根据人类社会的本质来判定各种国家制度的合理性。①

针对基督教人士用基督教社会原则去抵制共产主义，马克思回应道（1847年9月5日）：

> 基督教的社会原则曾为古代奴隶制进行过辩护，也曾把中世纪的农奴制吹得天花乱坠，必要的时候，虽然装出几分怜悯的表情，也还可以为无产阶级遭受压迫进行辩解。
>
> 基督教的社会原则宣扬阶级（统治阶级和被压迫阶级）存在的必

---

① 马克思：《〈科隆日报〉第179号的社论》，《马克思恩格斯全集》中文第2版第1卷，人民出版社，1995，第225~226页。

要性，它们对被压迫阶级只有一个虔诚的愿望，希望他们能得到统治阶级的恩典。

基督教的社会原则把国教顾问答应对一切已使人受害的弊端的补偿搬到天上，从而为这些弊端的继续在地上存在进行辩护。

基督教的社会原则认为压迫者对待被压迫者的各种卑鄙龌龊的行为，不是对生就的罪恶和其他罪恶的公正惩罚，就是无限英明的上帝对人们赎罪的考验。

基督教的社会原则颂扬怯懦、自卑、自甘屈辱、顺从驯服，总之，颂扬愚民的各种特点，但对不希望把自己当愚民看待的无产阶级说来，勇敢、自尊、自豪感和独立感比面包还要重要。

基督教的社会原则带有狡猾和假仁假义的烙印，而无产阶级却是革命的。①

这两段话比较清楚地表达了马克思对宗教在现实政治中所起作用的批判。值得作为参照的是他对北美宗教状况的态度。由于北美实现了完全的政教分离，国家站在教派之外，宗教无须承担不应有的政治功能，因而马克思对北美宗教的火气就小多了。②

宗教牵涉的现实问题还有一个重要方面，那就是物质利益问题。在马克思看来，如果某一宗教成为国教，如基督教成为普鲁士国教，那么面包就要根据信仰来分配，异教徒的物质利益就会受到损害。③ 他还有一个观点：就像劳动异化是资本家占有了工人的产品一样，宗教异化是僧侣占有了普通信徒的利益。他说："人同自身和自然界的任何自我异化，都表现在他使自身和自然界跟另一个与他不同的人发生的关系上。因此，宗教的自我异化也必然表现在俗人同僧侣或者俗人同耶稣基督（因为这里涉及精神世界）等等的关系上。"④

在宗教跟物质利益相关的问题上还有一个材料可以参考。在《合众国

① 马克思：《"莱茵观察家"的共产主义》，《马克思恩格斯全集》中文第 1 版第 4 卷，人民出版社，1958，第 218 页。

② 参见马克思《论犹太教问题》，《马克思恩格斯全集》中文第 1 版第 1 卷，人民出版社，1956，第 424～425 页。

③ 参见马克思《〈科隆日报〉第 179 号的社论》，《马克思恩格斯全集》中文第 2 版第 1 卷，人民出版社，1995，第 225 页。

④ 马克思：《1844 年经济学哲学手稿》，《马克思恩格斯全集》中文第 1 版第 42 卷，人民出版社，1979，第 99 页。

的预算和基督教德意志的预算》（未注明作者是马克思或恩格斯，写于
1849 年 1 月 6 日）一文中，有一个颇有意思的对比：

> 总之，北美共和国两千一百万居民虽然有钱，甚至很富，但交给
> 国库的还不到两千六百万美元，就是说折合普鲁士货币还不到三千八
> 百万塔勒；而一千六百万普鲁士人虽然比较穷，每年却必须向国库投
> 入九千四百万塔勒，而国库还感到不满足。
>
> ……
>
> 北美共和国只有一个由选举产生的任期四年的总统，诚然，这个
> 总统为国家所做的事要比一打国王和君主加在一起所做的事还多，但
> 是他每年只能得到三万七千塔勒（折合普鲁士货币）的微薄薪俸。在
> 这区区三万七千塔勒中，反映出了基督教德意志人"天佑吾王，天佑
> 容克"的心情的全部哀伤。根本没有侍从和宫廷珠宝商，根本没有人
> 像在沙洛顿堡大街上那样为宫廷贵妇用清水泼道，根本没有用公民的
> 钱兴办的猎场等等。

这段话值得引用，是因为其中特别用了"基督教德意志人"这一措辞。由
此可见，在当时的基督新教跟普鲁士政治的纠葛中，牵扯着太多的物质利
害关系。

总之，马克思对宗教的批判包含着对宗教在彼时彼地的政治等附加功
能的批判，这种批判的合理性是比较明显的。宗教的这些附加功能在欧美
后来的发展过程中都被逐渐剥离了，宗教跟特定政治权力的关系大大弱
化，对物质利益格局的影响力也大大降低。这也表明了马克思的有关批判
不是无的放矢。如果比较一下至今仍把某一宗教作为国教的那些国家的情
况，我们尤其能够体会到马克思在这个方面的观点的现实意义。

2. 马克思宗教观的局限

如果马克思对宗教的批判仅仅针对宗教的各种附加功能，我们对待起来
就简单多了。但事实上，他对宗教的批判是全面而彻底的，最终要"通过那
种达到废除私有财产、限定财产最高额、没收财产、实行累进税的办法，通
过那种达到消灭生命、走向断头台的办法"来"废除宗教、消灭宗教"。①

---

① 参见马克思《论犹太教问题》，《马克思恩格斯全集》中文第 1 版第 1 卷，人民出版社，
1956，第 430 页。

既然如此，我们就要加倍认真地来检讨和审视这种观点。

问题的关键还是马克思宗教观的前提预设。今天看来，"人性可以满全"完全是近代欧洲人理性空前膨胀所导致的一种自我意识。科学的发展让人们感觉到人的理性足以知晓宇宙的全部奥秘，技术和工业的发展让人们发现可以凭借人的生产不断改善整个人类的物质生活，自由市场体系的形成让人们看到人可以用自由的买卖关系促进公私财富的共同增长，民主政体的建立让人们觉得人可以按照理性原则重新构造自己所理想的社会关系、政治制度和国际秩序，人权观念的普及让人们相信人仅靠自己就能确立和颁行道德与价值原则。如果人所希望的东西都可以靠人自己的力量求得，还要上帝做什么呢？人不就已经是自己的上帝了吗？就像《国际歌》中所唱的那样："从来没有什么救世主，也不靠神仙皇帝，要创造人类的幸福，全靠我们自己。"可见，马克思的宗教观完全是他那个时代和社会的产物，是人本主义大潮中掀起的一个惊涛巨澜。

20世纪人类所经历的各种巨大灾难已经教训了人们，当今的人类已不再那么骄傲、那么轻狂。人性不管如何发展，终归是有限的。通过物质解放精神，通过必然获得自由，如果不是停留于观念的辩证，而是诉诸实践，那就一定会被大打折扣。马克思主义在中国实践的结果跟当初理论上宣传的目标状态相隔天渊，就是这种折扣的最好例证。人性不可能满全，这是马克思之后的人类历史，包括以马克思主义为指导的社会主义运动史，包括其在中国的部分，带给我们的最深刻的教训。

其次要反省的是马克思宗教观的还原论方法。马克思认定复杂的人类社会生活归根到底由物质生产力以及与之相适应的生产关系所决定，一切问题的解决都取决于这个决定层面的演化情况，宗教本身没有独立的存在基础，它只是物质生产领域衍生出来的一种精神性的副现象。如此将宗教现象还原为物质生产现象，在有助于得出无产阶级革命的结论的同时，却丧失了理解宗教现象的复杂性的契机。今天看来，宗教的产生和存在，其原因千头万绪，任何还原主义的解释，包括物质生产还原论的解释，都定会挂一漏万。比如，人性的不可能满全或许就是一个比物质生产更加重要、更加基础的原因。只要人性不能满全，它跟人心中对满全的渴望就无法统一，宗教以及各种准宗教的产生和存在就难以避免。所以，还原论这种19世纪的思维方式在解释宗教现象以及其他社会现象上的效力就需要重新评估。

至于马克思关于异化及其扬弃——不论宗教的异化及其扬弃还是劳动

的异化及其扬弃——的辩证法，以及关于历史终局的思想，本来就是从基督教的堕落与救赎结构和末世论中来的，如果也有问题的话，则是这个传统共同的问题。

马克思宗教观中需要省思的内容还很多，但已超出了这篇文章的容量，只能留待今后去处理。

五 结语：在神事与人事间经常地划界

概括起来，马克思的宗教观是文艺复兴和启蒙运动以后激进的反宗教思潮的一个结果。他否定神的存在，是因为他认为人凭借自身的发展可以臻于完善的境界。其所以有宗教，就是因为人尚未达到应有的发展程度，因而不得不以一种虚幻的方式去满足自己对完善性的要求。马克思跟其他无神论者的不同在于，他所标举的人的完善，是指人类所有个体自由地联合起来，实现对自然、社会和人自身的掌控，达到人类在知识、能力与价值上的满全。通达这一终极目标的方式是生产力、科学技术的不断进步，这种进步在最后一个阶段所采取的是资本主义市场经济的方式，这种方式以财富的增长为目的，造成人类个体之间的普遍的和全面的依赖关系，并将这种关系异化为跟人对抗的状态。但资本主义生产方式包含着自我否定的逻辑，其异化的方面终将遭到否定，其发达的生产力和社会联系则将得到保留，并转化为所有个人自由全面发展的手段。到了那个时候，宗教将彻底失去存在的基础。

马克思的宗教观有其现实的针对性，他希望克服宗教在解决政治、经济等现实问题上的保守性，将人类解决自身问题的能力尽量发挥出来。就此而言，他的观点包含着值得同情理解的内容。但是，毋庸讳言，马克思彻底人本主义的理论前设是成问题的，人类无论怎么发展都不可能满全，在发展的较高阶段所暴露出的人性局限可能更多、更大，20世纪的种种灾难，包括社会主义实践中的灾难，就是明证。

这就让我们不得不换一种思路考虑问题。一方面，宗教没有能力包揽一切，没有能力在解决信仰问题的同时，又去插手甚至主宰经济问题、政治问题以及文化教育等各种各样问题的解决。历史的经验表明，凡是宗教担负社会功能过多的地方，卷入世俗的利益纠葛过深的地方，它的正常的功能都发挥得不好，人们对它的意见和怨气也最大。马克思对宗教的批判很大程度上就是由当时基督教深陷普鲁士国家事务所引发的。所以，宗教改革也好，宗教批判也好，就其帮助宗教进行功能"瘦身"，回归其本分而言，还是有积极意义的。

另一方面，人发挥主体性，努力运用自己的聪明才智解决自身的各种问题，这是应该的，但这绝不意味着人有能力解决自己的一切问题，绝不意味着人可以忘掉自己存在的限度。人只有在运用理性时时刻意识到理性的限度，在追求世俗价值时时刻懂得这些价值的相对性，才会在实际事务中多一分收获，少一分失意。相反，如果以为人可以凭借知识、金钱、权力、武器、社会关系掌控一切，规划一切，实施一切，不仅人类事务，甚至连自然的运行都可以任意操纵，那么，其结果一定是适得其反，满盘皆输。社会主义计划经济试图用人的理智安排来组织无比复杂的社会经济生活，到头来却弄得一团混乱，就足以说明这一点。这使笔者不由得想起少年马克思的一句话："人是自然界唯一达不到自己目的的存在物"。① 所以，真不知是成年前的马克思更正确还是成年后的马克思更正确。

既然如此，能够得到的结论便很简单了：既不要把人事还原为神事，也不要把神事还原为人事，既不要把经济、政治等世俗问题还原为宗教问题，也不要把宗教问题还原为经济、政治等世俗问题，而是要在神事和人事之间、在世俗问题和宗教问题之间进行合理的划界。并且，由于人类生活的整体是一条流变的河流，在其中不可能划出固定的、永远适用的界限，因而有关的划界只能在实践中经常地进行，随时地调整。为此，必须抛弃还原主义的思维方式，既不能认为有了信仰就会天上掉下来面包和公正，也不能认为只要解决了经济、政治等问题，就不会再发生信仰问题了。当然，笔者在此并无否认神事与人事、宗教与世俗事务间存在联系的意思，更不会主张去割断其中的联系，而只是强调它们之间的异质性（heterogeneity），强调要用划界的思维去处理这种异质的关系。

最后，让我们再比较一下在这个问题上的两种不同说法，并借此结束全文。

在《反杜林论》中，恩格斯批判"谋事在人，成事在神"的观点，把"神"解释为"资本主义生产方式的异己支配力量"。他认为："当谋事在人，成事也在人的时候，现在还在宗教中反映出来的最后的异己力量才会消失，因而宗教反映本身也就随着消失。原因很简单，这就是那时再没有

---

① 马克思：《根据〈约翰福音〉论信徒同基督结合为一体》，《马克思恩格斯全集》第 2 版第 1 卷，1995，第 450 页。

什么东西可以反映了。"①

在福音书中，耶稣的说法则是："凯撒的，就应归还凯撒；天主的，就应归还天主。"②

参考文献

《马克思恩格斯全集》中文第 1 版第 1、2、3、4、19、20、42、49 卷，人民出版社，1956 ~ 1982，北京。

《马克思恩格斯全集》中文第 2 版第 1、10 卷，人民出版社，1995、1998，北京。

《马克思恩格斯选集》中文第 2 版第 1、3 卷，人民出版社，1995，北京。

马克思：《资本论》第 1 卷，人民出版社，2004，北京。

Marx and Engels on Religion, Schocken Books, 1964, New York.

费尔巴哈：《基督教的本质》，荣震华译，商务印书馆，1997，北京。

戴维·麦克莱伦：《卡尔·马克思传》，王珍译，中国人民大学出版社，2005，北京。

《圣经》，思高圣经学会出版社，民国九十二年，台北。

说明：完稿于 2005 年 9 月 21 日，在"2005 年海峡两岸宗教与社会学术研讨会"（台湾中国哲学会主办，台北）上宣读，主要部分刊载于《马克思主义哲学研究》（2006）（武汉大学马克思主义哲学研究所主办，湖北人民出版社，武汉，2007 年 3 月第 1 版）。

---

① 恩格斯：《反杜林论》，《马克思恩格斯全集》中文第 1 版第 20 卷，人民出版社，1971，北京，第 342 ~ 343 页。

② 《玛窦福音》22 ~ 21，《马尔谷福音》12 ~ 17，《路加福音》20 ~ 25，《圣经》，思高圣经学会出版社，民国九十二年，台北，第 1542、1577、1628 页。

认知先于修辞

—— 马克思恩格斯意识形态观的核心原则

一 问题：马克思主义意识形态观的修辞转向

意识形态观是指关于意识形态的基本观念。马克思主义意识形态观形成于马克思和恩格斯合著的《德意志意识形态》，迄今已有160多年的演化史。这一演化是由大大小小的具体变化所组成的，其中一个原则性的变化是从认知维度先于修辞维度的观念到修辞维度先于认知维度的观念的转变，我称之为马克思主义意识形态观的"修辞转向"。

在我看来，认知先于修辞是马克思恩格斯的意识形态观的核心原则。该原则的主旨是：判断一种理论学说（主要指人文社会领域的理论学说）是科学还是意识形态，唯一的标准就是认知上是否为真——凡是真实地描述和概括了社会历史事实的理论学说就是科学，反之则为意识形态；尽管科学和意识形态都要借修辞的力量来说服人，但科学所要求的修辞始终服务于揭露真相、发现真理的需要，而意识形态所要求的修辞则往往起掩盖真相、歪曲真理的作用。正是基于这一原则，马克思和恩格斯才对意识形态持否定态度，而把自己的理论学说称作科学，并将二者尖锐地对立起来。

马克思和恩格斯之后的马克思主义者逐渐把意识形态变成了一个中性的概念，并将马克思主义本身也称作意识形态，跟资产阶级的意识形态相对峙。其间，夺取并巩固思想文化领域的领导权，维护无产阶级及其政党的利益，跟资产阶级以及一切反对力量作斗争，被规定为马克思主义这种意识形态的本质和使命。这种情况下，由谁说话、让谁说话、为谁说话、向谁说话、说什么话、怎么说话就成了马克思主义理论活动的首要考虑，至于所说的话是真是假或真理性品质如何反而成了次要的事情。于是，马克思主义意识形态观的核心原则就从马克思和恩格斯的认知先于修辞变成了修辞先于认知。

尽管代复一代的马克思主义者实际参与了马克思主义意识形态观的修辞转向，尽管当下的马克思主义仍然处在这个转向的历史效果中，但这个转向本身却一直没有得到清楚的揭示，包括没有被马克思主义者们所自觉意识到。

本文不拟详细考察这个转向的历史过程，而只拟通过一个自创的分析框架来呈现马克思和恩格斯在阐述其意识形态观时所持有的认知先于修辞的原则，借此为人们观察和衡量这一转向提供一个基准。

二　分析框架：意识形态的认知维度与修辞维度

1. 符号意识的两个维度

人的意识可分为直观意识和符号意识两个层面，前者是人运用被自然所赋予的生理机能直接认知对象（包括人自身这种特殊的对象）的一种意识，后者是人运用其所发明的语言等符号间接认知对象的一种意识。直观意识虽然直接、确定，但缺乏足够复杂的分辨机制，并且对不在直观范围的事物无法认知。符号意识既以直观意识为最终基础，又大大超出了直观意识的局限——它既可以凭借千差万别的符号去分辨事物，又可以通过用符号去表示不在直观范围的事物来实现对于它们的意识。

符号意识的基本功能无疑是认知。符号的一个根本特点是：它是用来表示跟自身有别的对象的。此即是说，符号跟它所表示的对象既有一致性——符号是对象在意识中的代表，又是两个不同的东西——一个是代表者，一个是被代表者。符号意识用充当主词的符号去指代对象，用充当谓词的符号去述谓对象，由此实现对于对象的认知。当主词所指代的对象在直观中存在，而谓词所述谓的种类或特征又在对象身上有直观对应物时，符号意识就算成功地认知了对象。反之，如果主词所指的对象不在直观中存在，或者谓词的述谓在对象身上没有直观对应物，那么，符号意识对于对象的认知就是不到位的，或至少是悬疑的。

然而，人不可能也不必要对任何符号意识都诉诸直观去加以认定。对于不在自己直观中的事物，人们可以通过符号意识的人际交流来认知。如是，符号意识就还有一种交流的功能。交流得以进行的前提是符号的公共性，交流的成功以人际信任为基础。

不论认知还是交流，符号意识归根到底都是为人的生活实践服务的。仅就认知主体与其对象的关系来看，认知的目的在于求得真知，而真知可以助益于主体的生活实践。不过，符号意识的人际交流却不是简单的真知共享。由于主体之间存在着复杂的利害关系，真知的价值在主体之间的分布并不平衡，因而交流的目的往往在于利害的博弈或调适。如是，主体间对于符号意识交流的内容和形式，即交流什么和怎样交流，就充满了利害权衡和策略考量，相关的符号使用技巧就是本文所说的修辞。

由此可见，符号意识至少包含两个维度：其一是涉及符号和对象之间关系的主客维度，即认知维度；其二是涉及符号使用主体之间关系的维度，即修辞维度。在认知维度上，符号意识以真假为主题，以无违逻辑和直观属实为目的，所考虑的是语义。在修辞维度上，符号意识以利害为主题，以使人信服和实现意图为目的，所考虑的是语效。这两个维度在理论分析中可以这样分开来说明，但在实际的符号意识行为中却无法截然分开。

2. 意识形态的两个维度

意识形态是一种高度发达的符号意识。它至少有这样三个基本特征：（1）它是关于总体的符号意识；（2）它是系统性的符号意识；（3）它是用于操控实践的符号意识。

本文所谓总体，是指一种由巨量的个体所组成的整体。个体和总体的一大区别在于：个体不超出直观意识的范围，而总体则要超出这个范围。当我们跟个体打交道时，不论个体是人是物，也不论交道是纯粹的认知还是实践，由于一切都在直观的范围之内，因而符号意识可以随时随处跟直观意识相参验、相因应。于是，这种符号意识就呈现出彼此不可通约的异质性特征。与此不同的是，当我们跟由巨量的人和物所组成的总体打交道，比如跟国家、社会、民族、世界之类的东西打交道时，由于这些总体超出了任何个人的直观范围，因而人们对它的认知只能以局部直观加想象、推导的方式进行。这样获得的认知必定是同质性的。

关于总体的同质性认知发展到一定程度就成为系统化的符号意识，也可称为观念体系。这种体系往往既包罗万象，又一理贯通，俨然是总体的意识副本。可实际上，它只是关于总体的一种推导性认知体系，其推导的根据不过是推导者对于总体的局部直观，其推导的起点不过是推导者在总体的无数特征中所看重的某些特征。即使对这些特征的指认在局部直观中属实，即使推导过程没有问题，这种体系也只是总体某一局域的事实、某一方面的特征的写照，而非总体的全方位的综合反映。因此，站在总体的不同局域，拣选总体的不同特征，会得到不同的观念体系，其中，每一个都以总体为对象，都试图包揽对总体的把握，可到头来无不各得一偏，争执不下。

更重要的是，这些体系都不是单纯出于认知目的搞起来的，而是为了用来操控总体性实践的，比如或者是用来治国平天下的，或者是用来造反干革命的。这种情况下，主张某一体系而不主张其他体系，跟主张者及其所代表的社会群体的经济利益、政治地位、文化价值等非认知性的因素有关，并且往往直接出于其具体实践的理论需要。一旦加进了实践的规定，关于总体的系统性的符号意识就成了意识形态。

可见，意识形态既有一般意义的符号意识所没有的特征，如它是关于总体的符号意识，同时也包含所有符号意识所共有的两个维度，即认知维度和修辞维度。在认知维度上，意识形态必须以对总体的一定的局部性直观事实为基础，必须有关于总体全局的合理的推导体系。在修辞维度上，意识形态不论直接还是间接都要计虑其表达和交流对于总体的实践影响，不论有意还是无意都会把相关话语在总体实践中的效益最大化作为根本追求。也就是说，意识形态既要在语义上有一定程度的真实性，也要在语效上有一定程度的说服力。

三　马克思和恩格斯意识形态观的文本考察

1. 对意识形态的主要指控——"虚假的意识"

马克思主义的意识形态观最早是由马克思和恩格斯在《德意志意识形态》中提出来的。在这部著作中，马克思和恩格斯把从黑格尔哲学中繁衍出来的包括费尔巴哈、布·鲍威尔和施蒂纳等人的学说在内的几种理论体系称为"德意志意识形态"，把道德、宗教、形而上学等称为"一般意识形态"，并对它们展开了激烈的批判。这种批判在两人其后数十年的著述中一直延续着。

统而观之，马克思和恩格斯对意识形态的主要指控是：意识形态是一种"虚假的意识"。这可以从以下三个方面来看。

第一，意识形态的根本错误是一种认知错误。

马克思和恩格斯对代表德意志意识形态的青年黑格尔派曾批判道：

"既然根据青年黑格尔派的设想，人们之间的关系、他们的一切举止行为、他们受到的束缚和限制，都是他们意识的产物，那么青年黑格尔派完全合乎逻辑地向人们提出一种道德要求，要用人的、批判的或利己的意识来代替他们现在的意识，从而消除束缚他们的限制。"① 也就是说，在他们看来，青年黑格尔派的错误在于主张意识决定存在、对意识的改变决定对存在的改变。

马克思和恩格斯则持相反的主张。对此，他们的论证是：

> 思想、观念、意识的生产最初是直接与人们的物质活动，与人们的物质交往，与现实生活的语言交织在一起的。人们的想象、思维、精神交往在这里还是人们的物质行动的直接产物。表现在某一民族的政治、法律、道德、宗教、形而上学等的语言中的精神生产也是这样。人们是自己的观念、思想等等的生产者，但这里所说的人们是现实的、从事活动的人们，他们受自己的生产力和与之相适应的交往的一定发展——直到交往的最遥远的形态——所制约。意识在任何时候都只能是被意识到了的存在，而人们的存在就是他们的现实生活过程。如果在全部意识形态中，人们和他们的关系就像在照相机中一样是倒立呈像的，那么这种现象也是从人们生活的历史过程中产生的，正如物体在视网膜上的倒影是直接从人们生活的生理过程中产生的一样。②

在这段话中，马克思和恩格斯以思想、观念、意识和物质活动、现实生活这两种现象之间的最初级、最简单的关联状态为依据，说明前者是后者的产物。进而，他们认为意识形态对此的颠倒理解本身也是由现实生活的问题所造成的。在这个方面，他们的结论是："不是意识决定生活，而是生活决定意识。"③

尽管马克思和恩格斯的论证过简过粗，但他们的断言却是非常明确的，即：意识和存在的真实关系是后者决定前者，而意识形态则认为是前

---

① 马克思、恩格斯：《德意志意识形态》，《马克思恩格斯选集》第1卷，人民出版社，北京，1995年6月第2版，第65～66页。
② 马克思、恩格斯：《德意志意识形态》，《马克思恩格斯选集》第1卷，人民出版社，北京，1995年6月第2版，第72页。
③ 马克思、恩格斯：《德意志意识形态》，《马克思恩格斯选集》第1卷，人民出版社，北京，1995年6月第2版，第73页。

者决定后者，这不只不符合事实，而且与事实刚好相反。这是马克思和恩格斯对意识形态的最根本的指控，这种指控显然是从认知维度来考虑的。

第二，意识形态的错误表现为充当阶级统治的修辞工具。

在马克思和恩格斯看来，意识形态的根本错误在于没有正确地认知意识与存在的关系，而这同一件事情的另一面则是：意识形态实际上是充当了阶级统治的修辞工具。

关于这方面，首先，就统治阶级的情况而言，马克思和恩格斯说道：

> 统治阶级的思想在每一个时代都是占统治地位的思想。这就是说，一个阶级是社会上占统治地位的物质力量，同时也是社会上占统治地位的精神力量。支配着物质生产资料的阶级，同时也支配着精神生产资料，……就是说，他们还作为思维着的人，作为思想的生产者进行统治，他们调节着自己时代的思想的生产和分配，……例如，在某一国家的某个时期，王权、贵族和资产阶级为夺取统治而争斗，因而，在那里统治是分享的，那里占统治地位的思想就会是关于分权的学说，于是分权就被宣布为"永恒的规律"。[①]

其次，就新兴阶级的情况而言，他们说道：

> 每一个企图取代旧统治阶级的新阶级，为了达到自己的目的不得不把自己的利益说成是社会全体成员的共同利益，就是说，这在观念上的表达就是：赋予自己的思想以普遍性的形式，把它们描绘成唯一合乎理性的、有普遍意义的思想。[②]

这就是说，不论已经成为统治阶级的阶级还是想要成为统治阶级的阶级，都把意识形态作为辩护自身统治的手段，都把于己有利却并不属实的东西"说成是"真理，"说成是"客观、普遍、永恒的东西。"说成是"就是一种修辞的做法，它不是以求真为目的，而是以利己为目的，即通过

---

① 马克思、恩格斯：《德意志意识形态》，《马克思恩格斯选集》第1卷，人民出版社，北京，1995年6月第2版，第98~99页。

② 马克思、恩格斯：《德意志意识形态》，《马克思恩格斯选集》第1卷，人民出版社，北京，1995年6月第2版，第100页。

把假的东西"说成是"真的以达到利己的目的。

第三，意识形态的认知错误并非有意撒谎。

尽管马克思和恩格斯认定意识形态是虚假意识，但他们并不认为这是有意撒谎的产物。对此，恩格斯在晚年曾有过一段明确的论述，他说：

> 意识形态是由所谓的思想家通过意识、但是通过虚假的意识完成的过程。推动他的真正动力始终是他所不知道的，否则这就不是意识形态的过程了。因此，他想象出虚假的或表面的动力。因为这是思维过程，所以它的内容和形式都是他从纯粹的思维中——不是从他自己的思维中，就是从他的先辈的思维中引出的。他只和思想材料打交道，他毫不迟疑地认为这种材料是由思维产生的，而不去进一步研究这些材料的较远的、不从属于思维的根源。而且他认为这是不言而喻的，因为在他看来，一切行动既然都以思维为中介，最终似乎都以思维为基础。①

事实上，当初托拉西提出"意识形态"（ideologie，可直译为"观念学"）概念并开创这门学问，的确不是出于帮统治者有意撒谎的目的。"托拉西之所以提出意识形态的学说，目的是建设一门基础性的哲学理论，即'观念学'，并通过'从观念还原到感觉'的方法，摈弃宗教、形而上学及其他各种传统的、权威性的偏见，从而在可靠的感觉经验的基础上，重新阐发出政治、伦理、法律、经济、语言、教育等各门科学的基本观念。"②可能正因为如此，他才遭到拿破仑的打压。

不仅托拉西的意识形态不是有意撒谎，那些被马克思和恩格斯冠以"意识形态"称号的各种理论学说，包括《德意志意识形态》中所批判的各种学说，也都不是有意撒谎。或者说，尽管它们可能也有"质量降低、原料掺假、伪造商标、买空卖空、空头支票"等由理论的市场竞争所导致的种种问题③，但其要害不在于它们是为了统治需要而进行的有意撒谎。

一句话，马克思和恩格斯对意识形态的定性是：虚假意识而非有意撒谎。

---

① 恩格斯："致弗·梅林（1893 年 7 月 14 日）"，《马克思恩格斯选集》第 4 卷，人民出版社，北京，1995 年 6 月第 2 版，第 726 页。

② 俞吾金：《意识形态论》（修订版），人民出版社，北京，2009 年 8 月第 1 版，第 30 页。

③ 参见马克思、恩格斯《德意志意识形态》，《马克思恩格斯选集》第 1 卷，人民出版社，北京，1995 年 6 月第 2 版，第 63 页。

2. 意识形态的对立面——作为"真正的知识"的"实证科学"

马克思和恩格斯对意识形态的上述定性，还可以从他们关于意识的正面主张上得到印证。在他们看来，跟意识形态这种"虚假的意识"相对立的是"实证科学"这种"真正的知识"。他们说：

> 在思辨终止的地方，在现实生活面前，正是描述人们实践活动和实际发展过程的真正的实证科学开始的地方。关于意识的空话将终止，它们一定会被真正的知识所代替。对现实的描述会使独立的哲学失去生存环境，能够取而代之的充其量不过是从对人类历史发展的考察中抽象出来的最一般的结果的概括。①

不管马克思和恩格斯的这种说法有没有问题或有什么问题，其中的这层意思是十分清楚的，即：在他们心目中，正确的理论学说的本质在于它是对实际生活的真实情况的描述和概括，他们自己的学说就是如此。这显然是从认知维度来立论的。

至于马克思和恩格斯根据什么认定自己的学说不是意识形态，而是实证科学，不是"虚假的意识"，而是"真正的知识"，笔者尚未找到他们的专题性自我辩护。不过，根据他们的理论，可以这样来解释：因为他们代表的是一个特殊的阶级，即无产阶级，这个阶级是由阶级社会的发展史所必然造就的，其使命是消除一切阶级②，所以，代表这个阶级的学说就是这种历史真相的反映，并且是最具普遍性的。

众所周知，马克思和恩格斯从来都把自己的学说旗帜鲜明地看成无产阶级的思想武器。不过，这里需要强调的是，他们从未觉得这一点对自己学说的认知品质会有什么负面的影响，更未因此改变认知维度在自己学说中的优先地位。关于这个方面，恩格斯就明确说过："科学越是毫无顾忌和大公无私，它就越符合工人的利益和愿望。"③ 这表明，在恩格斯看来，他们的学说非但不必为了有利于工人阶级而把假的"说成是"真的，反而

① 马克思、恩格斯：《德意志意识形态》，《马克思恩格斯选集》第1卷，人民出版社，北京，1995年6月第2版，第73~74页。
② 参见马克思、恩格斯《共产党宣言》，《马克思恩格斯选集》第1卷，人民出版社，北京，1995年6月第2版，第282、294页。
③ 恩格斯：《路德维希·费尔巴哈和德国古典哲学的终结》，《马克思恩格斯选集》第4卷，人民出版社，北京，1995年6月第2版，第258页。

由于不把假的"说成是"真的，才最有利于工人阶级；相比之下，官方科学则总是要考虑"职位、牟利"和"上司的恩典"，① 因而难免把假的"说成是"真的。

四 关于认知先于修辞的核心原则——归纳与评议

从上面的文本考察可知，马克思和恩格斯评判一种理论学说是不是意识形态的标准是认知上的真假性——一种学说，只要把假的"说成是"真的，就是意识形态；反之，只要所言为真，就不是意识形态。意识形态把假的"说成是"真的，这是一种修辞活动。不过，这种修辞活动尚不是有意撒谎。或者说，意识形态的虚假性主要不是由意识形态家的主观故意造成的，而是由该意识形态所竖立其上的社会存在的具体情况造成的。意识形态家往往自以为在揭示真相，追求真理，但其实是在充当阶级统治的辩护工具，即，或者为统治阶级维护其统治地位服务，或者为被统治阶级夺取统治地位服务。马克思和恩格斯自己的理论之所以不是意识形态，就是因为它不仅认知到了人类历史通过无产阶级而走向阶级消亡之终局的真相，而且成了指导这一革命进程的真理。

以上就是马克思和恩格斯的意识形态观的基本观点，而贯穿其中的核心原则就是：认知先于修辞。

不用说，马克思和恩格斯的意识形态观包含了许多重要的洞见，具有很高的学理价值。不过，这种观点也存在一些明显的局限。一方面，马克思和恩格斯把意识形态仅仅归结为社会存在的扭曲性影像，而没有广泛深入地探究其多样而复杂的成因，尤其是没有探究其作为意识本身的内在机理。另一方面，马克思和恩格斯没有意识到理论学说的认知维度和修辞维度具有异质性关系，这种关系决定了任何理论学说都不可能做到两全其美。正是这些局限为日后马克思主义意识形态观的修辞转向埋下了伏笔。

说明：成稿于 2010 年 1 月中旬，发表于《思想战线》2010年第 3 期。

① 参见恩格斯《路德维希·费尔巴哈和德国古典哲学的终结》，《马克思恩格斯选集》第4卷，人民出版社，北京，1995 年 6 月第 2 版，第 258 页。

专题四
关于马克思主义的思想张力

马克思主义：
从建构性理想到调节性理想

——借康德的视角来看

一　导论

　　马克思主义从产生至今已经一个半世纪多了，从传入中国至今已超过一个世纪，从开始成为中国的国家意识形态至今也已五十多年。这段时间，放在整个人类历史中不算太长，但相对个体生命而言，已是好几代人的光景。最近二十多年，中国出现了有史以来最为迅猛的经济发展以及相应的极其深刻的社会变化。30 年前，笔者所在的那个川西平原村落连电灯都没有，谁曾料想如今父母子女、兄弟姐妹可以用移动电话、互联网络互相联系？如果以改革开放启动的 1978 年为分界线，社会主义中国迄今为止的历史刚好可以分为两个 28 年。明年（2006）是文化大革命爆发四十周年和结束 30 周年，其间的 10 年是前 28 年中危机最为深重的时期。相比之下，最近 10 年无疑是后 28 年中发展最见成效的时期。这两个 10 年有多么的不同，只有亲身经历过的人才真正知道。但不管是哪个时期，马克思主义都是国家意识形态。同一种意识形态对应着两种差异极大的社会状况，这中间必定有许多值得我们认真反省和深思的东西。马克思主义对中国来说，究竟起什么作用？——过去起过什么作用？如今起着什么作用？将来应起什么作用？这之间有何联系和区别？这些都是马克思主义研究者必须面对和回答的问题。

　　时至今日，我感到，中国社会已经进展到这样的程度：对马克思主义的研究可以有两种进路，一是意识形态的进路，二是学术的进路。前者服从和服务于现实政治对意识形态的要求，具有直接的实践品质，或者说其本身就是政治实践的一个环节。这种研究的作用和意义是毋庸置疑的。后者以弄清马克思主义的学理事实为目的，按照学术规范进行操作，其品质直接地讲是理论的，但可以作为实践的潜在资源。这种研究的必要性和价值也正在被注意到，并有理由得到更加充分的重视。本文对马克思主义的研究属于后一种进路。

从本文的特定学术视角观察，马克思主义在中国，从一开始到现在，主要是被当作一种社会理想来接受的。它在近现代中国社会歧路彷徨时，提供了最具吸引力和说服力的奋斗目标、方向和道路，凝聚了当时社会的优势力量，赢得了政权，造成了社会主义的局面。但是，这一理想的性质和内容在社会主义中国两个 28 年间发生了重大的变化，其实质概括地说就是：在头一个时期，马克思主义被当作一种建构性社会理想，而在后一个时期，它正在变为调节性社会理想。造成这一变化的事实性原因十分复杂，但从哲学学理看可有一解。

西方哲学讲社会理想成型于柏拉图。柏拉图把理想的城邦看作现实的城邦应当仿效的模型，是一种理智世界的存有。不过，这种理智世界的存有跟感性世界的存有究竟是什么关系？理想的城邦如果存在于跟现实的城邦完全不同的领域，那它如何实际地作用于现实的城邦？反之，如果理想的城邦不是存在于一个完全不同的领域，那它的理想性如何体现？对此，柏拉图自己尚未讲清楚。在现代思想家中，马克思是唯一把社会理想的高度、纯度和具体性强调到柏拉图程度的一位。不过，他处理理想和现实的关系的方式跟柏拉图显著不同，即不是把二者看成两个不同世界的存有，而是将理想看作现实自身发展的终极状态，是人类历史的必然结果。然而，不管是柏拉图式的理想还是马克思式的理想，在付诸实践的过程中都遭遇到意想不到的情况，前者根本无法实施，后者实施后大大走样。这就让我想到康德。

康德关于理想有一套独到的理论，跟柏拉图和马克思都有联系，又很不相同。尽管他也讲社会理想，但其理论的特色却在于对理想的性质作形上的批判，把纯粹理性的理念和理想界定为调节性的，同时揭示了建构性理想的思维错误。长期以来，我们已习惯于从马克思出发去指摘别人的问题，包括康德理论的不足，但为什么不可以反过来考虑一下：是否从他人的视角，包括康德的视角也能反观马克思的问题呢？康德关于理想的建构性和调节性的观点就是一个非常适宜的理论视角，可以帮助我们对马克思的社会理想做出新的观察和认识。

本文要做的工作是：介绍和阐释康德的建构性和调节性概念，借以分析马克思和马克思主义在社会理想上的理论困难，说明马克思主义在实践中从建构性社会理想到调节性社会理想的变迁的合理性，并对马克思主义作为调节性社会理想加以进一步的学理定位。

二 康德的两个概念：建构性与调节性

1. 理论语境

在我看来，康德最重要的理论贡献在于对现象和物自身的区分，以及相应地对自然和自由、科学知识和道德原则等所作的一系列区分。现象是必须借由我们的感官才能被意识到的一个领域，科学知识是我们用主观的先验范畴整理经验直观材料的结果，这个领域表现为各种现象之间的永无尽头的相互关联和接续，是一个外在必然性起作用的领域，在此意义上叫作自然的领域。物自身是现象所由显现的那个本体，凡是进入感知的都是现象，所以本体一定在感知之外，从而也就在经验知识之外。本体既然是现象后面的支撑，所以一定是起作用的，但由于其起作用的方式不由感官来表象，亦即不表象为现象间的无休止的环环相连，因而它得以被悬设为一个以自己为开端的原因，这就是自由的根据。自由从自己开始，不由在先的现象引起，因此需要自己给自己提供一个据以行动的原则，这就是道德律。由于上述区分，自然规律和道德法则分别得以可能。

在人类思维中有三种不同的概念。第一种是经验概念，如三角形、金属、人之类。这种概念有感官经验的内容，通过直观对应着一定的经验对象，是思维加工经验材料的结果。第二种是知性概念，如单一性、多数性、全体性、实在性、否定性、因果性、可能性、必然性等。这种概念不对应于也不依赖于任何感官经验的对象，相反，正是由于它们在经验材料中的应用，经验性概念才被制造出来。在此意义上，它们属于纯粹概念，又叫先验范畴。如，全体性概念被应用于特定的眼、耳、口、鼻和肢体构造等直观的单元，以及若干这样的单元的共同特征，人的概念才得以产生。"人"既对应着特定的可以直观到的对象，又包含着多个对象的共同性。第三种概念是纯粹理性的概念，如心灵、宇宙、上帝。这种概念似乎对应着某种经验对象，其实不然。如"宇宙"，似乎跟"人"一样，也是全体性加诸有关经验材料的结果，但实际上，"宇宙"作为包罗万有的总体，是一种至大无外的存有，它是由我们的理智推论出来的，而不是由我们的感官感知到的，所以它只是一个纯粹概念，并没有一个经验直观的对象与之对应。或者说，如果"宇宙"有与之对应的对象的话，那这个对象只是理智对象，而非经验对象。在此意义上，纯粹理性的概念又叫先验理念。在上述三种概念中，知性概念不指称任何对象，特点清楚，容易辨识。经验概念有对应的感官对象，但比较具体，出了问题也容易发现。最麻烦的是理性概念，它们本来没有可以对应的感官对象，却显得好像有这样的对象，或者说它们本来只是纯粹概念，却往往被当作经验概念来使用，以至于对它们的分析说到底不过是哲学思辨，却常常以实证描述的面貌出现，由此导致了层出不穷的问题。

经验概念和先验范畴属于现象界，关乎自然规律和客观知识。理性概念属于本体界，关乎自由意志和道德原则。不过，理性概念在现象界也可以有所作为，这就是对经验认识起一种调节性作用。在此意义上，理性概念具有连接两个领域的功能。当然，在实际运用中，理性概念经常被误作经验概念，用来建构一种关于本体界的虚假的知识。康德在知识领域的苦心就在于剥除理性概念的建构性而呈现其调节性，从而恢复其先验理念的本质。

2. 建构性和调节性的基本涵义

康德对这两个概念的论述主要集中在《纯粹理性批判》的"先验辩证论"中，较典型之处有"纯粹理性在宇宙论理念上的调节性原则"一节（A509、B537）和"先验辩证论附录"。"建构性的"德文为 konstitutiv，即英文的 constitutive；"调节性的"德文为 regulativ，即英文的 regulative。（英译本见 Smith 本，第 450 页）这两个概念的主要汉译有："建立的"和"训导的"（郑昕，第 52 页）、"建立的"和"指导的"（吴康，第 143 页）、"构成的"和"统制的"（蓝公武，第 378 页）、"组织性"和"限定性"（韦卓民，第 478 页）、"构成性"和"调节性"（邓晓芒，第 417 页）、"建构性"和"范导性"（李秋零，第 417 页）、"构成性"和"规范性"（《西方哲学英汉对照辞典》，第 192 页）等。这些译词合起来可能就是这两个概念的辞典意义。

康德提出建构性和调节性概念，是为了解决纯粹理性概念的正确使用问题。

"所有的一般纯粹概念所涉及的是诸表象的综合统一，而纯粹理性概念（先验的理念）所涉及的却是所有一般条件的无条件的综合统一。因而一切先验理念都将能够纳入三个等级之下：其中第一级包含思维主体的绝对的（无条件的）统一，第二级包含现象的诸条件系列的绝对统一，第三级包含思维的所有一般对象之条件的绝对统一。"（B391，A334，邓晓芒译本，第283页）相应的理念就是心灵、宇宙、上帝。这些理念依据范畴的线索可以展开为不同的样式。在这三种理念中，康德又把上帝称作先验的理想。理想不仅是理念，而且具有个体性。

这些理念的主要作用是在道德领域，但在知识领域也有不可取代的作用，即调节性作用。在"先验辩证论附录"中，康德专题讨论了"纯粹理性诸理念的调节性运用"。他指出：

> 理性永远不直接和一个对象发生关系，而只和知性发生关系，并借助于知性而和理性自己的经验性运用发生关系，所以它并不创立任何（关于客体的）概念，而只是整理这些概念，并赋予它们以在其最大可能的扩展中所可能具有的那种统一性，也就是在与诸序列的总体性关系中的统一性，知性则根本不是着眼于这个总体性，相反，知性所注意的只是诸条件的序列处处都借以按照概念而完成的那种连结。所以理性真正说来只把知性及其合目的性的职能当作对象，并且，正如知性通过概念把杂多在客体中结合起来一样，理性那方面也通过理念把概念的杂多结合起来，因为它为知性行动的目的设立了某种集合的统一性，不然这些知性行动就只是致力于分殊的统一性。
>
> 因此我主张：先验理念永远也不具有这样一种建构性的运用，仿佛由于这种运用某些对象的概念就会被给与出来，而在我们这样理解先验理念的情况下，它们就只是一些玄想的（辩证的）概念了。但与此相反，它们有一种极好的、必要而不可或缺的调节性运用，就是使知性对准某个目标，由于对这目标的展望，一切知性规则的路线都汇集于一点，尽管这个点只是一个理念，即一个诸知性概念并不现实地从它出发的点，因为它完全处于可能经验的边界之外，然而却用来使这些知性概念除最大的扩展之外还获得最大统一性。……
>
> 如果我们对我们的知性知识在其整个范围内来加以概览的话，那么我们就会发现，理性在这方面完全独特地加以指定并力图实现出来的东西，就是知识的系统化，也就是知识出自一个原则的关联。这种理性统一性任何时候都是以一个理念为前提的，就是说，这种理念有

关知识的一个整体的形式，这整体先行于各部分的确定知识，并包含有先天地确定每个部分的位置及其对别的部分的关系的那些条件。因此这个理念设定了知性知识的完备的统一，由此这种知识就不只是一个偶然的聚合，而成为了一个按照必然法则关联起来的系统。我们其实并不能说这个理念是一个有关客体的概念，而只能说它是关于这些概念的通盘统一的概念，只要这种统一被当作知性的规则。这样一些理性概念不是从自然中获得的，毋宁说，我们根据这些概念来审问自然，并且只要我们的知识与它们不相符合，我们就将这些知识看作是有欠缺的。（A643，B671～A646，B674，邓晓芒译本，第506～508页。引用时"构成性"改成了"建构性"。）

康德自己已经把道理讲得十分清楚了。纯粹理性的这些理念不是用来表示实际存在着跟这些理念相应的直观对象，不是用来增加关于这类对象的经验知识，而是作为一种无条件的最高统一性观念，用以显示我们一切既有的经验知识的不足，并引导我们的知性不断向着完备和统一进展。也就是说，当我们使用心灵、宇宙和上帝这类概念时，不能认为它们是可以直观到的对象，更不能认为我们用这些概念真的向人们提供了某种经验知识，因为心灵不过是一个表示意识的最高统一性的概念，宇宙不过是一个表示外部事件的最高统一性的概念，上帝不过是一个表示所有一切的最高统一性的概念。

在三种先验理念中，跟本文要讨论的问题联系最密切的是有关宇宙论的理念，即宇宙或世界整体，亦即外部世界各种条件序列的总和这个概念。康德对纯粹理性在宇宙论理念上的调节性原则有专门的阐释。他认为，这样一个总体性的原理并没有给作为自在之物的感性世界添加什么真正的说明，它不过是向经验性的认识提出了在经验条件的序列中不断朝着最大值回溯的任务而已。他说：

> 所以这条理性的原理真正说来只是一条规则，它在给予的诸现象的条件序列中要求一个永远也不允许停留于某个绝对无条件者之上的回溯。所以它就决不是经验的可能性及感官对象的经验性知识的原则，因而也不是什么知性原理，因为任何经验都是被包括在自己的（与给予直观相适应的）边界中的；也决不是理性把感性世界的概念扩展到超出一切可能经验之外的建构性原则，而是对经验进行最大可

能的延续和扩展的原理，根据这条原理，任何经验性的边界都不得被看作绝对的边界，因而它是一条理性原则，它作为规则而设定在回溯中应当由我们做的是什么，而不是去预测在一切回溯之前在客体中自在地给予了什么。因此我就把这条原则称之为理性的调节性原则，而与此相反，作为在客体中（在现象中）自在地本身被给予的诸条件序列的那个绝对总体性原理就会是一条建构性的宇宙论原则了，它的无效性我正是要通过这个区别指出来的，并要借此来防止人们，不要（通过先验的偷换）把客观实在性归于某个只是用作规则的理念，而这在其他情况下是不可避免地要发生的。

为了恰如其分地规定纯粹理性的这一规则的意义，那就必须首先注意，它不可能告诉我们什么是客体，而是告诉我们，为了达到客体的完备概念，必须怎样进行经验性的回溯。（A508，B536～A510，B538，邓晓芒译本，第416～417页。引用时"构成性"改成了"建构性"。）

这段话的意思也极为明确。康德要提醒我们的无非是：当我们使用到关于外部世界的总体性概念的时候，任何情况下都只是在使用一个调节性概念，而不是在通过这些概念去表达关于世界的任何经验性认识，即不是在建构任何意义上的经验知识。

通过对纯粹理性概念的正当功能的澄清，康德戳穿了传统形上学能够提供关于心灵、宇宙、上帝这类终极性存有的实存性知识的神话，从而一方面从经验知识中清除了纯粹思辨的成分，把经验性知识的严谨性程度实质性地提升了一步，另一方面通过指明理念的调节性而给理念问题的研究赋予了新的功能，即理性批判，包括理性在知识领域的自我批判和在道德领域对经验的批判。顺便一提的是，在当代中国的哲学探索中，孙正聿教授所做的工作与此类似，并且，他的工作所实际针对的正是那套无视康德这一训导的教科书哲学的错误。这一点也是本文要深入分析的。

当然，纯粹理性及其理念的根本用途还在道德领域。纯粹理性在思辨运用中不建构经验知识而只调节对经验对象的认识，这似乎是一种缺陷。但这些理念正因为经验无涉，所以才能够在实践领域支撑起摆脱了经验计虑干扰的纯而又纯的道德律，以及道德生活的至善理想。康德希望这种道德律能够作为自由的原因介入到计虑打算的经验生活之中，从而改善现实生活的道德状况，并使之不断趋近至善的生活理想。不仅如此，康德还根据其纯粹理性的道德原则设计了国家内基于普遍人权的社会关系和国家间主权平等基础上的永久和平，以之作为政治实践的标尺和鹄的。相对于人类的经验生活来说，康德的道德理想是一种纯粹的理想，他知道经验世界不会出现跟这种理想完全对应的状态，但这不仅不表明理想有问题，反而是它的至高价值所在。同时，这种理想并不是虚妄的臆想，因为它不仅应该而且必然对现实生活发生影响。在他这里，理想的纯粹性和有效性是一致的，它们都是纯粹理性非经验运作的结果，亦即纯粹理性适得其所、发挥所长的结果。

由此可见，康德通过提出调节性原则，在理性理想和经验现实之间划出了一条清晰的界限，同时也为二者的关联找到了一种特别的方式。尽管这种学说在解决前人的问题时又发生了自己的问题，但其为理性所划出的这条界限作为批判哲学的一个核心成果却具有永恒的学理价值。康德自己也表示要"把这些记录存入人类理性的档案中，以防止将来犯类似的错误。"（B732，A704，邓晓芒译本，第546页）

三 马克思主义理想的建构性

1. 马克思的历史概念与共产主义概念

对康德哲学来说，现象与物自身之分既是其高明之处，也是其问题所在。这种划分固然成就了纯粹的道德，却将经验世界拱手让给了必然性，让人在经验生活的必然链条中只能徒然挣扎。针对这一弊端，黑格尔将本体放回到现象之中，亦如当初亚里士多德将柏拉图的理念放回到质料之中一样。同时，在康德那里被空间性分割的理想和现实在黑格尔这里变成了时间性安排，即理想是现实的历史终点，这也很像亚里士多德把柏拉图的理想从"原型—摹本"的二元结构中摘取过来放到他自己的"形式—质料"分环勾连的链条尽头一样。对黑格尔来说，这个既是现象又是本体、既是现实又是理想的东西就是绝对精神，它按照辩证逻辑的程式把自己表现为不同的样态，通过若干的环节达到彻底的实现。于是，在康德那里被小心分开的东西又更加紧密地结为一体。黑格尔确实解决了康德由划界带来的诸多问题，但是，不可否认的是：他为此付出的代价恰好是康德竭力让大家避免的。

马克思直接地是黑格尔的传人，所不同的是，他用物质生活的生产方式代替了黑格尔的精神。在马克思看来，物质生活是一个必然性的领域，这个领域按照某种客观规律不断发展，其终极状态是人类的普遍自由。跟康德在必然之外找自由不同，马克思的自由是必然性领域自身演化的客观结果。马克思觉得自己高于黑格尔的地方在于，黑格尔的精神的辩证演化不过是思辨理性的逻辑推导，因此难免康德式的指控，而他的物质生活的客观规律却是他从经济学等实证研究中揭示出来的，所以不存在康德所说的误用理念的问题。可实际情况怎样呢？

从康德的理论视角看，马克思的经济学、历史学、人类学等研究可以纳入经验科学范畴，尽管康德当时只承认两门经验科学，即数学和力学。这个领域的研究必须严守从感性直观的材料中寻求知识的原则，不能超越感性经验的界限去论断物自身的实存性，所有属于纯粹理性的概念都不能作建构性使用，而只能作调节性使用。但是，马克思的理论并不接受这样的原则，这一点集中表现在他对历史和共产主义两个概念的使用上。

在马克思那里，历史指人类在自然中生活的动态性总体，所有的人类生活要素、关系（包括人与自然、人与人的关系）、事件、过程、价值、目的等都包含在这个概念里。按康德的标准，这是一个典型的关于外部世界的理念，跟他所谓的宇宙或世界整体相仿。如果对这个概念作调节性的使用，则这个概念不过意味着任何可以感性直观到的现象都不能被看作条件序列的边界或终点，而只能看作其他现象的结果，经验认识必须不断从一个现象追溯另一个现象，并寻求理解的统一性，以期更加接近这个概念所提示的总体，尽管不可能实际达到这个总体。但马克思对这个概念的使用却明显是建构性的，即他总是力图通过这个概念去传达一种关于这个总体的实存性知识。诸如"全部人类历史的第一个前提是……"（《德意志意识形态》，《马克思恩格斯选集》第2版第1卷，第67页）、"至今一切社会的历史都是……"（《共产党宣言》，《马克思恩格斯选集》第2版第1卷，第272页）、"生产和一般历史运动的关系又是……"（《〈政治经济学批判〉导言》，《马克思恩格斯选集》第2版第2卷，第15页）等提法都表明了这一点。这种推论的特点就是将经验对象和理念放在同一层面构成因果联系，或者从前者推出后者，或者从后者推出前者。比如，如果发生某种现象，"人类社会的史前时期就以这种社会形态而告终"。（《〈政治经济学批判〉序言》，《马克思恩格斯选集》第2版第2卷，第33页）因为经济的社会形态的发展是"自然史的过程"，所以靠"铁的必然性"就能断言某种现象的发生。（《资本论》第1卷"第一版序言"，《马克思恩格斯选集》第2版第2卷，第100~102页）

按马克思的推论，历史的终极目的是共产主义，这也是价值上最理想的状态。这种状态既是历史必然性的终点，又是人类普遍自由的起点，是历史本身的满全。它因为具有经验事实意义上的必然性，所以可以从物质生活现象的研究中推知与预言；同时又因为它是自由的起点，所以对必然性的追溯只能到此为止。尽管马克思仍然不得不把共产主义社会的物质生产领域保留为必然性的领域，但它所支撑的人类生活的主要舞台都是自由的天地。这样一来，马克思实际上就为我们勾勒出了作为经验现象之总体的历史的边界，而纯粹的自由就在边界的那一边。可是，按照康德的看法，这样的总体无非是一个有条件者的诸条件的总汇，它本身不再是有条件的，而这样的概念并不真的对应着某种可以直观的对象，它只是纯粹理性的理念而已。至于纯粹自由的状态，由于没有经验必然性的内容，更是一个理念了。

所以，从康德的视角看，共产主义的最真的意义其实在于它是一个理念，或者是一个仅仅可以用理念来规定的理想。它所起的就是康德的上帝的作用。这个理想的特点在于将人性中最宝贵、最值得追求的价值汇聚成一个整体，其实践意义在于给资本主义的现实高悬一面最人道的明镜，引入一股源于自由理性的批判性力量。当然，这种分析是马克思本人无论如何不能接受的，因为他的全部关切就在于彻底推翻资本主义和最终实现共产主义，他绝不会认为自己是在用一种理念状态去代替一种经验状态，就像不会认为是在用美人的画像去代替不那么美的真人那样。

需要补充说明的是，笔者曾经认为马克思的学说半是哲学半是科学，这从本文的角度亦可予以佐证。马克思学说的精神实质的确是对现实的批判，是对理想的标举，并且这些东西的确属于哲学范畴，可他跟其他哲学家不同的是，他试图用科学的方式去证明这一切的经验实存性，因此犯了康德所说的建构性地使用理念的错误。

2. 恩格斯的自然、社会和思维的最普遍规律

单从现有文本看，至少晚期恩格斯的许多想法跟马克思或早期马克思和早期恩格斯的想法有明显差异。马克思的总体性概念是历史，恩格斯为人熟知的总体性概念则是由自然、社会和思维所构成的无所不包的整体，他所要探寻的就是"关于自然、人类社会和思维的运动和发展的普遍规律"。(《反杜林论》，《马克思恩格斯选集》第2版第3卷，第484页)

恩格斯讨论问题的典型方式，是从星云、太阳系、地球、生物等自然科学最新提供的经验事实一直铺陈到有关社会、思维的最新成果，然后以辩证法的规律予以通盘规定。他特别欣赏康德早期的自然科学见解，而对康德的物自身痛加挞伐，这也表明他不认为存在着什么经验和理念的区别。所以在恩格斯那里，我们尤其能够清楚地看到现象和本体、经验和理念之间毫无阻隔的推导关系。既可以从"麦粒—植株—麦粒"这一直观现象推出宇宙总体服从否定之否定规律的结论，也可以从自然总体的客观辩证法推出电的正负极、化学的吸引和排斥直到民族的进步与倒退等现象的辩证关系。这种方式表现出了一种无所不通、无所不解的惊人解释力量。当然，其所以如此，就在于它抹去了康德划出的那条界限。

依康德之见，罗列再多的经验材料也不可能使我们的知识达到足以超出经验的地步，无所不包的总体并非已然给予的感性直观对象，再多的实例也堆积不出这样的对象。事情恰恰相反，仅仅因为有了一个大全般的总体概念，一切的经验实例才被规定了一个有限的位置，一切的经验知识才显出了自己的限度，才需要不断地扩展和整合。所以，恩格斯的那个总体概念本来只该用作调节性概念，却被误用成了建构性概念。

恩格斯对理念的建构性使用直接影响了苏联和中国的马克思主义观念。在声名狼藉的教科书哲学的长期熏染下，人们早已习惯了理念和经验之间的混为一谈，习惯了用理性思辨冒充真正的实证知识，并且不是把马克思主义领悟为调节现实的理性理想，而是看成建构经验生活的公式和教条，造成了严重后果。

3. 卢卡奇的总体性辩证法

真正将马克思及马克思主义的总体性观念从学理上加以清楚揭示的是卢卡奇。不过，他没有把这个观念看作纯粹理性的理念。

在《历史与阶级意识》中，卢卡奇指出了一个特别的现象："科学"通过学科分工而把世界变成了一些相互分割的"事实"或"事实群"，并通过描述其中的规律而达到肯定这个世界的意识形态目的。这种状况源于自然学科，继而在社会历史领域蔓延开来，并在资产阶级的各专门学科和修正主义的"进化"理论中发展到一种令人不能容忍的程度。这些学科和理论将资本主义社会还原为一系列彼此孤立的"事实"，在其中，人类历史演进的总的联系、资本主义社会在这一联系中作为一个特定环节的地位、无产阶级革命的历史意义等统统不见了。

在卢卡奇看来，那些被资产阶级学科所分门别类把握的"事实"不过是历史"总体"中的特定环节，是一种物化的历史客体。作为该客体组成部分的无产阶级在一定条件下又会成为历史主体，该主体将在马克思主义教育下达到自我意识，并通过革命实践推翻资本主义社会，建立共产主义社会，从而实现自己作为主体和作为客体的统一，实现马克思主义的理论和无产阶级的实践的统一。所有这一切都是由历史"总体"所内在包含的辩证逻辑所规定的，马克思主义就是这种逻辑的理论表达。"因此，对马克思主义来说，归根结底就没有什么独立的法学、政治经济学、历史科学等等，而只有一门唯一的、统一的——历史的和辩证的——关于社会（作为总体）发展的科学"。（卢卡奇，第 77 页）

卢卡奇的贡献在于向我们挑明了马克思主义需要总体性的原因，这就是要对资本主义的经验事实从价值上作根本否定。这也表明了康德将总体性概念定性为纯粹理性的理念、定位在道德领域的卓越洞察力。与此有关，人们才会在直觉上感到似乎卢卡奇在思想上比其他人更加接近马克思。

当然，卢卡奇绝无将马克思康德化的意图，他从学理上揭示马克思总体性观念的结果，是更加自觉地去坚持和发扬该观念的建构性，即要用历史总体这样的观念向人们传达对资本主义必然灭亡、无产阶级必然胜利的历史趋势的经验确证。可是，需要总体性，不意味着能够经验地给出总体性；实证科学看不到革命，只是因为它无法超出经验的界限。

既然马克思主义理想的建构性已经从学理上得到充分展现，它向调节性转化就不可避免了。

四　马克思主义理想的调节性

康德给纯粹理性划出的界限如果真有效力的话，是不可能越得过的，即使理论上越过了，实践中也不行。马克思主义一百多年来发生了很大变化，不管在西方还是在东方，一个总的趋势是：它的理想的建构性不断弱化，而调节性不断凸显。

如果某一些经验现象能够决定总体，比如，如果资本的垄断化和工人的贫困化这些可以通过经济学观察到的现象足以让我们确认历史整体的运行方向和规则，那么这个总体之中就不会再发生任何真正新颖的东西，即便发生也不会改变历史的轨道。反过来，如果历史的方向和规则在总体上已经被确认，而且被认定为经验的或可经验的事实，那么任何实证观察到的现象若与之不符，除了表明这种现象根本不该发生而外，不再有任何意义。不仅如此，既然总体已经清楚，它就要当仁不让地来理论地重组经验现象，和实践地重构经验生活。只有等到这样的重组和重构遇到不可克服的障碍时，总体才会撤回纯粹理性的大本营，重新为自己找寻作为理念或理想的位置。这个过程既表现为一种幻灭，又表现为一种蜕变后的新生。

如果总体的理念被调节性地使用，它就不会自己跳到经验世界中去代替甚至强制经验认识与经验生活，而是在知识领域作为一个永远填不满的至大的括号，引导经验认识不断地去填充，在价值领域作为一个最为标准的规范，帮助经验生活作不断的反省和改进。

马克思主义就其精神实质而言应当是一种调节性理想，但就其现实关怀而言却是一种建构性理想。马克思本人将他的经验和理念打造为一个理论系统，并且坚信其真理性，他没有理由放弃其中任何一点，不管是建立公有制，还是搞阶级斗争、暴力革命。可是，那些采纳和实行马克思主义的人却遭遇到了在建构性和调节性之间鱼和熊掌不可得兼的难局。对此，西方的马克思主义者和东方的马克思主义者做出了不同的考量和选择。

英国的社会主义者也赞同马克思关于经济平等和社会公正的一些基本原则，但不认同他对许多经验事实的理解和实际措施的设计。比如，费边社的韦伯就认为："因国有、公有取自私人财产而不付给补偿，极不公允，英国人永远不会同意这种作法。"（段家锋，第 161 页）这种极端尊重私有财产的特殊民族价值跟马克思的暴力剥夺资产阶级的思想格格不入，单单这一点就让马克思的革命主张在英国失去了影响力。对马克思来说，特殊民族价值对历史总体的运行没有实质的意义。但对英国人来说，仅仅这一价值就足以让他们拒绝马克思的建构性总体。这也表明对总体性概念作建构性使用是缺乏效力的，因为任何一个意外的经验现象都可能对之造成解构性的后果。循着费边社的思路，英国人没有去建构马克思式的总体，而只是建构了经验的福利国家制度。不过，这倒不意味着马克思主义对他们没起任何作用。仔细辨识就会发现，马克思理想的调节性意涵其实已经一定程度地体现在福利国家制度中了，而这可能才是马克思主义最恰当的效能。

德国人对马克思的理想有更多的信任和更大的热忱。但是，当他们面对不断扩大的选举权和不断改进的议会制度时，他们陷入了两难境地。究竟是通过寻求人民的选举支持来推行社会主义理想，还是用暴力将这个理想加诸所有人头上？一次又一次的争论和挫折之后，考茨基说：没有自由就没有社会主义。（段家锋，第 125 页）他这样讲，是因为他相信，既然自由是马克思主义理想的灵魂，也是历史必然要实现的目的，不断觉悟起来并且有了自由选举权的人民迟早会选择走公有制的社会主义道路的，暴力强加既无必要，更损害人民的自由。可他没有想到的是，如果马克思主义理想的实质意义不在于它的建构性，或者说它的建构性在思维的根基上就存在问题，那么，听任人民选择的结果很可能就是这种建构模式永远不被选择。德国一个多世纪来的戏剧般的历史再次表明，经验世界包含着无穷无尽的丰富性和复杂性，其中的确定性只能经验地寻求，诉诸历史总体这样的概念丝毫不会帮助人们在经验知识和经验生活中收获更多的东西。不过，尽管德国人没有自由地选择马克思主义的社会主义道路，但他们没有选择的其实只是马克思主义理想的建构性内容，而它的调节性内容从他们认定自由的至高价值开始就坚定不移地选择了。

相比之下，俄国人和中国人更执著于马克思主义理想的建构性，并且成功地做出了各自的建构。可是，这种经验地建构起来的马克思主义理想，最缺乏的恰恰就是马克思所寄寓的那种理想性，即每个人的自由发展。对于马克思主义理想，特别是马克思本人的理想来说，抽掉了自由就等于抽掉了灵魂，就等于要了它的命。如果这种情况下还有什么建构的话，其所建构的就只能是理想的外观，是没有灵魂的空壳。这样的建构不仅没有缩短跟理想的距离，反而拉大了这种距离；不仅无补于实际，反而伤害了人们对理想的感情。其实，柏拉图早就说过，画美人的意义不在于去证明这个美人的真实存在。（柏拉图，472D，第 213 页）康德也说，如果想要将理想实现到一个实例即现象中，就一定会遭遇到经验世界的种种限制，其结果不仅这个实例不能体现这个理想，而且理想本身也会招致怀疑。（A570，B598，邓晓芒译本，第 457 页）俄国 20 世纪末的经验事实无情地背叛了几代俄国人曾坚信不疑的历史总体的逻辑：他们最终不仅抛弃了他们对马克思主义理想的经验建构，而且连理想本身也似乎给抛弃了——婴儿和洗澡水又一次被一起倒掉。

面对这个难题，中国人还在摸索解决之道。搞计划经济还是搞市场经济，这属于经验生活的问题。经验生活的目的是幸福，如果市场经济更有助于实现这一目的，那有什么理由拒绝它呢？可市场经济又是一种物化的经济，人在其中被金钱所驱使，自由受缚于资本的逻辑。马克思批判市场经济，就是因为他的最高价值是超越资本逻辑的自由，或者说是高于幸福的自由。如果马克思知道计划经济相比市场经济来说既不能增加幸福，还更加远离自由，那他绝对是要加以反对的。如果马克思主义者借助历史总体这样的观念所建构的计划经济之路不能通达其自由理想，如果中国人的幸福生活还不得不仰给于资本的逻辑，那我们又该把曾经高高举起的马克思主义理想放到何处呢——继续举着，拎在手上，揣进衣兜，悄悄扔掉？更重要的是：如果要继续保有它，那我们到底要拿它来派什么用场呢？这些年来，当单纯追求 GDP 而忽视了生态恶化、贫富悬殊、治安混乱、权力腐败、道德堕落等问题时，我们听到了来自社会各方面对全面发展的呼吁，看到了政府实施全面发展的各种举措。这说明，尽管经验生活是片面的，但我们的理性中不乏全面的理想，并且这种全面的理想比片面的经验还要实在，这是一种道德价值上的实在，它对经验现实能够起到一种鉴照和矫正的作用。应该知道的是，这种全面发展的理想正是马克思主义理想的一个重要内涵。从这一事例不难看出，马克思主义理想在当今中国正在找寻自己新的位置和发挥新的作用，它不在经验的手上，而在理性的心中，其作用就是调节我们的经验知识和经验生活。

上述分析表明，马克思主义作为一种社会理想，一百多年来确实存在一个从建构性到调节性的演变趋势，并且，这种变化显然不是由单纯的理论沉思造成的，而是人类经验生活的各种现实力量反复冲突和不断调适的结果。这同时也表明了康德划出的那条界限不只存在于他的头脑中，而且具有客观的真实性和有效性。

五　全球化时代的马克思主义：作为调节性理想之一种

早在 60 年前，我国老一辈的康德哲学专家郑昕先生在他那本被誉为"我国认真介绍康德哲学的第一部专著"的《康德学述》的"弁言"中提到："超过康德，可能有新哲学，掠过康德，只能有坏哲学。"（郑昕，第 1 页）在回到康德的视角看过马克思和马克思主义之后，这句话的意味对我们来说尤显深长。不过，这里绝无褒扬康德而贬抑马克思之意，他们的学说在人类思想史上都属于最重量级的。郑先生的话启发我们的是：要想消除通常所谓的康德哲学面对现实时的无力感，就一定要跨越现象和物自身之间的鸿沟，但如果因为跨越的需要而抹杀二者的界限，又一定会重犯康德之前的那些哲学所犯过的错误。纯粹理性的这些错误往往连"最有智慧的人也不能摆脱"（A339，B397，邓晓芒译本，第 287 页）。所以，对郑先生的话或许可以这样来解读：任何哲学，其超过康德的部分可能是新的，但掠过康德的部分只能是坏的。当然，这句话具有普适性，也可以用在马克思身上：任何哲学，其超过马克思的部分可能是新的，但掠过马克思的部分只能是坏的。

这样一来，我们就会发现，事情可能要比简单的孰是孰非复杂得多。康德的好处和坏处，马克思的用心和问题，其在各自的理论体系中往往都是密不可分的。我们曾经通过马克思看到康德的不足，现在又通过康德看到马克思的问题。我们如果扩大理论的视界，还会发现人类历史上所有得到公认的大师无不有这样的情况。他们各自在消除前人错误的同时又犯下新的错误而由后人去克服，在专注己意的同时可能忽略了先辈的遗训而反为后世所诟病。任何思想家，不管他自己有多大的抱负，有多高的自我期许与评价，都只能发现和解决他能力和条件范围内的问题，都只能产生和发挥具体时代和境况所要求于他的作用。这就要求我们今天在重新思考人类理想的问题时，不能搞"唯有马克思"，也不能搞"没有马克思"；不能搞"唯有康德"，也不能搞"没有康德"。

21世纪是一个全球化的时代，把马克思主义理想的调节性作用放到这个背景下讨论，还会让我们进一步发现：不光是马克思主义可以充当调节性理想，康德的思想、柏拉图的思想、儒家的思想、基督教的思想以及一切包含着积极价值、为不同人群以至整个人类共同珍视的那些思想财富无不可以充当调节性理想。在此意义上，马克思主义可以定位为调节性理想之一种，或者说调节性理想的一个维度。这一定位，既适用于马克思主义在中国的情况，也适用于其在全球的情况。

如果此说不谬，接下来还有两个方面的问题需要考虑。其一，马克思主义理想原本是一个整体，如何才能将其调节性内涵跟建构性内涵分离开来？马克思主义理想在全球化时代究竟在哪些方面可以发挥调节性作用？如何发挥这种作用？当然，这方面的问题也可以用来针对其他理想，特别是其他同样具有建构性质的理想。其二，众多异质性的调节性理想如何共处？这些理想有无可能化多为一？如果不行的话，它们之间发生冲突怎么办？如何才能尽量发挥各自的所长而避免可能的冲突？马克思主义理想在其中扮演何种角色？这方面的问题需要一切有理想的主义一起来回答，包括需要马克思主义来回答。至于本文，在提出这些问题后，任务就算完成了。

在结束这个探讨时，我不禁想起我国另一位老一辈的康德专家吴康先生。吴先生是巴黎大学的哲学博士，曾经在笔者目前供职的中山大学担任哲学教授兼文学院院长。也是60年前，他在中大的课堂上开始讲授康德哲学，数年后将讲稿付梓台岛。书序中，他盛赞康德"从根本上奠定科学知识王国之疆界，戒绝其扩张领土之野心"，"经界分明，质文洞澈"，同时批评黑格尔"通现象绝对而为一，貌似圆融，而中实浪漫"，"骡括宇宙人物，举玄学科学，悉汇纳于其中，穷覆载之心情，极浪漫之能事。"并指"马克思派之辩证唯物论"为黑格尔哲学的"末流之弊"。（吴康，第4页）吴先生的态度和观点或可商榷，但他在马克思主义成为中国国家意识形态之前就对相关问题有了如此深度的学理洞察，着实令我惊讶与钦佩。半个多世纪后，中国社会和马克思主义都经历了太多的沧桑，也是作为中山大学的教师，笔者亦从康德反思马克思主义，这种历史的巧合实在让人感慨系之。

参考文献

《马克思恩格斯选集》第2版第1~4卷，人民出版社，1995。

康德：《纯粹理性批判》，邓晓芒译本，人民出版社，2004；蓝公武译本，商务印书馆，1995；韦卓民译本，华中师范大学出版社，2000；李秋零译本，中国人民大学出版社，2004。

Kant：*Critique of Pure Reason*, translated by Norman Kemp Smith, China Social Sciences Publishing House, 1999, Beijing.

柏拉图：《理想国》，郭斌和、张竹明译，商务印书馆，1997。

卢卡奇：《历史与阶级意识》，杜章智、任立、燕宏远译，商务印书馆，1992。

郑昕：《康德学述》，商务印书馆，2001。

吴康：《康德哲学》，台湾商务印书馆，民国八十年。

段家锋：《第二国际史》，台湾商务印书馆，民国七十六年。

尼古拉斯·布宁、余纪元：《西方哲学英汉对照辞典》，人民出版社，2001。

说明：完稿于2005年7月1日，发表于《吉林大学社会科学学报》2006年第1期。

先验的自由与经验的自由

——为"文革"爆发 40 周年、结束 30 周年而作

今年是无产阶级文化大革命爆发 40 周年和结束 30 周年。作为研究马克思主义的学者，我感到有责任在此时报告一点从专业角度所作的反省。

这篇文章不议论"文革"的具体事情，只想抽象地谈谈自由的问题，以此对"文革"有所鉴照。

在思想史上，有两位把自由理论朝相反方向往极致推动的思想家，一位是康德，一位是马克思。康德区分自然和自由，把自由看成道德律的终极根据。这是从人心中去挖自由的根子，属于自由哲学的先验进路。马克思把自由王国看成人类历史的终极状态，那是全部人类活动既合规律又合目的的必然归趋。这是从社会历史中去开显自由的前景，属于自由哲学的经验进路。

可在我看来，康德的自由不够先验，马克思的自由不够经验。

康德的自由固然是先验的，可是，当他从这个概念引出特定的道德原则（以人为目的的普遍理性主义道德原则）、特定的权利观念（现代人权观念）、特定的政体设计（共和国）和特定的国际关系模式（永久和平）时，他就从先验领域僭越到了经验领域。康德从自由引出的这些观念支撑着整个西方现代价值乃至当代人类的核心价值，它的意义是毋庸置疑的。可是，这样的推论一定没有问题吗？用先验的概念支撑经验的主张，就好比拿"地基"这个词去支撑我家所在的这栋大楼一样。难怪人们要批评康德的观念软弱无力。

马克思的自由固然是经验的，他要在物质生产这个最实在的基础上，以暴力革命这种最实在的方式，去实现人类此岸的圆满。可是，他用生产力的高度发展、公有制、无产阶级革命和专政等经验因素所支撑起来的那种每个人的自由跟所有人的自由相统一的状态，不就是康德式的先验理想吗？马克思的这种经验的自由无疑具有巨大的魅力，国际共产主义运动的事实表明了这一点。可问题在于，如果我家所在大楼的地基只撑着一张主体部分的设计图纸，那我岂不只能居住在空气之中？这也就是马克思自己划清了跟空想社会主义的界限，可还是有人要说他的东西是乌托邦的原因所在。

可见，关于先验的自由和经验的自由，情况比康德和马克思这些大师已经想到的还要复杂。本文将先探讨先验自由和经验自由这两个概念，再对康德和马克思的观点进行分析，然后阐述两种自由的关系，最后通过对"文革"的简要评论来结尾。

一 关于先验自由和经验自由的概念

把先验的自由和经验的自由对举，在我有限的阅读和检索范围内，尚未发现此前有谁这样做过。其所以如此，我想根本的原因在于，这里提出的是一个跟过去人们已经讨论过的颇为不同的问题。

据称，自由（英文 free）这个词有 200 多种含义。[①] 区分这些含义显然不是本文的任务。这里只想着重说明康德的先验自由概念和本文的先验自由概念的联系与区别，以及本文的经验自由概念跟马克思等人的自由概念的关联。

康德对自由概念所作的一个重要区分，是先验的自由和实践的自由。美国康德专家亨利·阿利森 1990 年曾出版了一本书，叫《康德的自由理论》，其中第三章专题讨论"实践的自由和先验的自由（practical freedom and transcendental freedom）"。[②] 通过参阅其中的梳理并究考康德原著就能基本达到本节厘清概念的目的，至于康德对自由概念不断改写和调整的情况则不是本文要涉及的问题。

---

① *The Shorter Routledge Encyclopedia of Philosophy*, ed. by Edward Craig, Routledge, London and New York, 2005, p. 287.

② 参见亨利·E. 阿利森著《康德的自由理论》，陈虎平译，辽宁教育出版社，2001，第 70 页。

先说康德的先验自由概念。

在《纯粹理性批判》"先验理念的第三个冲突"中，康德通过两个矛盾的命题及其阐释对先验自由问题作了专门讨论。其正题是："与自然规律相一致的原因性（causality）不是世界的单个现象和所有现象都可以由之导出的唯一的原因性。为了解释这些现象，有必要假定，还存在另外一种原因性，即自由（freedom）的原因性。"反题是："不存在自由；世界上的每件事物仅仅依照自然规律发生。"① 其中，正题所讲的"自由的原因性"就是先验的自由；正题肯定这种自由，反题否定这种自由。

康德对正题的证明和注释大意如下。假定世界上只存在一种类型的原因，即自然的原因，或由自然规律来表示的原因，一切现象都可以而且只能由这种原因去解释，那就会导致一个自相矛盾的结论，即没有什么自然规律。因为自然规律的特点在于通过搞定原因而搞定结果，可是，如果原因之前总有原因，这个链条是无限的，那么，我们实际上不可能最终搞定任何原因。所以，这就要求我们必须假定存在一种能产生结果却没有原因的原因，它是一种绝对的自发性、绝对的开端，可以独立开启一个因果序列。这个不是由另一个原因按自然规律必然引起的而是完全自发地开始的原因，就叫做自由的原因或原因性，它的自由就叫做先验的自由。

相关的反题的意思是：虽然假定自由的原因可以引入一个绝对的开端，从而为自然规律提供一个基础，但是，这样一来，当我们解释自然现象时，就会同时采用自然和自由两种完全不同的原因，自然规律的必然性就此瓦解。因此，先验的自由对自然认识来说成事不足、败事有余。

康德通过这两个矛盾命题表明：先验自由的问题在对自然现象的认识领域，或科学知识、理论知识领域，是无法得到解决的，正反题各有好处，又各有致命缺陷，且刚好互相冲突。或者说，我们不可能对自由的原因形成任何经验性认识，因为这个绝对自发的开端没有任何与之匹配的感性直观材料相佐证。但是，无论如何，正题（包括二律背反的其他正题）却有"一种确定的实践利益，……世界有一个开端，我的思维自身具有单纯的因而不可拆解的本性，它在其自主行为中是自由的，并被提升到了自然的强制之上，最后，在组成世界的万事万物中所有的秩序都归因于一个

---

① 康德著《纯粹理性批判》A444－445、B472－473，译文依据 Norman Kemp Smith 英译本，中国社会科学出版社，1999，第409页；参照邓晓芒汉译本，人民出版社，2004，第374页。

最先的存有，每个事物都从它取得其统一性和目的性联结——如此多的这些东西都是道德和宗教的基石。"① 这就是说，由正题所表达的诸理念，包括先验自由，乃是实践中的道德、良心、责任等所能最终溯及的总根据，尽管我们没法给出可靠的经验知识的证明。

概言之，康德的先验自由概念有两层所指：直接所指的是作为现象世界的绝对开端者的自由，这是一种宇宙论意义上的神性的自由；间接所指或涵摄的是人的意志的自由，这是理性心理学的内容。意志的自由以神性的自由为依据。

由此就过渡到实践自由的概念。

如果按照反题所主张的观点，实践中的人就毫无自由可言，人的一切看似自由的作为其实都是因果链条的必然环节。这样一来，人就失去了一定要为自己的作为承担责任的理由，道德和宗教的根基由此消解。这种情况下，康德提出实践自由的概念，就是要说明，尽管人生活在经验世界，但他的意志仍然具有一种独立开启一个因果序列的本性和能力，就凭这一点，人就应该为自己的行为承担责任。

康德给实践自由的具体规定有两个方面。消极地说，"人身上存在着一种独立于任何经过感性冲动而来的强迫的自我决定能力"，"实践意义上的自由就是意志对经由感性冲动而来的强迫的独立性。"② 积极地说，有两种意志，一是由感性冲动所规定的动物意志，一是由理性所规定的自由意志；实践的自由就是"在规定意志中的理性的原因性"。③ 也就是说，所谓实践的自由，就是独立于感性冲动而用理性来规定意志的力量，它能开启一个由事件组成的因果序列。

康德的难处在于这两个概念的关系。一方面，如果世界上根本没有先验的自由，则实践的自由归根到底是一种幻象，小处看好像是自由，大处看还是自然。所以，实践的自由要求有先验的自由作根据。另一方面，实践的自由不仅可以经验地证明，而且还有理性的规律可循，而先验的自由

---

① 康德著《纯粹理性批判》A466、B494，译文依据 Norman Kemp Smith 英译本，中国社会科学出版社，1999，第 424 页；参照邓晓芒汉译本，人民出版社，2004，第 389 页。

② 康德著《纯粹理性批判》A534、B562，译文依据 Norman Kemp Smith 英译本，中国社会科学出版社，1999，第 465 页；参照邓晓芒汉译本，人民出版社，2004，第 434 页。

③ 康德著《纯粹理性批判》A802 – 803、B830 – 831，译文依据 Norman Kemp Smith 英译本，中国社会科学出版社，1999，第 633 ~ 634 页；参照邓晓芒汉译本，人民出版社，2004，第 610 ~ 611 页。

独立于感官世界起作用，跟一切可能的经验相违背，所以先验的自由并不能真正起到为实践的自由奠基的作用。

其实，康德在自由问题上的理论需求并不复杂。他的根本用意在于，通过论证人具有一种真正意义的自由，从而为道德责任奠基。真正意义的自由一定不能由另一个原因来规定，它必须是一个现象序列的绝对开端，因此，它无论如何要有一种先验品质。真正意义的自由又不能全无规定，否则即使说明了自由也不能说明道德，而康德归根到底在乎的是道德。意志不由感性冲动来规定就是自由的，但自由意志只有由理性来规定才是有规律的，因而才是道德上可靠的，才是应当负责的。用理性的规律来规定自由意志，就是康德所谓的自律。自律的自由意志最终是要起作用的，它的落脚点和全部意义在于实践，在于促使经验世界尽可能接近道德理想。因此，真正意义的自由还必须是实践的。可见，康德理论上所要求的自由其实既是先验的又是实践的，他的困难只是在于无法统一对自由的理论哲学论证和实践哲学论证，以及本体进路的论证和认识进路的论证。

进一步讲，康德的实践自由概念实际上是包含了先验自由的预设的。同时，它虽说可以从经验上得到证明，并且要在经验中起效，但不能因此认为它就是经验的，相反在意志的规定上，它是绝对排斥经验的。所以，实践的自由只能叫做以先验干涉经验的自由。本来，任何意义的先验自由都要干涉经验，否则先验自由就是孤绝而无意义的存有。但康德进路的先验干涉经验，是用他的道德律干涉经验生活，这就涉及康德的实践自由概念不够先验的一面，我们先存而不论。这里只确认其实践自由概念既有的先验性内涵。

康德之后，费希特区分过先验的自由、宇宙的自由和政治自由。其中，先验的自由指作为一切知识经验先决条件的绝对自我的行动自由。[①] 这实际上就是康德的实践自由，只不过突出了实践自由的先验性罢了，较接近本文的概念。

我所讲的先验自由，就是悬置了一切经验成分后所剩下的康德的实践自由，或经验无涉（经验中立）的实践自由，或实践的形式自由。也就是说，我所讲的自由肯定是人的自由而不是神的自由，是作为人的行为的开端的自由而不是作为自然事件的开端的自由，它属于实践哲学而不属于自

---

① 参见费希特著《全部知识学的基础》，王玖兴译，商务印书馆，1986，"译者导言"第 13～14 页。

然哲学。康德虽然重视自由，但他的理论焦点是道德，自由是远于焦点的背景，所以，他只对道德区分形式和质料、先验和经验，而不对自由作同样的区分。我的研究的焦点是自由本身，道德只是近于焦点的前景，所以，我要首先对自由区分形式和质料（"内容"一词对我来说更好）、先验和经验。在人的实践自由中，悬置了经验的自由就是先验的自由，反之先验自由之外的就是经验的自由，前者是实践自由的形式，后者是实践自由的质料（内容）。在这个意义上，康德所说的自由其实是他所说的道德的形式，他所说的道德则是他所说的自由的内容。如是，康德的道德律尽管相对道德实践来说是先验的，但相对实践的先验自由来说仍然是经验的。

具体来说，我所谓的先验自由指人所具有的一种不能被还原为任何一种内外原因之结果的纯粹自发性，它表现为一种选择和决定的自主机制，道德性就内在包含于这种机制中。相应地，经验的自由是指作为先验自由的运作内容的各种可能因素，它表现为实践的动机、对象和原则等题材的可选择性和须决定性，包括康德的道德律在内的具体的道德原则属于这个范围。

在这个意义上，先验的自由意味着，一个正常的人的行为，不管致其发生的主客观原因有多少、多么复杂、如何"人在江湖、身不由己"，在我们把一切可以进一步归因的原因都逐一排开之后，必定还剩下一个不能进一步归因的必要的原因，那就是行为者自己的选择和决定，亦即行为者的自由。这种自由之所以叫先验的，就在于它的存在不仅独立于行为的任何经验内容，而且是经验内容得以整饬和起效的先天条件。

进而，先验的自由不仅不排斥经验的自由，而且必待经验的自由与之配合才能起作用。跟先验自由相称的，是实践的经验因素存在着多种可能性，因而可以被选择，而且必须被决定。这些因素中，既有人自身的因素，也有人之外的因素；既有主观因素，也有客观因素；既有感性因素，也有理性因素；既有物质因素，也有精神因素；既有人的因素，也有物的因素；既有个人因素，也有社会因素；既有群际因素，也有代际因素……这些因素以各不相同的方式存在并以极其复杂的方式相互关联，但就其实际成为人的行为的影响因子而言，它们之间或者其组合方式之间必定存在着哪怕最低限度的可选择、须决定的余地，从而作为先验自由的配对，使人的行为的发生得以可能。

所以，在我这里，先验的自由和经验的自由不是像在康德那里一样分属于现象界和本体界两个截然割裂的领域，而是在同一个层面上起作用，反而类似康德的知识领域中概念和直观的关系。在知识领域，康德说，

"思想无内容则空，直观无概念则盲。"① 在实践领域，我也完全可以说，自由无经验则空，实践无自由则盲，或者说，没有经验自由配合的先验自由是空的，没有先验自由配合的经验自由是盲的，只有二者合一，实践自由才得以可能。至于这二者之间的一致性论证，包括是否会遭遇康德式的困难，这里亦存而不论。

在我所构造的先验自由和经验自由的分析框架下，马克思所讲的自由无疑属于经验的自由。全人类每个个人的身心的全面发展，无非是人的行为的经验因素的整体优化、美化，也就是自由化。马克思那里缺乏我所说的这种先验自由概念。除了马克思，现代西方社会所讲的自由主要也是一种经验的自由，或自由的具体内容。不仅现代人权中所包括的财产权、贸易自由、信仰自由、言论自由、结社自由、迁徙自由之类属于经验的自由，而且从卢梭的"生而自由"的原初状态到罗尔斯的伦理的自由原则等实际上也是经验的自由。甚至康德的道德律，就其不过是各种实存的和可能的道德原则中的一种而言，本质上也属于经验的自由，尽管他自认为那是先验的绝对律令。

我所说的先验自由的学理资源主要存在于自由意志论的传统中。这个传统是由基督教哲学特别发展出来的，其最根本的目的在于要人为自己的恶行承担责任。这个传统的早期代表是奥古斯丁，在近代为理性主义哲学所承接，到康德发展到一个高峰，在当代则由萨特推到了极点。而今，通过本文的分析，先验自由概念可以获得一个足以超出这个传统的新规定和新理解。

我尚未在西方主要哲学理论中发现这种经验自由概念，更没有找到一个跟前述先验自由概念相对待的经验自由概念。但西方跟经验自由所指内容相关的思想资源却极为丰富。不仅古希腊人和古罗马人对城邦中公民自由的体认，而且近代以来资产阶级对经济和政治自由的不懈追求，以及马克思基于劳工立场的全面自由理想，都是对经验自由的开显、充实和张扬。

这样看来，西方思想史就是自由精神的发展史。甚至如黑格尔所言，"历史不是别的，就是自由的意识的进步。"②

---

① 康德著《纯粹理性批判》A51、B75，译文依据 Norman Kemp Smith 英译本，中国社会科学出版社，1999，第 93 页；参照邓晓芒汉译本，人民出版社，2004，第 52 页。

② Hegel, *The Philosophy of History*, trans. by J. Sibree, Dover Publications, Inc., New York, 1956, p. 19.

只是，西方思想家迄今尚未意识到他们关于自由的思想中存在许多根基性问题，而这些问题都或多或少跟他们没有区分先验的自由与经验的自由有关。为什么这样讲？这就是下面几部分要展开说明的问题。

二 先验的自由——实践的道德根基

康德实践哲学的最大成就在于建树了一条支撑西方现代社会基本价值的道德律。这条道德律在他自己看来具有独立于任何经验条件的最大程度的普适性。但他获得这一成就的代价也是巨大的，这就是：他赖以给道德律奠基的自由尚未绽放开来就被他的道德律给拴死了。这好比一个硕大的胎儿令母亲难产而死一样。

到了这个领域高度分化和文明全面碰撞的时代，我们才发现，道德原则不论从现实性上还是可能性上都是多元而异质的，并且都具有各自的理论合理性和实践有效性。如果沿着道德形上学的认识进路，从道德经验推出道德原则，再从道德原则推出道德根基的话，那么，从任何一种道德经验都可以推出一定的道德原则，而从任何一种道德原则都可以推出一个相同的道德根基，那就是自由，并且是先验的自由，或者如中国传统中所说的人心中那一点灵明。甚至可以这样讲，正是这个时代道德经验和原则的多样性与异质性，才更加彻底地显示了自由的先验涵义。这个道理迄今尚未得到透彻领悟和系统阐明。

每个人心中的这点灵明是每个人每一行为的绝对开端，尽管该行为同时还可以从各种经验的因果链条中去定位。这点灵明是纯粹的自发性、纯粹的选择性、纯粹的决定性，即纯粹的自由。正是这种纯粹的自由蕴涵了纯粹的道德性。除了这些，我们的任何规定都会显得太多。

人之所以有行动、有实践，在于有一个经验序列可以而且必须由他开始，由他的意志开始，由他的精神开始，由他的一念开始。这点灵明固然只是行为所牵涉的万千因素中的一个，固然不能无中生有地创造一个因果序列，但它是揿按钮的那个灵动的力量，不管这个按钮是我书房里台灯的按钮，还是超级大国的核按钮，也不管是我写这篇反省文章的按钮，还是当年毛泽东发动"文革"的按钮。这就是先验自由的纯粹自发性。

没有人心中的这点灵明，人就无异于动物，无异于其他自然物体。自然的一切都可以诉诸因果必然性去解释，跟自由无关，也不会有承担责任的问题。当然，也因为如此，自然事物的所有运动才不能叫做行为，不能叫做实践。孟子说："人之所以异于禽兽者几希"。① 这个"几希"其实就是这点灵明。孟子的"四端"反而要像康德的道德律那样降到经验层面去定位。这点灵明虽不能任意操控人的存在和行为，却在人心的最深处维系着人的尊严和责任。

作为人心之一点灵明的先验自由，还具有纯粹的选择性。如果可能的结果永远只有一种，就谈不上什么自由。选择性是自由的题中应有之义。只要人发出了一个称得上行为的动作，那就一定是他加以选择的结果。弃权、不作为也是一种选择，尽管是消极的选择。选择至少涉及缘起（动机、理由）、尺度（原则、规范）和对象（目的）等方面的因素。这每方面的因素都是多样和异质的；唯其如此，才有选择可言。缘起和对象的多样性与异质性容易得到认同，尺度的多样性与异质性则不然。康德的道德律所标榜的就是一种独一的和同质的尺度。如果尺度只有一种，可选择性就会大打折扣。选择的尺度也需要选择，这才是自由的魅力所在，也是自由的难处所在。在人类当代处境中，我们尤其能体会到这一点。

先验的自由还具有纯粹的决定性。自然的事件是被自然因果链条所决定的，不管其决定的情形如何复杂。人的行为则必须由行为者做出决定方能开始，并且行为过程始终伴随着不断地做决定。即使优柔寡断、不做决定也是一种决定，尽管是消极的决定。行为者的决定不是行为的充分条件，却是必要条件。行为者的决定是每一个选择的完成和终止，是可能性向现实性的转化。自然的决定和自由的决定的区别在于，自然的决定没有决定者的精神决断这个环节，而自由的决定则必须把行为者的精神决断作为关键环节。或者说，自然的决定始终是物质性因素之间的相互作用，而自由决定则总是物质因素和精神因素之间的变换与转化。

进而，先验自由所包含的纯粹自发性、选择性和决定性，导出了行为的道德性。这就是说，通过选择和决定去开启一个因果序列，总有对与错、应该与不应该、恰当与不恰当等问题。选择性意味着行为者的行为存在着不等值的诸可能性，决定性意味着行为者的实践判断必须对诸可能性有所取舍和定夺。参照康德的"自由范畴表"，这些可能性从质看有肯定有否定，从量看有单一性、多数性和全体性，从关系看有定言、假言和选言，从模态看有实然、或然与必然。这里跟康德不同的地方在于，康德的

---

① 《孟子·离娄下》。

自由范畴表是用他的道德律去规定善恶所得到的述谓类别,① 而这里所揭示的则是先验自由面对并处理一切实践选项时所必有的述谓类别,其中,多样而异质的道德律跟多样而异质的善恶一样都只是有待选择和决定的经验内容。

先验自由所包含的道德性是纯粹的道德性,即作为人心中那一点灵明的纯粹道德意识、纯粹良知良能。不论当事人做什么、怎么做,他都知道是他自己在做——这是关于实践的自我意识,又知道自己的所作所为有对不对、应该不应该、恰当不恰当之分——这是道德判断的先验质性形式。这样的灵明既是灵之明,也是明之灵。灵是人心,是本体;明是人心所特有的自由之光,可以在最宽泛的意义上理解为康德式的纯粹实践理性,或儒家式的"诚"。

纯粹的道德性不待经验即可先天地得到规定,实际行为中的道德则是具体的经验内容参与规定的结果。或者说,纯粹的道德性指未接物时的居敬状态,或未发之中,具体的道德内容则取决于所接之物、所中之节为何——是父母则待之以孝,是朋友则待之以信;做生意以赚钱为务,做学问以求真为本;私人领域讲亲亲,公共领域讲兼爱。

先验自由对于实践的根本意义在于它直接支撑道德性,而非直接支撑某种特定的道德。它的绝对命令只是"要有道德",而不是"要有符合某种特定原则的道德"。不同的道德原则属于经验自由的范畴,属于先验的自由可以加以选择和必须做出决定的题材。康德的绝对命令"要只按照你同时认为也能成为普遍规律的准则去行动",② 表面上是定言的、绝对的,其实是假言的、有条件的,其条件是对人之为人的理性普遍性的认取。如果把人性的其他要素作为道德主张的缘由,道德原则就是另外的模样。如果把道德建立在特定的道德原则之上,道德的大厦就没有真正落到实处,它不仅会随时处于跟其他异质性道德原则的外在刚性冲突中,而且会因特定道德原则在异质的领域、时代或文明中的减效或失效而塌陷。道德原则只是道德大厦的上层框架,不同的道德原则架构起不同的道德形态,这些道德形态都是随经验而改变的,只有先验的自由才是道德大厦的不变根基。

---

① 康德著《实践理性批判》,Lewis White Beck 英译本,The Liberal Arts Press, Inc., 1956,第68~69页;邓晓芒汉译本,人民出版社,2003,第90~91页。

② 康德著《道德形而上学原理》,苗力田译,上海人民出版社,2002,第38~39页。

　　把道德的根基落实到先验自由的层面，可以为人的尊严和责任找到一个中立于特定伦理立场和道德处境的阿基米德点。不管行为者所信奉和遵循的具体道德信条是什么，也不管行为的实际处境如何，只要行为者自觉发出了一个行为，他就借此将自己跟动物区别了开来，他就有了被当作人来对待的充足理由，同时也就有了要为自己的行为承担责任的充足理由。人们可以引用某些特定的道德原则而把一些行为者排除出人的范围，可是这样做只能经验地有效，因为任何行为者之属于人的范围是先验确定的，再多的经验论证都不能否定这一点。同时，人们也可以寻找种种理由去为一些行为开脱责任，可是这种开脱仅仅在经验层面才是有效的，因为任何行为只要是有意为之的活动，对行为者来说就是"我的"行为，再高明的开脱都不能将"我的"抹杀掉。

　　先验自由的阿基米德点支撑的是一个无限开放的道德结构、一种由多样而异质的道德原则构成的批评性空间、一种不同的道德传统相互作用的精神生态。如果把道德建基于特定的道德原则，那就会造成这样一种局面：只有该原则肯定的行为才是道德的，否则就是不道德的。可是，如果把道德建基于先验的自由，那么，由一种道德原则所肯定的东西还可以交由其他原则去批评，反之，被一种道德原则所否定的东西也有寻求其他原则支持的余地。这样一来，人的道德生活就会既更加宽容又更加严谨——宽在善行有更多被解救的机会，严在恶行会受到更多的围堵。增加善恶跟行为者责任的关切度，也就从根基处提升了人的尊严。

　　反省到我们每个人都具有先验的自由，这是真正的明心见性、真正的致良知。先验的自由既然是先验的，就不可能被经验地祛除，而只可能被经验地蒙蔽。也就是说，人只可能昧良心而不可能没良心，再恶的人也有良心发现的可能。道德教养的意义在于跟各种各样蒙蔽良心的力量作持续不断的斗争，让人们的实践行为足够充分地曝露在先验自由的光照之下。

　　康德的道德学说旨在建构他的普遍理性主义的道德原则，尽管他以先验性的实践自由为根基，但没有深入探究这个根基本身。如前所述，他的道德律即使称得上先验的，那也只是相对于经验的道德准则而言；若相对于实践的先验自由，则只具有经验的意义。把一种毕竟属于经验层面的道德原则看成唯一的先验法则，其结果恰好是对先验自由的遮蔽。先验的自由好比生养众多的母亲，不同的道德原则都是她的孩子，但康德却以为只有他的道德律才是其唯一合法的孩子。历史上，自许唯一的人很多，各有所见又各有所蔽，皆"举一而废百"①。

以先验自由而非特定道德原则直接为道德责任奠基，这方面做得最彻底的要数萨特。他批评了康德以人为目的的道德原则在实践情景中可能的矛盾，指出了体系失效的道德困境，主张"人就是自由"，理由是"存在先于本质"。②但萨特的问题在于，他所理解的自由本来只是先验的自由，而不是人的全部自由，他所强调的责任本来只是一种最基本的责任意识，而不是任何具体的责任内容，但他混淆了二者的关系，误把先验的自由当成了全部自由，把先验的责任当成了实际的责任。如果说康德的道德律因其过于形式化、过于抽象而在现实面前软弱无力的话，萨特的自由与责任则有过之而无不及。不过，他们的问题并不在于其道德主张的先验性，而在于他们没有划出或划好先验和经验的界限，在于他们总是试图让较为先验的东西不恰当地去承担经验的重担，就好比说多了镜子的好处，便恨不得把镜子当柱子来使用一样。

先验的自由仅就其自身即有不可取代的价值，而绝不因为可以代替经验的自由才有价值。若用先验的自由代替经验的自由，经验自由的问题便只能得到先验的解决，也就等于得不到解决，其结果是先验的自由也会因之而被控为虚妄不实。这好比镜子用以鉴照，其价值已然自足；非要再用作支柱，必不胜其任，并裂解破碎。所以，把先验自由比作大厦的基础，只是相对于道德性而言，而说先验自由是镜子不是柱子，则是相对于涉及全部经验世界之丰富性的经验自由而言。至于由先验自由和经验自由形质统一的实践自由，在它的大厦及其基础中，两种自由都不能少——用先验的基础支撑经验的大厦和用经验的基础支撑先验的大厦都同样成问题。

当然，要全面弄清两种自由的关系，还得再看看经验自由的问题如何解决。

三　经验自由与马克思自由理论的得失

康德最关切的是给人指派一个道德义务，或者说是诉诸自律的理由让人们认取他所揭示的那条道德规律。在解决了这个问题的前提下，他也愿

---

① 《孟子·尽心上》。

② 萨特著《存在主义是一种人道主义》，周煦良、汤永宽译，上海译文出版社，2005，第13、26、11、7页。

意尽力替人谋划幸福，也把德福一致悬设为人可以期望的至高理想，哪怕这个理想只能到天堂才能实现。可是，这是无论如何不能让马克思满意的。马克思说："康德和费希特喜欢在太空遨游，寻找一个遥远的未知国度；而我只求能真正领悟在街头巷尾遇到的日常事物。"① 如果广大的打工仔每天必须工作十多个小时，一年难得几天休息，工资只能勉强糊口，且常常被拖欠，劳动果实被老板占有，并被拿来进一步控制和剥削他们，那么，对这些打工仔来说，康德式的"以人为目的"有什么意义呢？马克思要为人们谋划的是一种在现实世界可以实现的幸福，其实质是"每个人的自由发展是一切人的自由发展的条件"。②

毫无疑问，马克思心目中的自由是一种经验的自由。这种自由在于实际地克服一切妨碍每个人全面发展的自然、社会和意识形态限制，在人类生活的此岸建立人人德福一致的自由王国。这个过程既是一个必然如此的类似于自然史的过程，又是一个以自觉的革命行动解放全人类的过程，既合乎规律又合乎目的。

马克思的经验自由主要包括免于生存资料匮乏的自由、免于劳动异化的自由、免于分工限制的自由、免于阶级压迫的自由、免于国家区隔的自由、免于政治强制的自由、免于言论检查的自由、免于传统观念束缚的自由、免于宗教蒙昧的自由等。实现这些自由的途径是生产力在历史上的不断发展，特别是通过资本主义生产方式所实现的高度发展，以及当这种发展达到资本主义生产关系所能容受的最大限度时由无产阶级所实施的最后革命。

实际上，马克思所追求的这些自由内容并不是他凭空发明的，而是他对先前经验自由的传统的超越与完成。文艺复兴所开启的免于禁欲主义桎梏的感性生活的自由、宗教改革所带动的免于教会宰制的信仰的自由、资产阶级所追求的免于政府干预的私有财产的自由、启蒙运动所张扬的免于威权压制的理性的自由和免于王权专制的政治的自由，最终都汇集到人权的名义下，成了马克思时代的主导价值。不过，马克思对此并不满意，因为这些自由中没有劳动和劳动者的自由，而这种自由在马克思看来才是各种经验自由的关键所在。劳动首先体现着人类与自然界的关系。人类若不

---

① 马克思著《讽刺短诗集》，《马克思恩格斯全集》第 2 版第 1 卷，人民出版社，1995，第 736 页。

② 马克思、恩格斯著《共产党宣言》，《马克思恩格斯选集》第 2 版第 1 卷，人民出版社，1995，第 294 页。

从自然界的束缚中摆脱出来，就根本谈不上其他方面的自由，更谈不上普遍的人类自由。其次，劳动还体现着劳动者阶级和不劳动却支配劳动者的阶级之间的关系。只要这种阶级差别存在一天，个人的自由、普遍的人权就是一句空话。出于上述理由，马克思批判了资产阶级视野中的自由观念和人权理想，而将劳动解放和劳动者的自由确立为人类普遍而全面的自由的基础。

按照马克思的理论，凡是在人类不得不屈从于自然界的地方，都不存在真正意义上的自由。不仅共产主义社会之前的社会中没有真正意义的自由，而且共产主义社会的物质生产领域也没有真正意义的自由。真正的自由只存在于共产主义社会的非物质生产领域，存在于人在自由时间中所活动的领域，那时，人们所享有的自由时间已经非常多了，并且还会不断增加。①

马克思实现了经验自由的全面化和彻底化，其哲学根据在于实践的唯物主义。他说："要想站起来，仅仅在思想中站起来，而现实的、感性的、用任何观念都不能解脱的那种枷锁依然套在现实的、感性的头上，那是不行的。可是绝对的批判从黑格尔的'现象学'中至少学会了一种技艺，这就是把现实的、客观的、在我身外存在着的链条变成只是观念的、只是主观的、只是在我身内存在着的链条，因而也就把一切外部的感性的斗争都变成了纯粹观念的斗争。"② 毫无疑问，马克思的这个理由是强有力的。它表明，自由的问题仅在人心之内是不可能解决的；在解决这个问题方面，"完全物质的、可以通过经验证明的行动"③ 具有不可化约为观念的独立意义。

在马克思之前，对各式经验自由的论证主要采取的是先验进路，如"人生而自由"之类。康德所主张的各种经验自由也是由他的先验根据开出的，这点前已述及，不过他的二元论让他还比较谨慎。出于理论的彻底性，费希特从自我出发，通过本原行动建立非我，进而实现自我和非我的统一④，让宇宙自由和政治自由完全从先验自由开出，把经验自由

---

① 参见马克思著《1857～1858年经济学手稿》，《马克思恩格斯全集》第2版第31卷，人民出版社，1998，第100～101页；马克思著《资本论》第3卷，人民出版社，2004，第928～929页。

② 马克思、恩格斯著《神圣家族》，本段引文为马克思的话，《马克思恩格斯全集》第1版第2卷，人民出版社，1957，第105页。

③ 参见马克思、恩格斯著《德意志意识形态》，《马克思恩格斯选集》第2版第1卷，人民出版社，1995，第89页。

④ 参见费希特著《全部知识学的基础》，王玖兴译，商务印书馆，1986，该书"第一部分"。

的先验论证推到了极端。但这样做的结果只能使自由始终停留在观念之中。

马克思批判了对经验自由的先验论证，而代之以经验论证。他和恩格斯说："如果他们把哲学、神学、实体和一切废物消融在'自我意识'中，如果他们把'人'从这些词句的统治下——而人从来没有受过这些词句的奴役——解放出来，那么'人'的'解放'也并没有前进一步；只有在现实的世界中并使用现实的手段才能实现真正的解放；没有蒸汽机和珍妮走锭精纺机就不能消灭奴隶制；没有改良的农业就不能消灭农奴制；当人们还不能使自己的吃喝住穿在质和量方面得到充分保证的时候，人们就根本不能获得解放。'解放'是一种历史活动，不是思想活动，'解放'是由历史的关系，是由工业状况、商业状况、农业状况、交往状况促成的……"①

用经验的理由证成经验的自由，这是马克思对经验自由的理论逻辑的完成，是一个巨大的贡献。不过，这种独到性的获得也有其重大的代价，即对先验自由或自由的先验性的彻底否定。

这个代价可从两方面看。其一，他认为，人类的史前史中没有自由。在马克思看来，真正的人类历史是从共产主义社会开始的，此前是人类的史前史。自由是历史的目标，是经验的产物，是物质生产力发展和革命斗争的结果。自由实现之前，人们或者在必然规律的支配下盲目生活，或者在认识到了必然规律之后按规律行事，这两种情况尽管都是实现自由的环节，但本身还不是真正的自由。其二，在他心目中，共产主义社会中的自由跟道德无涉。根据马克思的看法，在共产主义社会的非物质生产领域，每个人都自由而全面地发展自己，这是一种既从心所欲又功德圆满、德福双全的纯然良善的状态。这好比说，共产主义的自由是不管怎么选择、怎么决定都对、都应该、都恰当、都道德的自由，自由等于道德。共产主义社会中，如果还存在罪错的话，那不是因为行为者的自由，而是因为行为者尚不够自由或偶尔失去了自由。这样一来，自由就跟善恶抉择、是非判断脱钩了，从而在实质上就不再具有道德的本来意义。

申言之，一方面，如果共产主义的非物质生产领域之外的社会历史时空没有自由可言，也就谈不上有什么道德问题，所存在的不过是懂得还是

---

① 马克思、恩格斯著《德意志意识形态》，《马克思恩格斯选集》第 2 版第 1 卷，人民出版社，1995，第 74 页。

不懂得、自觉服从还是被迫服从必然规律的问题。从而，在这个时空中，就不会存在真正意义的"我"，也没有真正意义的由"我"所发动的行为及其责任。康德费力从自然中剥离出来的自由被重新消融到了自然之中。另一方面，如果共产主义的非物质生产领域的自由是一种无不是的自由，那它在道德上就是单面的，就摆脱了对人的实践来说如影随形的善恶是非问题，也就摆脱了本来意义的人的自由。其中的"我"不再是作为人的"我"，而是作为神的"我"，因为这种全善无恶的状态只是人所设想的神性状态，而不是人可以实际经验到的人性状态。康德费力地把上帝作为纯粹理性的理想从经验生活中剥离出来，并在二者间构造了一种张力关系，但马克思却将这种理想直接转化成了人的经验状态，把人想成了神。

不论是把自由还原为自然，还是把人设想为神，其实质都是对人的实践所特有的先验自由的否定，其结果就是对人的自由的道德性的消解，或者说是对道德的颠覆。如果一切都是自然，都服从因果必然性，人就没有真正的行为可言，也就没有真正的对错可言，也就没有真正的责任可言。这种情况下，如果还有所谓道德的话，那就只有服从的道德，而不服从就等于不道德。再者，如果一切都化归为神性，那么，个人之间、行为之间就不再有道德价值的衡量和区分，人类实践也就不再有奋进的道德空间和道德前景。这种情况下，如果还有所谓道德的话，这种道德已经失去了区分善恶的功能，失去了是非评价的意义。总之，只有自然没有自由，道德就是奴役；而一旦自由等于道德，人就被神化了。

"文革"中群众和最高领袖的关系很好地注释了这一点。对群众来说，自由在于对必然的认识，道德在于对领袖的服从，因为领袖的意志代表客观必然性。但对最高领袖来说，他的行为就可以由他的"我"发出，因而具有真正的自由；同时，他的行为只对不错，又不同于常人之可对可错的行为，宛然已有共产主义的神圣性质。就是按照这样的逻辑，"文革"时期，群众始终被定位在自然领域，最高领袖则定位自己在神性领域，而这两个领域都排斥真正意义的人的道德。

由此可见，马克思一门心思追求经验的自由，却将道德从他的理论之网中漏掉了。当然，这里不是说马克思有意跟人类的道德作对，而只是说他的理论在高扬经验自由的同时牺牲了先验的自由。

摆脱了先验自由所内在包含的道德矛盾的约束，各种经验矛盾的彻底解决就成了经验自由的理所当然的结局。对此，马克思说："这种共产主义……是人和自然界之间、人和人之间的矛盾的真正解决，是存在和本质、对象化和自我确证、自由和必然、个体和类之间的斗争的真正解决。"① 可是，在康德的论述中，作为最好世界的上帝之国，尽管是作为最高的本原之善的上帝的体现，却不过是纯粹实践理性的一个现实性悬设，它在现世中是根本不可能达到的，"因此只能被当作希望的对象。"② 这里实际上就道破了这种经验地实现皆大欢喜结局的想法的非经验性。撇开先验性而执著追求经验的自由，其结果恰恰是自由的经验性的自我消解，剩下的只是一种先验的乌托邦悬想。正因为如此，我才认为马克思的自由不够经验，或走向了经验的反面。

马克思把经验自由的理路走到了极限，客观上就为重新认识经验自由和先验自由的关系提供了契机。

四　先验自由与经验自由的关系

在我看来，经验自由并不是一种跟先验自由相脱离的自由，而是实践自由的内容方面，相应地，先验自由则是实践自由的形式方面。这两个方面在实际的实践活动中是不可分割的。

先验的自由是纯粹的自发性，但它所发动的任何东西都是经验的，它不可能纯粹自发而什么也不发动或从未发动过什么。比如，是我自己而不是别的什么开始了这篇文章的写作。无论促成写作的内外因素如何复杂，"我"总是写作这篇文章的一个不能进一步归因的原因，即自由的原因。但我所调动的每一种思绪、所使用的每一件设备、所写的每一个字符、所牵涉的每一条因果之链，无不是经验的。对写作这篇文章来说，先验的自由意味着我具有开始这个行为的自发性，经验的自由意味着我毕竟有思绪可以调动，有设备可以使用，有字符可以写出，有其他因果链条随之牵动。假设我的脑袋是榆木做的，那么在这件事情上我就缺乏先验的自由，世界上就永远不会发生写作这篇文章的事情。如果我头脑中毫无头绪，也没有任何用来写作的设备，甚至我连一个字符都不认识，那么，在这件事情上我就全无经验的自由，也就跟这个世界上对"文革"的反省了无牵涉。

---

① 马克思著《1844 年经济学哲学手稿》，人民出版社，2000，第 81 页。
② 康德著《实践理性批判》，邓晓芒译，人民出版社，2003，第 172、176 页。

先验的自由是纯粹的选择性和决定性，但它所选择和决定的任何东西都是经验的，它不可能纯粹选择却无所选择，纯粹决定却无所决定。这篇文章我可以写也可以不写，可以这样立论也可以那样立论，可以现在写也可以其他时候写，可以出于道德命令来写也可以出于其他目的来写，可以说写就写也可以将写未写，等等。这些可能性都是我选择和决定的内容，分属质、量、关系和模态等范畴。我的所有选择和决定都是如此这般具有内容的，同时，所有如此这般的内容又都因我的选择性和决定性而得到分门别类的呈现。同样的内容若摆在一个榆木脑袋面前，绝不会成为选择和决定的丰富题材，因为这个脑袋里没有先验的自由。反之，若先验的自由并未面对什么，即没有接物，则选择和决定也不会发生，这时最多只有居敬而已。

可见，先验的自由只是行为的形式条件，经验的自由则是行为的质料（内容）条件。相对于行为而言，二者之间不具有相互还原的关系，即：经验的自由不是从先验的自由中分析出来的，先验的自由也不是由经验的自由产生出来的。或者说，仅就实践的分析而论，除了人心中那一点灵明是先验给定的外，合天地内外的一切因素都是经验给定的；前者在实践上自是一个原因，不可进一步归因，后者则是无数无尽因果链条的复杂网络，其中没有任何一个因素不可以进一步归因的。尽管也可以从自然哲学或科学角度将人及其意识看作自然界演化的产物，从而将实践的先验自由处理为一种自然现象，但如果在实践哲学中也这么做，就会不仅无法说明人类的道德现象，而且甘心失掉把人当人看的唯一机会。

在实践自由的这种二元结构中，先验的自由提供的是灵动的形式，经验的自由提供的是运作的空间，二者结合达致实践的目的。先验的自由之为自由在于它可以通过选择和决定来开启一个因果序列。经验的自由之为自由，在于它包含着可以通过被选择和决定而开启的诸多可能的因果序列。如果经验的世界铁板一块，分毫不爽地按机械必然性运行，先验的自由就永远没有发挥的余地，就名存实亡。设想地球若有先验自由，它对于自己的自转公转也只能无可奈何。先验的自由之所以有意义，在于它虽然只是一点灵明，却可以通过调动经验的力量而在经验的世界有所作为，即前述干涉经验，对扩大经验自由的空间有所贡献。也就是说，经验世界本有一定的自由空间，使先验自由可以施展自己的作用；先验自由通过选择和决定去开启特定的经验链条，促使经验世界的自由空间得到扩大；在一个扩大了的经验自由空间中，先验自由和经验自由进一步相互作用。

当然，相对于广大无垠的经验世界来说，先验自由所发挥的力量总是十分有限的，并且时常被经验链条之网的盲目作用无情地抵消掉。这就是说，经验自由的扩大只是先验自由的本质意向和施行目的，而不是必然的结果。人类从求自由始到遭奴役终的事例不胜枚举。在这点上，萨特要人不仅为其所作所为而且为其遭遇的一切承担责任，[①] 实在有失苛严，并且也高估了人的责任能力。但是，人之为人的可贵之处在于，即便经验自由的空间只剩下"求生害仁还是杀身成仁"，他的先验自由的一点灵明仍不泯灭，仍要起作用，仍必须做出选择和决定，从而在经验世界中开启出迥然不同的因果序列。

经验的自由所涉及的因素几乎无所不包，从不同角度可以作不同的划分。除了前述各种划分外，值得强调的还有主体性因素和客体性因素、同质性因素和异质性因素的区分。除了人心中那一点灵明外，一切存在于行为者身上的因素都是经验的，都可以在经验世界的无尽链条中检索出它的前因后果，只因它们存在于行为者身上，故称为主体性因素。行为主体身外的因素都是客体性因素。他人心中的那一点灵明是我待之为人的究极根据，但就其要牵动经验世界的因果链条而言，也属于我的客体性因素。同质性因素指范畴相同的因素，异质性因素指范畴不同的因素。食欲和食物范畴相同，是同质的；性欲和做爱范畴相同，是同质的。但食欲、食物和性欲、做爱之间则范畴不同，是异质的。因此，食欲只能由食物去满足，即饮食的自由不能在性爱的范畴里实现；性欲只能由做爱去满足，即性爱的自由也不能在饮食的范畴里获致。

引入经验因素后，我们就能明白：人的任何实践活动都是那一点灵明点化具体经验因素的结果。我正在写这篇文章，这件事有它的缘起，这些缘起有主体的也有客体的，它们给了我启动写作的动机和理由。再者，我的写作不是漫无边际的，它要有一些尺度的约束，这些尺度有文章学方面的，有刊物编辑方面的，有内容和观点方面的，还有学术规范和宣传纪律方面的，它们构成了我写作的原则和规范。还有，我写作的是这篇特定的文章，这篇文章为的是反省"文革"，反省为的是给自己一个交代，给读者一点启发，发表了的话还可以充一点科研工作量，这些都是我写作的对

---

① 参见 Jean-Paul Sartre, *Essays in Existentialism*, Carol Publishing Group, 1990, New York, pp. 64 – 66。

象或目的。在这篇文章的写作中，我无疑有先验的自由，不仅如此，由于过去多方面的积累，我还有一定的经验的自由，思路不至于太过憋屈。可是，当我离开电脑去浏览电视新闻时，看到埃及一艘邮轮红海失事的报道，一说船长率先弃船逃生，一说船长坚守岗位到最后一刻，我就想，关于这位船长的先验自由和经验自由，其中的缘起、尺度和对象，他的选择和决定，关于他的截然不同的报道，以及所牵连的多方面的因果反应，跟我写这篇文章是多么的不同啊。所以，经验自由的情况纷繁复杂，决非书斋里的推论可以了得。

归结起来，我之所以在先验自由之外提出经验自由概念，是为了强调：经验自由的问题必须经验地解决，而绝不能还原为先验自由的问题去解决，也不能通过理论演证的悬想去解决。要想免于饥寒和匮乏，就得老老实实地发展经济。要想免于腐败的危害，就得还政于民，并把公共权力真正置于全民的监督之下。要想免于治安混乱、政治不稳，就得关心弱势群体，消除社会不公，避免两极分化。要想免于国际武力争端的威胁，就得扩大交往，强化利益关联，增进共识，尊重差异，平衡各方力量。要想免于自然界的报复，就得保护环境，维护生态，做到取之有时，用之有节。要想免于价值危机，就得发明本心，扩充仁爱，普及文教，重建信仰。不仅如此，这些不同层面的自由之间还存在异质性，各有各的缘起、动机和理由，各有各的尺度、原则和规范，各有各的对象和目的。若是落实为具体时空中的个案，就更是要具体情况具体分析了。所以，面对经验自由的问题，不可以"袖手谈心性"，也不可以大而无当地堂皇叙事，而必须用分门别类的合乎最新学科规范的实证研究和切实而明智的操作方案去处理，否则只能祸国殃民。

我之所以拿经验自由跟先验自由对举，还有一个消极的考虑，那就是：一定要让所有追求经验自由的行为须臾不离先验自由的约束，让每一个行为都谨守"要有道德"这条绝对命令。不管经验自由如何五花八门，各自如何理据十足，也不管追求它们的行为如何千差万别，我们可以认准的一点是：若无行为者自由意志的发动，任何行为都不可能发生。仅凭这一点，行为者就不能逃脱道德性问责。这种问责包括三个层次的问题。首先是先验层次的元问题：这样做对吗？应该吗？恰当吗？一句话，道德吗？这是绝对命令的疑问式。其次是从先验层次过渡到经验层次的对象性问题：为什么？亦即行为的经验情况如何？这是绝对命令的扩展式。第三是在经验层次开放给所有其他道德立场和道德原则的他者性问题：诸他者怎么看？这是绝对命令的补充式。这一令三式缺一不可。有了这样的问责结构，行动但不负道德责任的理论漏洞就堵上了。

由此可见，承认先验自由之外尚有经验自由，就是承认先验自由的经验限度，也就是承认人类实践的自然限度。不管人如何心比天高，他永远是自然界的一部分，生于自然，死于自然。在他身上，除了那一点灵明，无一种因素不存在于自然世界因果链条的网络之中。他所追求的所有内容表面上看都是他的，他为之激动，为之操持，可那些实际上都是自然界直接或间接地赋予他的，唯一属于他的只有那必须行动、且必须正确地行动的一点灵明。所以，人的实践离开了自然，离开了全部经验的世界，只会一事无成。即使是揿按钮，也得靠经验的手指用经验的力量去揿。同时，人的那一点灵明还不能无内容地空转，它必须运作经验的内容，尽管这种运作归根到底受制于自然，可就是这丁点对自然界大化流行的参与，才赋予了它存在的意义。

另一方面，承认经验自由离不开先验自由，就是承认经验自由的先验限度，也就是承认人类实践的人性限度。尽管人类不可避免地要努力扩大经验自由的空间，但不管这个空间扩大到什么程度，都不可能出现全善无恶的神性自由状态。经验自由的扩大，主要解决的是各种身心因素所要求的匹配条件的问题，即通常所谓幸福问题，但它并不改变先验自由的本质结构，特别是善恶抉择、是非判断的结构。比如说，富贵之人比贫贱之人拥有更多的经验自由，但前者需要进行善恶抉择、是非判断的时机并不一定因此而少于后者，因为两者拥有的先验自由是一样的。善与爱并不随财富的增长、权位的攀升、学历的提高而自动加多，恶与恨也不随之而自动减少；善恶由己、爱恨自知，这些还要靠先验自由的开显、发明、充实和养护，还要系于我们心中异于禽兽的那一点灵明。

在先验自由和经验自由的这种互补和互限中，人之为人、实践之为实践的本性就从一个新的维度显明了自己。

五 "文化大革命"——自由的迷途

从上述观点来看，"文革"乃是自由之路的一段迷途。迷误的关键在于：通过消除先验自由去实现经验自由，最终导致两者皆失。

所谓文化革命，就是要在文化、精神领域革资产阶级和一切剥削阶级思想的命，矛头所指就是每个人心中的那个"我"，以及所有相关的文化理论根据。有一篇"文革"中的文章这样写道:"我们决心进一步响应毛主席关于认真看书学习,弄通马克思主义的伟大号召,坚持刻苦地读马、列著作,读毛主席著作,深入持久地开展革命大批判,搞好批修整风,在灵魂深处爆发革命,努力改造世界观,从'我'字中彻底解放出来。我们坚信,在这场认真读书、批修整风、自我教育的运动中,我们失去的只是私有观念的精神桎梏,得到的将是共产主义的精神世界。"① 这种说法反映了当时社会对"文革"精神的一种基本理解。

从"我"字中彻底解放出来,换成本文的概念,就是获得免于先验自由的自由。不能认为获得解放不是自由,但这种解放所针对的东西却是人心中的那一点灵明,是一种最根基性的自由。革除这种自由后的自由,是自由的无根状态,是自由的自戕。"文革"的迷途就是从这里开始的。

革除先验自由的后果是,不再有任何行为被认为是真正由行为者发动的了,一切都只是必然的因果链条中的环节,哪怕是伴有自我意识的环节,或被认识到的必然。为此提供学理论证的就是我们熟悉的那套教科书唯物主义。按照这套理论,人心好比电脑硬件,一切程序都是从外面安装进去的,可以随时删掉随时重装。文化大革命就是要将全社会几亿人脑中有"我"的旧程序全部删掉,而代之以一套无"我"的同一版本的新程序。安装上新程序,就获得了"文革"唯一认可的自由。

由上文可知,否定先验自由,追求经验自由,这是马克思理论的特色。可马克思否定先验的"我",却不否定经验的"我",不仅如此,他的理论旨趣恰恰在于把对"我"的先验肯定变成经验肯定。他从来没有要彻底否定"我"的意思,相反,他反对先验自由,就是在于他觉得先验自由对"我"的肯定是虚假的,而他要通过经验自由给"我"以最真实的肯定。共产主义社会的非物质生产领域就是他为经验的"我"们所设计的唯一而永远的自由家园。当然,严格说来,"我"意味着自由的原因性,"经验"意味着自然的原因性,"经验"之有自由仅仅是由于经验中存在着相对于"我"的选择和决定而言的可能性空间,所以,经验而自由的"我"归根到底是一个似是而非的说法。这是马克思理论的阿卡琉斯之踵。不管怎样,马克思的自由反对先验但有"我","文革"的自由反对先验却无

---

① 中国人民解放军南京部队某军军党委会:《斗私批修,同私有观念彻底决裂——学习〈共产党宣言〉的一点体会》,《红旗》1971 年第 5 期,第 61 页。

"我"，两者很相似，又十分不同。

把"我"去掉的预期好处是：所有的头脑、所有的行为都只听从外部指令。安装统一的新程序的预期好处是：所有的头脑、所有的行为都只听从一个唯一正确的外部指令。

可是，正如上文所论述的那样，人之为人的那一点灵明只可能被蒙蔽，不可能被祛除。有"我"的程序并不能被真正删除，否则，无"我"的程序连生根的地方都没有，又谈何安装上去。所以，"革命"的实际结果只是程序的淆乱或程序的私自区隔：对付台面的是无"我"的程序，背后算计的是有"我"的程序，两者都扭曲变形。用这样的程序去行动，造成的局面是：一切的罪恶都可以推给那套台面的无"我"的程序及其外部指令，暗藏的有"我"的程序则但求自保或索性谋私。

至于那个唯一有权发布指令的最高领袖，就成了唯一有"我"的人，确切地说是唯一可以公开有"我"的人。既然如此，按常理，他就应该把一切是非曲直、善恶功过集于一身。但是，一方面，根据"文革"观念，他的"我"已属神界，不可能有罪错，所以无须承担什么。另一方面，作为人，就算他承担，也只能为他那公开的"我"去承担，而无由为那数亿暗中的"我"去承担。所以，发动"文革"的人不过成了"文革"责任的名义承担者，而实际承担者，特别是苦难和牺牲的实际承受者还是毕竟暗中有"我"的亿万群众。正是他们暗中的"我"默默承受了一切，而他们所承受的一切也正是他们暗中的"我"蒙着无"我"的面罩所制造的。他们以为那不是他们的"我"所做的，都只是服从外部指令的结果，以为既然被剥夺了自由，也就逃避了责任。可是，他们毕竟没有掐灭自己那点暗中之"我"的光亮，所以没有办法不让自己暗中的"我"咽下自己无"我"的双手所酿出的苦酒。

暗中有"我"的承受跟公开有"我"的承担所不同的是：公开有"我"的承担所针对的是"我让我做"的后果，而暗中有"我"的承受所针对的是"他让我做"的后果。公开有"我"意味着行为和责任的关联和界限曝露在光天化日之下。这是道德昌明的状态。暗中有"我"则意味着"我"们不见天日，一片混沌，一窝蜂地兴起，一窝蜂地消散，自我与他我之间看不见明确的界限，意志、行为与责任之间处于无常的关联之中。这是道德晦暗的状态。至于公开有"我"却无须担责，就只能叫做道德失灵的状态。所以，"文化大革命"就是用道德晦暗加道德失灵去置换道德昌明，通俗地讲就是迫使全社会都昧良心。

从"文革"时代过来的人，其头脑中不同程度都有这样的二元程序，这种程序到今天还在起作用，甚至还在不断地拷贝给下一代。只不过如今的外部指令更多的不是来自权力意志，而是来自金钱意志。金钱的无上命令驱动着芸芸众生的行为，仿佛那些行为都是无"我"的，都跟道德无关，仿佛行为者只是按照金钱的必然性在挣钱和花钱，无所谓对不对、应该不应该、恰当不恰当、道德不道德、责任不责任。实际上，正如屈从于权力意志的"我"到头来免不了自作自受一样，屈从于金钱意志的"我"将来也会自作自受。如果我们不能反省到头脑中的"文革"程序并用心加以修正，"我"们就会在背离自由和道德的路上越走越远，金钱拯救不了"我"们，正像当初领袖拯救不了"我"们一样。

"文革"的自由迷途还表现为一个南辕北辙的怪圈：越是追求经验自由，离经验自由就越远。

从"我"字中解放出来，已使先验自由遭到扭曲。通过抓革命去促生产、促工作、促战备，去改天换地、建设社会主义人间天堂，也就是用无"我"的行动去应接万物，去实现经验自由。前已述及，经验自由只有通过经验的方式才能实现。要吃饭就得种粮，要种粮就得将粮食生产的诸要素和诸环节变成可以由行为掌控的因果序列，要丰收还得不断优化这个序列。这本来是一个至为经验的领域。可斗私批修、割资本主义尾巴却硬是要割断吃饭和种粮的因果关系，让种粮的双手跟吃饭的嘴巴脱钩，从而把种粮的行为变成无"我"的革命行为，通过无"我"的精神直接发出的物质力量去生产粮食，至于那张不得不消耗这些粮食的嘴巴反倒成了革命的负担，成了道德亏欠的累赘。不独种粮如此，全社会各行各业都如此。既然经验的自由是靠无"我"的精神去实现的，那实现出来的经验自由也就只有无"我"的精神才能体验和享受了。所以，那时的粮食很多都是精神性的数字，而那千百万被迫靠数字来充饥的"我"们就只好连"我"的肉身也一起勾销了，化成一些模糊的约数，只留下无"我"的幽灵们在神州游荡。

所幸改革开放以来，我们走上了一条卓有成效的扩大经验自由的道路。让吃饭的嘴巴跟种粮的双手重新关联起来，恢复了各种主体性因素跟各种客体性因素之间的互动机制，使生活世界的血脉重新畅达，焕发出物质和身体的感性的诗意光辉。尽管我们的经验自由尚在成长初期，还要解决太多太多的问题，尤其需要先验自由的灵明照亮，但这个维度的成就是有目共睹、举世公认的。

总而言之，从"文革"的自由迷途中彻底走出来，逐步形成先验自由和经验自由的良性结构，我们就能拥有健康的实践自由，不建沙滩城，不修通天塔，只是负责地构筑兼具自然环保和心灵环保的诗意人居，用一点灵明去与天地相参，而我们的全部福祉将依托于此。

说明：写于2006年春节前后，前四部分发表于《天津社会科学》2006年第4期；全文刊载于《当代视野中的马克思主义哲学》（任平、陈忠主编，人民出版社，2010年）。

论劳动的全球化

——从马克思主义暨中国的视角来看

一　导论：失衡的全球化

当今时代是一个全球化的时代，但这个全球化是一个失衡的全球化。这种失衡表现在许多维度，其中一个重要的维度就是资本的全球化和劳动的全球化的失衡，即：资本是全球化的，而劳动却是地域化的；资本是世界公民，劳动是国家公民。

所谓资本的全球化，是指资本不断突破地域的界限，特别是国家的界限，而在全球范围内自由流动以牟利的一种趋势。它主要表现为贸易的自由化和投资的自由化。贸易的自由化指资本将它的产品自由地推销到全球；投资的自由化指资本亲自出马，自由地在全球投资。这个趋势在马克思那个时代就已经显现出来，到今天更加广大深沉、不可阻遏。尽管资本尚未实现完全的全球化，它还有故乡，还有祖国，但是它已经获得了空前的跨国旅行的自由。在如今构成人类生活的万般要素中，资本是最自由的一种要素，是自由的宠儿。资本主义的自由首要地就是资本的自由。由于资本的自由实质上是一种物的自由，因而资本的全球化也就是物的全球化。

与资本全球化形成强烈反差的是劳动的地域化或国别化。或者说，在资本全球化的同时，劳动并没有获得同等的或同步的全球化，它仍然被重重屏障限制在民族国家的范围。劳动的跨国流动比资本的跨国流动要困难千百倍。那些仅仅出于劳动的需要而进行的跨国流动，不论在流入国还是在流出国，到处遇到红灯，许多被视为违法行为，甚至成为道德谴责的对象。相比之下，资本则处处受到欢迎，尽管它唯利是图，甚至常常惹是生非。故乡和祖国对资本来说是自由出行的后盾，对劳动来说则是难以跨越的门槛，国界对于资本和劳动因而具有完全不同的含义。在资本和劳动的关系中，资本天生就是强势的一方，劳动则处于弱势地位，这一点到了全球化时代更加明显。劳动是全球化的弃儿。可是，劳动的全球化直接意味着劳动者的全球化，进而意味着人的全球化，意味着人类自由的普遍化。在这个意义上，劳动全球化的缺位也就是人的全球化的缺位。

只有资本的全球化而没有劳动的全球化，只有物的全球化而没有人的全球化，这样的全球化肯定是失衡的，肯定不是全球化的完成状态。当今世界的许多纷争都跟这种失衡有关。

全球化在这个维度的失衡迄今尚未被充分注意到。人们关注的是资本的全球化，不论赞成还是反对，都谈论它，以它为焦点。并且，这种关注大多选取跟地域化或民族国家的关系这个视角。至于劳动，没有几个人觉得它也有全球化的问题，似乎劳动理所当然就应该限于地区或国家的范围，劳动的全球流动只是某种例外或特殊情况，并且需要严加控制。甚至在全球化问题上，劳动就不配跟资本相提并论。其所以如此，在于所有这些看法都是以接受现存世界的资本主义秩序和民族国家格局为前提的，换句话说，在于人们已经普遍失去了关于人类前景的想象力，很少有人愿意去设想和相信人类还会有一个既超越资本主义又超越民族国家的未来。

这种情况下，我们就不能不想到马克思。马克思把资本主导的世界看成一个物化的世界，看成达到真正人的世界的一个必经的阶段。以马克思的眼光去看，资本的全球化，只有在它必将引导出劳动的全球化的意义上，才具有真正的世界历史的重要性；只有在它必将被劳动的全球解放所超越和克服的意义上，才具有真正的世界历史的合理性。今天，来自马克思主义视角的这种观察应当受到认真的对待。

中国是奉行马克思主义的国家，可是，越来越多的人都不再认真地从马克思的世界历史观点去观察全球化，或者说还没有真正发现马克思主义视角对观察全球化的特殊价值，尤其没有体会到这种视角跟中国处境的契合之处。中国作为世界上人口最多的发展中国家，在融入全球化的历史进程中，在一个相当长的时期，都将以一个劳动大国的角色出场。劳动大国无疑需要从外部注入大量资本来跟劳动结合，可这只是一种单向度的关系。与此同时，它还需要将大量劳动向外部输出，主动寻求跟资本的结合，以建立一种双向度的关系。即使中国发展成了资本大国，仍将同时作为劳动大国而存在，因而仍然需要这种双向度的关系。只有这种双向度的关系才是一种健康的关系，物的全球化和人的全球化才会逐步得到平衡，中国对全球化进程的参与才会成为真正推进世界历史进程的新生力量，马克思所预期的超越物化时代的人类普遍自由的状态才会成为一种真实的前景。

本文将从这种既马克思主义又中国的特殊角度，对劳动全球化的问题做一番初步的考察。

二　对照基准：世界公民权利的理想和资本全球化的现实

这个世界上原本没有人类。有了人类后，原本没有国家。有了国家后，原本没有国家主权平等的观念和体系。直到三个多世纪以前，欧洲人才开始建构现代意义的国家和国际关系。中国人认可这种意义的国家和国际关系也才一个多世纪。至于形成全球范围内相互承认主权的国际关系体系，不过是最近半个多世纪以来的事情。今天，我们已经习惯了在一个特定国度里生活，并认同自己作为一国公民的身份。如果去到别的国家，我们必须持有所在国的护照，必须获得目的国的签证。如果想要变换国籍，成为别国公民，还必须履行更多手续，受到更严格的审查，得到特别的准许。这一切已被大家视为理所当然，似乎从来如此。

这个世界原本没有资本主义。资本主义也是从欧洲开始的。资本在现代国家确立之后才开始引人注目地突破国家的界限，成为世界历史的力量。中国人也不过在一个半世纪前才感受到这股力量，并以传统的方式和社会主义的方式一直抗拒这股力量，直到近三十年前才转而接受这股力量。如今，中国以其廉价劳动力成为吸引国际资本的大国，产品销往全球，并加入了世界贸易组织。在接纳中国之后，资本主导的国际经济体系俨然成为一个整体。所有的国家都随资本的节律起舞，互挣对方的钱，各吃自家的饭，或贫或富，各认其命。这一切都显得那么顺理成章，似乎历史不会再有新的故事。

在人们习以为常的平静生活下面，其实充满了张力。这种张力源于各式各样的矛盾，更源于理想和现实之间的巨大反差。这里先提供一个对照基准：一边是西方古典的人权理想，一边是当今资本世界的现实。

两百余年前，康德制订了一个关于永久和平的哲学计划。其中，他提出了一种"世界公民权利",以之作为永久和平的第三项正式条款。他说:"这种权利是属于人人都有的,即由于共同占有地球表面的权利而可以参加社会,地球表面作为一个球面是不可能无限地驱散他们的,而是终于必须使他们彼此互相容忍;而且本来就没有任何人比别人有更多的权利可以在地球上的一块地方生存。""这种友好权利,亦即陌生的外来者的权限,所伸展的程度,也不外是尝试一下与老居民相交往的可能性的条件而已。相距遥远的世界各部分就可以以这种方式彼此进入和平的关系,最后这将成为公开合法的,于是就终于可能把人类引向不断地接近于一种世界公民体制。"①

在康德提出这种"世界公民权利"之时,资本还没有出现在他的哲学视野之中。所以康德谈论的完全是出于纯粹理性原则的人的权利,而不是任何意义上的物的权利。以这种权利为尺度,他谴责了那时欧洲贸易国家对其他国家和地区的掠夺,并同情地评述了中国将外来者拒之门外的反应。末了他说:"所以世界公民权利的观念就不是什么幻想的或夸诞的权利表现方式,而是为公开的一般人类权利、并且也是为永久和平而对国家权利与国际权利的不成文法典所作的一项必要的补充。唯有在这种条件之下,我们才可以自诩为在不断地趋近于永久和平。"②

不管实现世界公民权利和人类永久和平需要多少条件,也不管这些条件有无齐备的一天,只要人们祈望永久和平,那就必须将世界公民权利看成一个必要条件。康德的这个理论的效力和这个理想的真义就在这里。

可是,康德恐怕不会想到,率先取得世界公民权利的不是人,而是资本。

在康德提出这项权利两百年后,在一次公开辩论会上,欧洲最大的一家集团公司总裁对全球化发表了如下看法:"他的集团可以因此享有完全的自由,想在哪儿建厂就在哪儿建厂,愿意多长时间就多长时间,愿意生产什么就生产什么,愿意购进就买、愿意出售就卖,同时还可以尽可能少地承担劳动法和社会规章方面的制约。"③

与此同时,S. 阿明曾提醒说,资本主义体系扩张的基础,是在"调整好的"民族国家范围内,"商品市场、资本与技术市场和劳动市场"的一

---

① 康德著《历史理性批判文集》,何兆武译,商务印书馆,1997,第115、116页。
② 康德著《历史理性批判文集》,何兆武译,商务印书馆,1997,第118页。
③ 参见弗朗索瓦·沙奈著《资本全球化》,齐建华译,中央编译出版社,2001,第1~2页。

体化。在全球化运动中，资本粉碎了这种一体化，并且尽力阻止它重新建立起来。世界体系"开始在商品方面成为一体；……它也有可能在科技以及新的金融技术方面成为一体……但是它在劳动方面还没有成为一体。"①

另有学者指出，"在假定的'全球化'时代，人们并没有看到在劳动力流动方面出现一个新的、无须控制的、国际化的市场。在许多方面，世界上的没有特权的人和穷人的国际移民可能现在已不如过去。……他们没有什么选择，只能继续贫困并继续忍受贫困。……世界上的穷人也失去了'自由'。"②

世界公民竟然不是人而是物，这就是全球化时代世界公民权利的理想和唯有资本才拥有这种权利的现实之间的反差。对于这个反差，资本主义的主流意识形态往往视而不见，而从马克思主义视角则可以将其清楚地揭示出来。

三 马克思的劳动理论和世界历史理论

马克思从康德所代表的启蒙思想中继承了"世界公民观点之下的普遍历史观念"：人的自然禀赋的合目的的充分发展，以及通过社会的对抗性来发展这些禀赋、实现人类物种的完满的公民结合状态。③ 但马克思不认为人类走向普遍的历史是自然的隐蔽计划的实现，而认为这是人类劳动的结果。在马克思看来，劳动创造了人，创造了人类历史，劳动通过异化的方式推动物质生产力的发展和社会关系的演进，尤其是借助与资本的矛盾结构把人类历史最终推入世界历史的轨道，为最终"消灭"或解放劳动本身，从而实现人类的自由发展创造了条件。尽管马克思本人没有"全球化"的概念，但资本的全球化实际上已经在其世界历史理论中得到了描述。

马克思的劳动理论概括起来有如下几层意思。

第一，人是劳动的动物。"可以根据意识、宗教或随便别的什么来区别人和动物。一当人开始生产自己的生活资料的时候，这一步是由他们的

① 参见弗朗索瓦·沙奈著《资本全球化》，齐建华译，中央编译出版社，2001，第20页。
② 保罗·赫斯特、格雷厄姆·汤普森著《质疑全球化》，张文成、许宝友、贺和风译，社会科学文献出版社，2002，第36页。
③ 参见康德著《历史理性批判文集》，第1篇论文"世界公民观点之下的普遍观念"，何兆武译，商务印书馆，1997，第1~21页。

肉体组织所决定的，人本身就开始把自己和动物区别开来。"①

第二，劳动创造价值。"劳动起初只作为农业劳动出现，后来才作为一般劳动得到承认。"②"亚当·斯密……抛开了创造财富的活动的一切规定性，——干脆就是劳动，既不是工业劳动，又不是商业劳动，也不是农业劳动，而既是这种劳动，又是那种劳动。"③"一切劳动，一方面是人类劳动力在生理学意义上的耗费；就相同的或抽象的人类劳动这个属性来说，它形成商品价值。一切劳动，另一方面是人类劳动力在特殊的有一定目的的形式上的耗费；就具体的有用的劳动这个属性来说，它生产使用价值。"④

第三，劳动异化为资本。劳动在商品生产中实现了它创造价值的抽象普遍性。商品生产是通过资本雇佣劳动来运用生产资料以生产商品的一种生产形式。资本则是先前积累起来的劳动。劳动把生产资料变成商品，商品的价值由生产资料所转移到商品中的价值和由劳动所凝聚到商品中的价值所构成。商品在销售中所实现的大于投入到该商品生产中的那部分资本的价值叫剩余价值，它实际上是劳动所创造的，却为资本家所占有，被视为资本的利润。依靠劳动和资本的这种结合，劳动把新创造的价值源源不断地转化为资本，使资本得以增殖并进一步剥削劳动。

第四，劳动生产率的提高为劳动的解放创造条件。劳动用以维持和延续劳动力的部分叫必要劳动，表现为工资；用以创造剩余价值的部分叫剩余劳动，表现为利润。资本榨取剩余价值的方式是增加剩余劳动的比重，最有效的方式就是增加购买生产资料的不变资本相对于购买劳动的可变资本的比重。这样，劳动就能在单位时间中生产更多的价值，也就意味着必要劳动时间的相对缩短和剩余劳动时间的相对延长。资本对劳动的这种不断增加的剥削，却反过来成了有朝一日废除资本主义生产关系，把剩余劳动时间转化为劳动者自由发展的时间的历史条件。"一旦到了那样的时候，资本的历史使命就完成了。"⑤

---

① 马克思、恩格斯著《德意志意识形态》，《马克思恩格斯选集》第 1 卷，人民出版社，1995，第 67 页。
② 马克思著《1844 年经济学哲学手稿》，人民出版社，2000，第 76 ~ 77 页。
③ 马克思著《1857 ~ 1858 年经济学手稿》，《马克思恩格斯全集》第 30 卷，人民出版社，1995，第 45 页。
④ 马克思著《资本论》第 1 卷，人民出版社，2004，第 60 页。
⑤ 马克思著《1857 ~ 1858 年经济学手稿》，《马克思恩格斯全集》第 30 卷，人民出版社，1995，第 286 页。

正是通过这种理论，马克思描画了劳动创造人类历史并最终解放人类的机制和路径。

再看看马克思的世界历史理论。

资本通过最大限度地调动并吮吸劳动的力量而不断壮大自己，造成生产力的巨大增长和高度发展，进而建立起人们之间的普遍交往。"不断扩大产品和销路的需要，驱使资产阶级奔走于全球各地。它必须到处落户，到处开发，到处建立联系。资产阶级，由于开拓了世界市场，使一切国家的生产和消费都成为世界性的了。""正像它使农村从属于城市一样，它使未开化和半开化的国家从属于文明的国家，使农民的民族从属于资产阶级的民族，使东方从属于西方。"① 这里清楚地出现了"全球"这个概念。

由此造成的结果是，"地域性的个人为世界历史性的、经验上普遍的个人所代替。""每一个单个人的解放的程度是与历史完全转变为世界历史的程度一致的。……只有这样，单个人才能摆脱种种民族局限和地域局限而同整个世界的生产（也同精神的生产）发生实际联系，才能获得利用全球的这种全面的生产（人们的创造）的能力。各个人的全面的依存关系、他们的这种自然形成的世界历史性的共同活动的最初形式，由于这种共产主义革命而转化为对下述力量的控制和自觉的驾驭，这些力量本来是由人们的相互作用产生的，但是迄今为止对他们来说都作为完全异己的力量威慑和驾驭着他们。"② 这里使用"全球"概念更早一些。

根据上述引文以及其他相关论述，马克思，跟恩格斯一起，把世界历史过程分为两个阶段：第一阶段是由世界市场自然形成个人之间的全面依存关系，第二阶段是通过共产主义革命使所有的个人反过来实现对他们的生产力和相互关系的控制和支配。其中，第一阶段的推动力量是通过劳动的不断异化而积累起来的全球资本，第二阶段的推动力量是资本跟劳动的冲突所引发的全球危机以及无产阶级剥夺资产阶级的最后革命。

《资本论》第 1 卷中有一段话综合体现了马克思的上述两种理论，即："从资本主义生产方式产生的资本主义占有方式，从而资本主义的私有制，是对个人的、以自己劳动为基础的私有制的第一个否定。但资本主义生产

---

① 马克思、恩格斯著《共产党宣言》，《马克思恩格斯选集》第 1 卷，人民出版社，1995，第 276、277 页。

② 马克思、恩格斯著《德意志意识形态》，《马克思恩格斯选集》第 1 卷，人民出版社，1995，第 86、89～90 页。

由于自然过程的必然性，造成了对自身的否定。这是否定的否定。这种否定不是重新建立私有制，而是在资本主义时代的成就的基础上，也就是说，在协作和对土地及靠劳动本身生产的生产资料的共同占有的基础上，重新建立个人所有制。"①

几年后，马克思还写道："同那个经济贫困和政治昏聩的旧社会相对立，正在诞生一个新社会，而这个新社会的国际原则将是和平，因为每一个民族都将有同一个统治者——劳动！"②

由此可见，马克思的劳动理论和世界历史理论明确包含了关于资本全球化及其革命性转变的思想。对于劳动的全球化，马克思虽无专门交代，但可以认为这是由资本全球化必然导致的伴随现象，是地域性的个人转变为世界历史的个人的最初形式，是"资本主义所有制转化为社会所有制"③亦即"个人所有制"的一个必要条件。有理由认为，马克思之所以没有专门讲劳动全球化，是因为作为世界历史转变为真正人的历史的诸多环节中的一个，它不是马克思的最终关切。马克思的最终关切毕竟是"消灭劳动"④ 或劳动者的彻底解放，而不是劳动的全球化。

四 劳动全球化：资本主义逻辑的完成

劳动全球化作为客观趋势是否成立，这个问题还可以由实证科学进一步加以研究。但不管怎样，马克思主义至少给我们提供了一个超越资本主义当前状态去思考问题的空间和方向。借助于此，即使不谈资本主义之后的社会，仅就资本主义自身的演化前景而言，我们也可以获得许多更有远见的看法和主张。

如果人类社会一定要经过资本主义才能达到更高的形态，或者说，如果资本主义社会并不是人类可能达到的最好的社会，那么，资本主义完成自身的逻辑、实现自身的本性就是必要的步骤，并具有积极的意义。

资本主义逻辑的完成，纯粹理论地讲，在于资本和劳动都实现全球范

---

① 马克思著《资本论》第 1 卷，人民出版社，2004，第 874 页。
② 马克思著《国际工人协会总委员会关于普法战争的第一篇宣言》，《马克思恩格斯全集》第 17 卷，人民出版社，1963，第 7 ~ 8 页。
③ 马克思著《资本论》第 1 卷，人民出版社，2004，第 874 页。
④ 马克思、恩格斯著《德意志意识形态》，《马克思恩格斯选集》第 1 卷，人民出版社，1995，第 91 页。

围内的自由流动，从而造成全球所有的资本和所有的劳动的自由结合。这个过程的动力机制是资本的逐利本性，但导致的结果是劳动者个人普遍成为世界历史的个人。

在资本主义早期的发展过程中，资本的全球化和劳动的全球化是大致同步的。这表现为劳动移民的持续增加。据估计，1850 年以前，从非洲贩卖到美洲的奴隶达 1500 万人。不用说，这属于强迫的劳动移民。1815 年之后的一个世纪中，大约 6000 万人离开欧洲，移民美洲、大洋洲、南非和东非；大约 1200 万中国人被招募到东南亚。① 那时的殖民地劳动力短缺、工资高昂，以致资本家抱怨被工人剥削。② 直到 20 世纪 50 和 60 年代，西欧、美国、澳大利亚和波斯湾石油国家为适应经济快速发展的需要，都在大量输入外籍劳工。③

从 20 世纪 70 年代早期开始，由于全球经济衰退以及外籍劳动大量滞留所带来的社会问题的增多，西欧各国不再输入外籍劳工。④ 如卡斯特与米勒所言："短期到中期内，向西方民主国家合法移民数量大幅增加的前景甚微……政治限制不允许移民大幅增加……尚有一些额度可供高技术劳工、家人团聚和难民所用，但不会出现雇佣大批外国劳动力从事低级工作的情况。"⑤ 苏东剧变所引发的移民潮的冲击和近年来恐怖主义的影响，使发达国家对外籍劳工的政策更趋紧缩，从而劳动全球化的历史趋势受到阻遏。

与此同时，资本的全球化却一直没有停止脚步。在苏东诸国变成资本主义国家以后，并随着中国逐步融入世界资本主义经济体系，资本全球化的步伐大大加快。资本全球化和劳动全球化之间的失衡由此产生，且呈现日益加剧的态势。发达的资本国家通过使自己的资本自由出入于发展中的劳动国家的商品和投资市场，获取稳定可靠的利益，使自身处于更加有利的位置，而发展中的劳动国家则无法使自己的劳动力自由进入发达的资本

---

① 参见保罗·赫斯特、格雷厄姆·汤普森著《质疑全球化》，张文成、许宝友、贺和风译，社会科学文献出版社，2002，第 29 页；Myron Weiner, *The Global Migration Crisis: Challenge to States and to Human Rights*, HarperCollins College Publishers, 1995, New York, p. 22.

② 参见马克思著《资本论》第 1 卷，人民出版社，2004，第 883 页。

③ 参见 Myron Weiner, *The Global Migration Crisis: Challenge to States and to Human Rights*, HarperCollins College Publishers, 1995, New York, p. 4。

④ 参见 Myron Weiner, *The Global Migration Crisis: Challenge to States and to Human Rights*, HarperCollins College Publishers, 1995, New York, p. 5。

⑤ 保罗·赫斯特、格雷厄姆·汤普森著《质疑全球化》，张文成、许宝友、贺和风译，社会科学文献出版社，2002，第 36 页。

国家的劳动市场，从而失去了通过平等竞争而谋求合法收益的可能，更失去了改善自身处境的一个重要渠道。最典型的例子莫过于美国和墨西哥之间的关系：美国用自由贸易的协定来保障自己的产品自由进入墨西哥，却筑起当代的万里长城来阻挡墨西哥劳工到美国求职。

资本国家凭借资本的力量在自己跟劳动国家之间建构起一种歧视性关系，使得马克思时代资产阶级和无产阶级的对立转变成了资本国家和劳动国家的对立，资产阶级对无产阶级的剥削和压迫转变成了资本国家对劳动国家的剥削和压迫，资本主义国家的国内矛盾转变成了资本国家和劳动国家的国际矛盾。这种情况下，在资本国家，就算身处劳动阶层也能过得不错，但这是以其劳动市场对劳动国家封闭为前提的，或者说是受惠于资本的对外攫取。相反，在劳动国家，即使资本阶层也承受巨大压力，这是因为其贸易和资本市场对资本国家是洞开的，相形之下，本土资本处于明显弱势的地位。

由此可见，全球化进展到今天，资本主义的逻辑远未完成自己。马克思当年提到的一个英国纺纱工人和一个中国纺纱工人在劳动生产力上的差别已经转化成了资本国家的工人和劳动国家的工人在工资上的惊人悬殊，这种悬殊已经超出了马克思所说的"工资的国民差异"的纯粹经济学范畴，[1] 它更多地不是由经济的自然发展所引发的，而是由资本国家单边塑造和极力强化的不合理国际关系所造成的。同样质量的劳动，只要其价值还因为国籍的不同而不同，劳动就有待进一步普遍化和抽象化。作为资本主义商品生产条件的工人的自由，就还得不断地重新缔造。

资本国家用以支持其资本全球化政策的意识形态理由是普遍的人权。可马克思毕生都在批判这种权利的资产阶级性质。在资本全球化和劳动全球化失衡的局面下，这种权利更加显出了其阶级与历史的局限：它根本说来是资本的权利，是资本家的权利，是资本国家的公民的权利，而不是劳动的权利，不是劳动者的权利，不是劳动国家的公民的权利。所以，这种权利是一种片面的、不平等的和自相矛盾的。

当然，在马克思看来，即使普遍人权同等地落实到全世界劳动者身上，即使这种资产阶级权利惠及每一个人，从而完全实现自己，对劳动者来说，那也不过是拥有了为资本打工的完整的权利而已。马克思的最终理想是一个超越了劳动价值尺度的、以每个人的自由发展为鹄的的真正人的社会，跟康德所说的世界公民体制类似。至于那种以为冷战结束就意味着

---

[1] 参见马克思著《资本论》第 1 卷，人民出版社，2004，第 699、644 页。

历史终结的观点，不管从资产阶级的权利看还是从马克思主义的理想看，都显得过于短视，结论实在下得太早。

五 结语：作为国际关系诉求的劳动全球化

全球化是一场纷繁复杂的运动，单凭哪种理论、哪门学科都不可能说清楚其中的所有道理。在这个意义上，本文引入马克思主义视角考察全球化问题，只是为了发挥其理论特长以补偏救弊，并顺便提醒人们不要抛弃了这份宝贵的思想遗产，绝没有把马克思主义的全球化分析看成唯一合理的分析的意思。

从上文的阐述不难看出，马克思主义可以让我们确认历史并没有终结，因为仅仅劳动全球化就可以再花上两百年，而那时的世界绝不是如今个别超级大国称王称霸的模样。其他理论则没有给我们提供这样的前景。对于置身资本全球化洪流的劳动国家而言，劳动全球化不仅是其借以与资本全球化互动的方式，而且可以直接成为它们抗衡资本权利和势力的一种国际关系诉求：在全球化过程中，劳动应当取得跟资本同等的自由权利。具体来说，劳动国家的市场对资本国家的资本开放到何种程度，资本国家的市场对劳动国家的劳动就应该开放到何种程度；劳动国家消除多少妨碍资本国家的资本进入的壁垒，资本国家就应该消除多少妨碍劳动国家的劳动进入的壁垒；劳动国家给予资本国家的资本怎样的国民待遇，资本国家就应该给予劳动国家的劳动怎样的国民待遇；资本国家的资本在哪种意义上成为世界公民，劳动国家的劳动就应该在哪种意义上成为世界公民。

有西方学者一方面认为中国是世界上在向外移民方面最大的封闭国家，另一方面又担心它将来会成为一个主要的移民输出国。① 其实，这种矛盾的感觉跟大多数西方人并不真正了解中国有关。中国人自古就有四海为家的意识，他们并不封闭；同时他们又富有以天下为己任的情怀，不论身处何地都不逃避应尽的责任。只是因为近世的懈怠，才落于人后，沦为边缘。而今，在全球化的大潮中，中国人打开了国门，在短短二十多年中已为资本的全球化展开了一个广阔的空间，在自己获得发展的同时也为资本国家的进一步繁荣提供了机会。不过，出于自身处境与利益的考虑，中

---

① 参见 Myron Weiner, *The Global Migration Crisis：Challenge to States and to Human Rights*, HarperCollins College Publishers, 1995, New York, p. 35, 44。

国必然还要为自己的庞大劳动人口要求一个同样广阔的劳动全球化的空间。在促进这两种全球化的平衡互动中，作为一个具有悠久人文传统又深受马克思主义人文理想熏染的大国，中国一定可以为逐步实现全球化了的劳动上升为目的而全球化了的资本下降为手段，进而实现全球化了的人对全球化了的物的统治做出应有的贡献。

总之，没有劳动全球化与之平衡的资本全球化，只会给人类带来新的不平等，造成民族国家间更加严重的两极分化，最终必将酿出国际冲突的祸患，而一个与资本的全球化相平衡的劳动的全球化，至少可以给人类特别是给劳动国家的人民带去一种新的希望。

　　说明：写于 2006 年 3 月中旬，发表于《天津社会科学》2007 年第 4 期；其英文稿发表于英国 *Studies in Marxism*（ISSN：1358 - 6823，An annual volume from the Marxism Specialist Group of the Political Studies Association of Great Britain）第 11 卷（2007 年）。

专题五
关于马克思主义与中国

新时期马克思主义哲学的
演进态势

　　这里所谓新时期，是指我国改革开放以来的历史时期。虽然这一时期还只有 20 余年，但其间我国社会生活所发生的巨大变化却是过去任何历史时期都无法比拟的。作为意识形态基石的马克思主义哲学，不仅自身在随着时代大潮而演变，而且其变化跟社会生活的变化还具有一种特殊的互动性——一方面，马克思主义哲学领域的思想解放直接推进着改革开放的实践，另一方面，改革开放的每一进展又促使马克思主义哲学不断嬗变。我们之所以要研究马克思主义哲学在新时期的演进态势，根本说来就是为了揭示其与中国社会发展之间的互动关系，以通过推动马克思主义哲学的进一步变革来促进中国社会变革向纵深挺进。

　　这里所谓演进态势，是指一些明显的倾向。本文的任务主要就是描述这些倾向。

　　新时期马克思主义哲学的演进是从"文革"结束后不久开始的。众所周知，"文革"期间，根本谈不上什么马克思主义哲学，即使苏联模式的教科书哲学也被搁置一旁，一切以最高领导人当下的意志为转移。"文革"结束后，马克思主义哲学领域的首要工作是恢复苏联模式教科书哲学的指导地位，其意义在于用理论体系的客观权威代替领袖意志的主观权威。人民出版社 1977 年 10 月出版的《马列著作选读·辩证唯物主义和历史唯物主义》和 1978 年 4 月出版的艾思奇主编的《辩证唯物主义历史唯物主义》第三版可以视为这一工作的标志。这两种读物所表达的理论观点和代表的理论模式，作为当时马克思主义哲学的标准版，遂成为新时期马克思主义哲学演进的历史起点。可以这样讲，20 余年来马克思主义哲学的各种演进态势都可以依据与这一起点的关系来加以刻画。本文把这些态势归纳为如下八个方面。

一 从理论与实践的关系看，确立了实践对于理论的优先地位

不管人们对马克思主义哲学的理解如何歧见纷纭，没有人否认它的辩证本性。辩证的哲学最反对的就是用僵化的理论教条去对待人们的生活实践，按理，马克思主义哲学就应当是最没有教条主义习气的哲学，或者说它对教条主义就应最具有免疫力。可实际情况不然。在国际共产主义运动史上，在社会主义革命和建设的历史上，批判教条主义几乎成了一项经常性的主题，教条主义竟像房间里的垃圾一样，必须定期打扫，否则就会妨碍我们的生活。其所以如此，一般地看，在于一切理论，包括辩证法理论，一旦变成文本，就成了一种客观化的文化物品，本身就具有了一种凝固性。进一步看，其原因在于马克思主义哲学理论是社会主义中国意识形态的根基，而意识形态本身具有相对稳定性，这使得哲学理论的变化往往滞后于生活实践的变化。更重要的是，任何意识形态都不是抽象的纯粹观念，而是特定社会利益关系的表现，这就意味着意识形态的调整必然牵涉利益关系的调整，变动的难度就更大了。在这些复杂因素的影响下，马克思主义哲学这种最富有革命精神的辩证学说，逐渐地被教条主义化了。

马克思主义哲学被教条主义化，表现在三个层面上。在表层，将当下的领导人在马克思主义哲学上的个人见解固定下来，作为马克思主义哲学的理论准绳，著名的"两个凡是"就是例子。在较深的层次上，把马克思主义哲学史上对马克思主义哲学的某种权威解释体系当成马克思主义哲学的法定模式，由斯大林制定的苏联模式的教科书哲学就是典型。在更深的层次上，把马克思主义哲学创始人及其他经典作家的文本作为终极的理论形态来看待，不允许现实生活的变动超出这种形态所规定的范围，如果实践的要求跟这种理论形态的规定有不一致的地方，前者必须服从后者。

如果把教条主义的理念概括为"理论优先于实践"的话，那么，1978年的那场以"实践是检验真理的唯一标准"为旗帜的思想解放运动和中共十一届三中全会所确立的理念就是"实践优先于理论"，其含义是：当我

们对马克思主义的当下理解跟社会生活的实际情况和社会实践的发展要求不相一致时，前者应当服从后者。

单从学理上讲，今天看来，"实践是检验真理的唯一标准"的主张所直接针对的只是"两个凡是"，所要破除的主要是表层的教条主义，其观点本身只是重申了马克思主义哲学的一个基本命题，学理上并无创意，尤其是其思维方式尚未超出传统教科书哲学模式。可能正是出于这一点，一些学者对它的评价不是太高。但是，我觉得，"实践是检验真理的唯一标准"这一观点的根本意义不在于重复了一个老的命题，而在于它开启了一场以"实践优先于理论"为理念的持续的哲学运动，我们今天在专业哲学理论、经济与社会发展的指导思想和全社会普遍思想观念上的所有进展和收获，都可以溯源于此。

当然，正是因为"实践是检验真理的唯一标准"的观点在反对教条主义上只是表层的，所以才有从1980年代初持续至今的对苏联模式教科书哲学从体系到观点、从思维方式到价值观念、从文本根据到学术规范的全方位反思和批判，所以才有邓小平1992年"南巡讲话"所掀起的新一轮更加深广的思想解放运动。可以这样讲，把对教条主义的批判持续引向深入是20余年来马克思主义哲学领域的一个根本主题，这也是对马克思主义哲学的辩证精神的最好贯彻。

客观地讲，我们今天还走在批判教条主义的途中，从某种意义上说，这条道路永远不会有尽头。只要这种批判一停止，不仅旧的教条会死灰复燃，新的教条还会滋生蔓延，因为在某一阶段上的批判性结论一凝固，自身就成了新的教条。所以，在检视新时期马克思主义哲学的演进态势时，我们首先应当肯定的不是别的，而是"实践优先于理论"的根本原则。只要实践对于理论的这种优先地位能够得到巩固，马克思主义哲学的发展、中国的改革开放事业、十数亿中国人的前途就有希望。

二 从理论模式看，打破了苏联模式教科书一统天下的局面

新时期马克思主义哲学演进的另一个良好态势，就是从理论模式上打破了苏联模式教科书哲学一统天下的局面。

20余年前，若问什么是马克思主义哲学，人人必答曰"辩证唯物主义和历史唯物主义"。而今，若再问同样的问题，就会听到不同的答案，比

如 "实践唯物主义"、"历史唯物主义"、"现代唯物主义" 或 "新唯物主义" 之类，当然，答案中仍然有 "辩证唯物主义和历史唯物主义"；这种局面在从前是不可想象的。

经过这些年学者们的共同努力，到今天，我们可以确认的是：以 "辩证唯物主义和历史唯物主义" 为名的马克思主义哲学体系仅仅是对于马克思主义哲学的若干可能的解释模式中的一种，它无论如何不能等同于马克思主义哲学本身。这种模式的基本意向可以追溯到恩格斯，轴心架构形成于列宁，最终体系完成于斯大林。该模式在完成之后便以法定教科书的形式刊行和传播，在过去的大半个世纪中影响了社会主义世界的好几代人。中国的 "辩证唯物主义和历史唯物主义" 是苏联标准版结合中国实际后的改编本。所以，这套马克思主义哲学体系我们可以恰当地称之为 "苏联模式的教科书哲学"，简称 "教科书哲学"。

教科书哲学作为马克思主义哲学的一种解释模式，确实在一定程度上反映了马克思主义哲学的某种精神特质，对于传播马克思主义哲学，扩大马克思主义哲学的影响起过重要的历史作用，这些都是可以肯定的。但是，教科书哲学的局限是十分严重的，并且在今天看来已非常明显。首先，在这套教科书哲学的形成时期，马克思本人的许多重要文献或者尚未公之于世，或者刚被整理发表而未得到消化，因此没有被其采纳，而这些文献中所包含的思想正是后来引发对马克思本人哲学究竟为何之激烈争论的文本根由。所以，我们说，教科书哲学具有无法弥补的文本缺陷。其次，教科书哲学的思维方式是近代哲学的思维方式，表现为它的全部理论都建基于人与物质世界的外在分立上，这是从笛卡儿到 18 世纪法国唯物主义再到费尔巴哈所一贯采取的二元对峙式的思维方式，而现代哲学的思维方式则普遍具有一种一体性的特征，马克思在其被教科书哲学所遗漏的文本中所树立的正是这种新的思维方式，表现在他所理解的物质世界是处于对人的实践关系中的物质世界，他所理解的人是由跟物质世界打交道的实践活动所造就的人。这是教科书哲学的思维缺陷。再次，教科书哲学在价值观念上站到了人的对立面，表现为它把现实世界的本质归结为各种各样的客观规律，而人的最大价值就在于认识这些规律，并为之献身，它忘记 "每个人的自由发展" 这一由《共产党宣言》所确定的终极价值。这是教科书哲学的价值缺陷。比较而言，文本缺陷只是一种外观，思维缺陷和价值缺陷才是实质，而这些缺陷主要不是理论工作失误的结果，而是高度集权的苏联社会主义模式在哲学理论上的必然产物。

可见，教科书哲学支撑着一种过时的社会模式，而这种模式正是中国实现现代化的根本障碍。所以，教科书哲学实际上就成了作为改革阻力的教条主义的一大渊薮。

有鉴于此，反思教科书哲学，发现其缺陷，批判其错误，就是新时期马克思主义哲学研究不可回避的工作。到目前为止，虽然教科书哲学，包括退化的教科书哲学，仍然占据着大多数讲坛，仍然是许多人头脑中的基本操作程序，但是，在学术论坛上，持教科书哲学观点的人已经大为减少，"辩证唯物主义和历史唯物主义"体系一统天下的局面已经一去不复返，并且即使作为马克思主义哲学的解释模式之一，跟以"实践唯物主义"为代表的一些新兴的解释模式相比也已不占优势。或许可以这样说，马克思主义哲学目前处于一种"辩证唯物主义与历史唯物主义"体系主导讲坛、"实践唯物主义"等新体系主导论坛的分治状态。马克思主义哲学可以有不止一种解释模式，仅仅这一点就是马克思主义哲学领域的极大思想解放。

当然，打破教科书哲学一统格局本身并不是目的，通过建构马克思主义哲学解释的百家争鸣格局，以更好地开掘马克思主义哲学的思想资源，发挥马克思主义哲学的当代意义，从而服务于中国的改革开放和人类的和平发展，才是真正的目的。要实现这一目的，我们还有漫长的路要走，其间还不免会有反复和曲折。

三　从理论领域看，突破了几大传统领域，开辟了大量新的领域

在新时期马克思主义哲学的演进过程中，理论领域的广泛拓展是一个显著的态势。

长期以来，对于马克思主义理论领域的划分，人们恪守着一个固定的模式，即：马克思主义由哲学、政治经济学和科学社会主义三部分组成，马克思主义哲学由辩证唯物主义和历史唯物主义两部分组成。这就是马克思主义的三分法和马克思主义哲学的二分法。这一划分模式的雏形是恩格斯在《反杜林论》中形成的，最后由列宁将其确定下来。划分领域本来是为了方便理解，但这种特定的划分模式定型之后却极大地限制了马克思主义理论发展的空间。

就马克思主义哲学理论而言，辩证唯物主义和历史唯物主义是两大基

本领域，其下又分为唯物论、辩证法、认识论、历史观，或者分为自然观（自然辩证法）、历史观、思维观（辩证逻辑），或者分为世界观、认识论、方法论等。这种划分办法至今还被广为采用。

20余年来，马克思主义哲学的理论领域已经大为拓宽。新开辟的领域中较为突出的有实践哲学、价值哲学、人的哲学、发展哲学、社会哲学、经济哲学、文化哲学、交往哲学、生存哲学、生态哲学等，此外还有马克思主义哲学与中外其他派别哲学思想的比较研究等。这些领域的开辟不仅拓展了马克思主义哲学理论的外延，更重要的是为新的理论内容提供了生长的空间。比如，从马克思早期文献中解读出来的关于实践、价值和人的思想在原有的任何一个理论领域中都找不到合适的位置，这种情况下，只有开辟新的领域才能使这些新鲜的思想充分展现出来。又如，由中国的改革开放所牵涉的发展问题、经济和社会转型问题等在原有的理论领域中也很难得到恰当的解决，至于在全球化背景下通过跟现代西方思想观念的交流和碰撞所引发的文化、交往、生存、生态之类问题，更是原有理论领域所涵盖不了的，所以，拓展理论领域是解决这些问题的唯一出路。

关于这些新的理论领域的开辟，还有一个现象值得指出，这就是：新时期中国哲学理论的正面主张（相对于对西学和国学的阐释性见解），大多数都是从马克思主义哲学的这些新领域生长出来的。当然，这不是否定哲学的其他学科的工作，而是说在中国当下的特殊学科结构中，马克思主义哲学是生长新理论的唯一合法园地，而其他学科的理论创新也必须通过跟马克思主义哲学相结合才能分有合法性资质，因而马克思主义哲学承担着更重的理论创新的任务。正因为如此，马克思主义哲学理论领域的拓展才显得尤其重要。

四 从理论的文本依据看，"回到马克思"是一个显著特点

马克思主义哲学是以马克思的名字命名、由马克思和恩格斯共同创立、为其后各代各派马克思主义哲学家继承和发展的有关思想和观念的总体。今天，我们这样来看马克思主义哲学，应是大家都可以接受的。可是，在20余年前，在大家的心目中，只有在马克思、恩格斯、列宁、斯大林、毛泽东这条线上所传承的哲学才是正统的马克思主义哲学，并且这一脉相传的哲学具有内在的高度同质性。这种观念的后果是：一方面，我们

把其他派别的马克思主义哲学一概斥之为假马克思主义，拒之门外，从而失去了在不同派别的差异性互动中更好地理解和发展马克思主义哲学的思想机制；另一方面，在看不到差异的情况下，我们出于对马克思主义哲学传统的同质性信念，习惯于将当下政治领袖的哲学思想直接确认为真正的和最新的马克思主义哲学，以至于连对照马克思主义哲学原始文本的必要性都被我们从心底放弃了。改革开放启动后，我们不仅认识到了被称为"高峰"的毛泽东晚年思想的错误，而且发现了斯大林社会主义模式的种种问题，与此同时，我们接触到了其他派别的马克思主义哲学思想，并由此发现了另一种形象的马克思。确信无疑的东西出了问题，弃之不顾的东西反而不无道理，这种复杂的局面使我们不得不思考：究竟哪种马克思主义哲学才是货真价实的？于是，不同理论立场的人都异口同声：回到马克思。这就造成了新时期马克思主义哲学演进的又一个重要态势：溯本追源，到马克思本人的著作中寻找马克思主义哲学的本义。

回到马克思，首先意味着我们承认了马克思主义哲学传统具有异质性这一事实，意味着我们今天对于马克思主义哲学的理解、对于究竟应当继承和发展什么样的马克思主义哲学存在重要分歧。这种承认本身就是一种极为重要的思想解放。回到马克思，其次意味着重读马克思。20 余年前，说到马克思主义哲学，我们主要想到的是《反杜论论》、《费尔巴哈和德国古典哲学的终结》、《唯物主义和经验批判主义》，至于马克思本人的著作，则被我们主要从政治经济学和科学社会主义角度加以理解。重读马克思，所读的侧重点主要有两个：一是本世纪才被陆续整理发表的各类手稿和笔记，二是早期著作。通过重读，可以说所有的人都发现并认可了一个真正哲学家意义上的马克思，其结果是使得我们将马克思主义哲学文本依据的重心从恩格斯和列宁那里调整到了马克思这里，从而彻底动摇了教科书哲学的学术基础。所以，回到马克思，对于新时期马克思主义哲学的发展起到了正本清源的作用。

当然，必须指出的是，回到马克思的最真的意义不是为了恢复"原教旨"，而是为了发掘马克思文本的当代意义，以作为中国改革开放的最具合法性的思想支持。在这一点上，人们远未达成共识。正因为如此，我们才会看到：同样是回到马克思，由于解释者各自在改革开放的实践中所形成的"前见"不同，其所确认的马克思实际上有着很大的差异，有的甚至截然相反。因此，回到马克思，作为新时期马克思主义哲学演进的态势之一，只有跟其他态势结合起来，才能得到正确理解。

五 从理论态度看，信仰态度在弱化，学术态度在加强

人们通常讲，马克思主义哲学是科学性和革命性的统一，即它既是一种认识世界的理论方法，又是一种特定的意识形态。作为理论方法，马克思主义哲学是按照一定的学术规范和学术工艺制作出来的思想产品，并且它还要随着学术规范的调整和学术工艺的改进而不断完善，也就是说，它是作为人类经验生活样式之一的学术活动的成果。作为意识形态，马克思主义哲学又是一种信仰对象，即它不是达到某种价值目的的手段和工具，而是价值目的本身，具有一种超经验性。实际上，任何被称为"主义"的人文社会学说都具有这样的两重性。

按照马克思主义哲学最初的自我定位，它在本质上是一种科学，是西方近代以来反对宗教信仰主义的科学精神在人文社会学科中进一步发扬的产物，而它之成为信仰，也完全是由于它的科学性达到了如此高的程度，以至于对它的信仰成了一种自然的结果。所以，在原初的马克思主义哲学的自我意识中，它的科学性是优先于革命性的，或者说，它的学术性是优先于它的信仰性的。

可是，在以后的岁月里，特别是在高度集权的斯大林模式主导社会主义的岁月里，马克思主义哲学——实际上是对马克思主义哲学的一种特定解释，作为意识形态的基础，单纯化为人们信仰的对象，革命性成了科学性的前提，甚至代替了科学性，对马克思主义哲学的学术研究竟成了一种不可能的事情。正是由于对马克思主义哲学采取了信仰压倒学术的态度，我们才可以理所当然地指认教科书哲学就是马克思主义哲学，哪怕马克思本人的文本一直就摆在我们的案头，我们也可以心无愧怍地熟视无睹。这种做法表面上看是在抬高马克思主义哲学，而实际上是在贬低马克思主义哲学，因为它完全是在用前马克思主义的纯粹信仰态度来对待一种坚决反对信仰态度的哲学。

马克思主义哲学在最近20余年间演进的一个重要态势，就是人们对马克思主义哲学的信仰态度已大为弱化，与之相应的是学术态度在逐渐加强。把马克思主义哲学作为学术来研究，这在中国还是一件刚刚发生的新鲜事件。这一事件的主要内容可以归纳为一句话：将马克思主义哲学文本和解释的异质性面貌在历史性的实践语境中客观呈现出来。具体而言，首先是将马克思主义哲学中不同作者、不同时期、不同国度、不同派别的文

本状况如实描述出来，其次是将各种马克思主义哲学的解释体系及其差异和分歧暴露出来，再次是将这些文本和解释与各个时代的现实生活状况（包括文化思想方面的状况）的联系揭示出来。不管这些工作在操作中混杂着多少非学术因素，其实际效果确实是信仰态度的动摇和瓦解，因为信仰的东西必须是高度同质性的。反过来说，学术研究呈现了马克思主义哲学的异质性面貌，并未损害马克思主义哲学，原因很简单：只有客观地揭示了马克思主义哲学的异质性状况，我们才可能从中找到真正适合于我们时代的思想资源，才可能使马克思主义哲学继续葆有旺盛的生机与活力，而那种对客观存在的异质性因素不加分辨的盲目信仰态度，只会助长教条主义的马克思主义哲学，助长假冒伪劣的马克思主义哲学，最终只会彻底葬送马克思主义哲学。

当然，在对待马克思主义哲学的信仰态度和学术态度之间，并不存在一种简单的非此即彼的关系，并非要么用信仰取代学术，要么用学术取代信仰。究竟如何进一步处理好二者的关系，目前还是一个尚待解决的问题。不仅马克思主义哲学有这个问题，人类所有的人文社会学说、所有的"主义"都有这个问题。这个问题的复杂性在于：人文社会学科的事实描述和价值主张从来就是难解难分的。那种以为只要将马克思主义哲学解读为彻底的科学就可解决这一问题的主张，实际上只能适得其反，因为彻底的科学主义和彻底的信仰主义是两极相通的，这也是当代哲学反科学主义的原因所在。

不管怎样，对马克思主义哲学信仰态度的弱化和学术态度的强化，毫无疑问是一种积极的态势。

六 从理论胸襟看，对马克思主义哲学内部的不同观点和非马克思主义哲学日渐宽容

在马克思主义哲学的旧的解释传统中，斗争理论是核心纲领。贯彻这一纲领的结果是：在理论体系内部，斗争思维统帅全局；在理论体系外部，对那些异己的马克思主义哲学体系完全采取斗争的态度，至于那些非马克思主义的哲学理论，更是被斗得抬不起头来。在这种斗争理论的支配下，要么拒绝了解其他哲学思想，包括对马克思主义哲学的其他解释和非马克思主义哲学，要么了解后仅供批判使用。总之，正统的马克思主义哲学无须再从其他思想中汲取什么。这样的理论胸襟无疑狭窄到了极点。

跟这种狭窄胸襟相应的是马克思主义哲学与其他哲学的特殊关系模式。由于马克思主义哲学在意识形态中的特殊地位，现行学科分类中马克思主义哲学和中国哲学、外国哲学的关系就兼有哲学理论和哲学史的分别。"辩证唯物主义和历史唯物主义"通常被简化地称为"哲学原理"，实际上就隐含了马克思主义哲学是哲学的哲学这层意思。这就是说，不管人们的评价如何，长期以来的实际情况就是如此：只有马克思主义哲学学科才具有建树理论的合法性，也只有这种理论才具有向实践提要求的资格，而中国哲学和外国哲学等学科则只能做清理材料的工作，或者说只有将自己的资源转化为马克思主义哲学的养料，才可能间接地为哲学理论的发展做出贡献。

伴随着改革开放的历程，新时期的马克思主义哲学逐渐打开了自己的理论胸襟。这首先表现在人们有了了解别人的愿望。20余年来，西方马克思主义、民主社会主义、西方马克思学和其他地区的马克思主义在哲学方面的文献被大量译介到中国，一些重点流派和学者的思想得到了深入的研究。与此同时，现代西方哲学的系统引进、中国传统哲学资源的重新发掘、非中非西的其他哲学资源的逐步利用，都跟马克思主义哲学主动收缩地盘、让出部分学术空间直接相关。在了解和熟悉其他哲学的过程中，马克思主义哲学对它们一开始是居高临下地批判，继而注意到自身的问题，批判遂不知不觉变成了"一分为二"的剖析，到如今，对话成了其间关系的新主题。如果说批判地了解和"一分为二"地剖析（实际上是一种温和的批判）都还谈不上宽容的话，那么对话所显示的就是一种真正意义的宽容意识，因为只要是批判，不管什么类型，都以不丧失马克思主义哲学的支配权和控制权为前提，而对话的前提则是支配和控制关系转化为互动关系，即使是相互冷淡的关系也体现着强势一方的宽容意识，甚至恰是这种冷淡关系才是宽容意识的最好例证。

马克思主义哲学的特殊地位决定了它的宽容既是已有的其他哲学存在和发展的必要条件，更是新的哲学萌发和生长的必要条件。没有这种宽容，哲学活动的价值最多是"代圣人立言"，谁要想把其他哲学作为新理论的生长点，或者奢望建树某种个人哲学，这种想法本身就是罪过。哲学本是一种指向最高普遍性而又最具个性化的学问，哲学而没有自由的理论生长点，而不是任何意义上的个人哲学，这是一件悖理的事情。这些年来，我们能够看到，哲学领域中有些重要理论创见，虽然没有从马克思主义哲学学科开出，而是从其他哲学学科开出，或者径直自立门户，却也在合法性上得到了某种默许。这表明，马克思主义哲学作为"原理"而中外其他哲学作为"史料"的传统关系正在发生变化。这在过去是不可想象的。过去并不是没有类似的创见，但一经出笔就被批判的炮火炸得粉碎。

所以，我认为，马克思主义哲学日渐宽容无论如何应当肯定为新时期马克思主义哲学演进的一个重要态势。

七　从理论观念看，正在从"物"的哲学范式向"人"的哲学范式转换

马克思主义哲学在过去是教科书哲学的天下，只有一种声音，而今则呈现多样化的异质性状态，所以，马克思主义哲学在新时期的演进不可能从一种统一的模式再变成另一种统一的模式。虽然如此，马克思主义哲学却有一种深刻的具有转折意义的变化正在发生，这就是包括笔者在内的一些学者已经指出的"范式转换"。如果前述各种态势主要是一种外在形态的变化的话，那么，范式转换则是一种内在实质的变化。

按照库恩的意思，范式指某一科学家集团围绕某一学科或专业所具有的共同信念，该信念规定了这些科学家共同的基本理论、观点和方法，为其提供共同的理论模型和解决问题的框架，并由此形成一种共同的科学传统。用这种范式的观点观察马克思主义哲学最近 20 余年的演进，我们可以发现，在马克思主义哲学学术领域，多数学者已经不再信任教科书哲学从不以人的意志为转移的物质出发对马克思主义哲学的理解，并放弃了建基于物质之上的整个思维方式、价值观念和话语习惯，转而从实践、现实生活世界、现实的历史的人等出发构建新的马克思主义哲学的解释系统，这些新的解释系统虽然互不统属，却具有相同或相近的思维方式、价值观念和话语习惯，这些因素合在一起，正在形成一种新的马克思主义哲学的科学传统。当然，由于马克思主义哲学是我们的意识形态，所以，仅仅学术领域的变化尚不足以确证我们关于范式转换的判断。在至关重要的政治领域，支持制定改革开放的总方针及各项目各阶段具体措施的根本价值理念，就是十数亿中国人民的现世幸福，这较之"文革"期间把人民的现世幸福当作虚幻理想的手段的做法来说，不啻为一场价值革命。仅此一点，就足以表明，政治领域中哲学范式的转换虽然跟学术领域有不同的表现形式，但其深刻程度是一样的。至于在越来越"实际"的日常生活领域，旧的范式则早被人们抛到脑后。所以，确认马克思主义哲学正在发生某种范

式转换，应当没有问题。从较为广泛的意义上讲，旧的范式由于以外在于人的物质作为基点，可以称之为"物"的哲学范式，而新的范式则从人的生活实际出发考虑问题，可以称之为"人"的哲学范式。如是，马克思主义哲学在新时期的范式转换，就可以一般地界定为从"物"的哲学向"人"的哲学的转换。

需要进一步界定的是，马克思主义哲学领域的这一范式转换到如今究竟处于哪个阶段。对此，我们觉得不应估计得过于乐观。如果考虑到现今的教坛仍然为教科书哲学所主宰（虽然其内容已有了较大的调整），考虑到学术领域中许多人仍然笃信教科书哲学，或者在现代话语的包装下继续坚持教科书哲学的内容，考虑到政治领域中许多人左的意识根深蒂固，考虑到大众思想的混乱状况，我们有理由认为，马克思主义哲学的范式转换尚处在"科学危机"或"科学革命"时期，新的"常规科学"时期尚未到来。

如果我们不仅仅从理论内容方面而是在更加宽泛的意义上理解哲学范式，那么，前述马克思主义哲学演进的各种态势都可以被总括到范式转换中来。也就是说，马克思主义哲学在中国新时期的演进，是一个既包括思维方式、价值观念、话语习惯，又包括各种外部关系（如马克思主义哲学跟其他哲学的关系、哲学理论与实践的关系等）在内的全方位、多层次的总体性变革，而这一变革本身又是中国改革开放之社会巨变的组成部分。我们也只有在这样的高度把握这一哲学变革，才能更加自觉地顺应潮流，继续推动这一变革进程，以为中国社会的变革实践提供相称的思想支持。

八 从理论结果看，初步彰显了马克思主义哲学的当代意义

新时期马克思主义哲学的演进态势是难以尽述的，但不管存在多少态势，它们都蕴涵着一个共同的理论结果，这就是彰显马克思主义哲学的当代意义。

过去，在"物"的哲学范式主导下，马克思主义哲学在教科书模式中所显示的是一种不以人的意志为转移的超历史意义，这种做法似乎无比尊崇马克思主义哲学，但实际上是把马克思主义哲学跟社会历史当事人的活生生的需要隔绝开来，切断了马克思主义哲学通往现实生活世界之路，从而就等于断绝了马克思主义哲学的生机。在转向"人"的哲学范式的过程

中，马克思主义哲学终于发现了自己生存的根基所在，这就是调动自己的全部思想储备和理论潜力，服务于当下社会芸芸众生的急迫之需，解决身处其中的时代所面临的重大问题。这样的意义就是它的当代意义。由于当代是一个流动着的此时，因而当代意义才是一种不竭之泉，才是真正的永不磨灭的意义。

理解马克思主义哲学的当代意义，应该注意如下几方面含义的区别和联系。其一，从纯粹学理的方面讲，在马克思主义哲学的复杂内蕴中，存在着许多可以跟现当代西方哲学相沟通的内容，据此，我们可以把马克思主义哲学置于西方哲学从近代到现代转型的大背景中来指证其所具有的相同或近似于现当代西方哲学的那些品质，从而加深对马克思主义哲学的理解，加强对马克思主义哲学的信念。其二，从马克思主义哲学跟它所诞生于其中的西方社会的关系讲，马克思主义哲学所揭露的西方社会的种种问题，有些已经得到解决，有些则继续存在，同时，许多新的问题又涌现出来，据此，我们可以认为，只要西方社会旧有的问题存在一日，马克思主义哲学的有关理论就继续有效，而如果马克思主义哲学的后继者们能够对新的问题加以成功的解决，则会进一步增加马克思主义哲学的理论活力。其三，对于探讨马克思主义哲学当代意义的中国人来说，最重要的课题是把握好马克思主义哲学跟中国改革开放之整体实践的关系，从这方面讲，马克思主义哲学的当代意义，就是它的被现当代西方哲学、西方社会的演变和社会主义的兴衰浮沉所验证了的理论内容对于我们事业的指导和镜鉴意义。可以这样讲，我们如果不能正确理解马克思主义哲学在中国的当代意义，就不可能真正明白我们过去何以成功、何以失败，也就不可能走好我们今后的路。由此可见，在上述三方面的当代意义中，前两种意义是途径，后一种意义是目的。

马克思主义哲学在中国新时期的演进，实际上始终贯穿着阐释和弘扬其当代意义这条主线。但明确地将当代意义课题化，还是近几年的事情。就目前的情况看，人们对当代意义的理解还存在许多不足，除了许多认识有待深化外，较为明显的问题是当代意义的诸种方面尚未得到整体的把握。这表明，马克思主义哲学当代意义的彰显，在目前还是初步的，其作为新时期马克思主义哲学演进的一大态势，还处于不断打开的过程之中。

马克思主义哲学在中国新时期的上述八种演进态势，都是积极意义上的。在充分肯定马克思主义哲学有较大进展的同时，我们也应看到，马克思主义哲学的演进还有许多不尽如人意的地方。除了马克思主义哲学目前尚处在一个演进周期的中途，该进度本身尚不能令人满意外，某些明显的消极态势也值得指出。

比如，意识形态中的马克思主义哲学和学术研究中的马克思主义哲学之间存在疏离化的态势。过去，只有一种马克思主义哲学，那就是作为政治意识形态的马克思主义哲学，相对独立的马克思主义哲学学术并不存在。新时期马克思主义哲学演进的一个重要收获，就是意识形态中的马克思主义哲学和学术研究中的马克思主义哲学有了明显的分化，以至于在一些新一辈学者那里，对马克思的研究跟对孔子、柏拉图的研究没有什么显著的不同。这种分化无疑是好事情，但如果分化达到了疏离的地步，就不再是一种积极的态势了。所谓疏离，是指：一方面，学术研究中的马克思主义哲学在有意无意地拉大与意识形态中的马克思主义哲学的距离，回避后者所关涉的重大现实问题；另一方面，意识形态中的马克思主义哲学还沿袭着许多旧的观念，对学术研究中的马克思主义哲学的进展兴趣不大。这种疏离状态显然不利于发挥马克思主义哲学对于中国改革开放事业的促进作用。在当代中国，马克思主义哲学毕竟不同于其他哲学，它比其他哲学跟中国的命运客观上缠绕得更加紧密，这就决定了中国目前的马克思主义哲学的学术研究不可能像一些其他哲学的研究那样可以超然于现实之外，果真如此的话，就等于心甘情愿地将生活实践的思想制导权拱手让给教科书哲学那样的旧观念，这种思想弃权是对历史不负责任的表现。与此同时，意识形态中的马克思主义哲学如果不更加积极地吸纳学术研究成果，从而不断更新自己的版本，那又拿什么东西去评判理论与实践的是是非非，拿什么作为依据来自我评判呢？可见，遏止意识形态中的马克思主义哲学和学术研究中的马克思主义哲学之间的这种疏离化趋势，避免从疏离演变为分裂，同时积极构造某种良性互动机制，应是值得马克思主义哲学界共同关注的课题。

单就学术研究看，其中的消极态势还有：把马克思学者化、把马克思主义哲学学院化，走向了把马克思革命者化、把马克思主义哲学意识形态化的另一面，不利于完整把握马克思主义哲学的本来面目；对有关马克思主义哲学的话语重视有余，而对马克思主义哲学的理论逻辑研究不够，表现在不少人特别在意一些权威人物对马克思说过什么，而不太关心马克思所讲的道理本身究竟如何；学者们在理论上普遍强调人、实践、现实生活世界，但在实际生活中这些理论跟人、实践、现实生活世界的距离却有不断拉大之嫌，理论主张和理论的现实效应形成明显反差；等等。

综上所述，马克思主义哲学在中国新时期的演进态势从整体上讲是值得肯定的，跟中国社会的演进态势是基本协调的。当然，以上描述主要是站在马克思主义哲学内部来进行的；如果站在外部来描述，相信还会呈现新的景象。

展望 21 世纪马克思主义哲学在中国的发展，我认为，理论创新可望或至少应当成为主导性态势。这也是此前态势的合理延续。如果说 20 余年来工作的着力点主要是破的话，今后工作的着力点则主要是立。特别是考虑到已经走过的这段路虽然对我们来说是新的，但放到马克思主义哲学演进的世界背景上看，真正有创意的地方并不多，因为我们在此间提出的许多重要见解早在若干年代以前就被西方和苏联、东欧学者讲过了，即使日本学界也早在 1970 年代就建构过"人学唯物主义"、"实践唯物主义"等体系（至于"马克思主义的人学基础"的提法则还可上溯到 1920 年代），因此，我们有足够的理由呼吁一种中国气派的哲学创新。简单地说，马克思主义哲学的理论创新应有三层含义：一是马克思主义哲学本身要有新的理论发展，二是马克思主义哲学要为其他哲学的理论发展提供思想资源，三是马克思主义哲学要做哲学理论百家争鸣格局的促进派，特别是要支持新的哲学理论不拘一格地自由生长。其所以要如此，是因为中国的社会巨变渴望思想！

说明：写于 2000 年 11 月下旬，主体部分发表于《学术月刊》2001 年第 2 期。

关于实践的哲学与作为
实践的哲学
——中国马克思主义实践哲学范式的危机刍议

题记 这篇短文是应邀为"第七届马克思哲学论坛"所撰写的会议论文。到会议召开的时候（2007年10月），我的导师高清海先生也离开我们三周年了。九年前，我和高先生发表了一篇题为"力求哲学范式的及早转换"的论文（见《哲学动态》1998年第12期），那是我跟老师合作撰写的唯一一篇论文。从那时起，马克思主义哲学的范式转换成了学界的一个重要话题。本届论坛以"马克思主义哲学研究范式：创新与转换"为主题，或许也说明了这点。在当年那篇短文中，我们提出从"物"的范式向"人"的范式的转换。在这篇短文中，我又指出：中国马克思主义实践哲学的原初范式为阶级斗争范式，后来蜕变为主体性范式，而今整个范式已经陷入危机。对于此文的观点，我已无从征求老师的意见，不过，我在心里倒是把他的去世看成该危机的一个重要表征。不管怎样，高先生在自己研究马克思主义的曲折生涯中，宁牺牲利益以追求真理，毋为了利益而牺牲真理，这种精神是我所亲炙的。借此机会讲几句真话，就算对他的纪念吧。

本文所谓"中国马克思主义实践哲学范式"，是指当代中国在马克思主义旗帜下，以实践作为哲学理论的核心概念并跟现实政治密切互动的一种哲学学术范式。在范式前加"学术"二字，是为了强调，本文的用意在于议论学术研究领域的有关情况，而非政治意识形态的各种观念。其所以可以叫做"范式"（paradigm）[①]，首先在于，在中国从事哲学研究的最近几代学者，特别是后来归口到马克思主义学科的学者，一提到哲学和实践，马上就会想到许多共同的说法、话题和经典，它们构成了一套完整而稳定的哲学话语。这些说法如：实践是主观见之于客观的活动；实践是检验真理的唯一标准；"哲学家们只是以不同的方式解释世界，而问题在于改变世界"。话题有：客观规律性与主观能动性的关系、主体与客体的关系、认识与实践的关系、必然与自由的关系等。有关经典更是如数家珍：《手稿》（马克思的《1844年经济学哲学手稿》）、《提纲》（马克思的《关于费尔巴哈的提纲》）、《形态》（马克思和恩格斯的《德意志意识形态》）、《唯批》（列宁的《唯物主义与经验批判主义》）、"两论"（毛泽东的《矛盾论》与《实践论》）之类。尽管学者们的具体见解不尽相同，但这些说法、话题和经典构成了大家共同的思考前提、工作对象和学术资源。称之为范式的其次的理由是：根据库恩的范式理论，科学的演变有一个从常规时期经过危机和革命而进入新的常规时期的过程，中国的马克思主义实践哲学也是在此前的常规科学发生危机与革命后所形成的一种新的常规科学，并且按理也会在危机和革命后为新的常规科学所替代。

本文要指出的是，如今，中国马克思主义实践哲学作为一种范式至少存在这样的危机：它依然是一种关于实践的哲学，但越来越不是一种作为实践的哲学。

一 实践哲学的两个面向：关于实践的哲学与作为实践的哲学

中国马克思主义哲学界长期流行一个看法，即：西方哲学在马克思之前都是解释世界的理论哲学，只有马克思哲学才是改变世界的实践哲学。这种看法存在着知识性错误。马克思主义是西方思想文化传统的产物，而这个传统从亚里士多德开始就把哲学分为理论哲学与广义的实践哲学，理论哲学解释世界不变的原因和原理，广义的实践哲学研究并实际襄助人的

[①]　参见库恩《科学革命的结构》，金吾伦、胡新和译，北京大学出版社，2003，第9页。

行为和制作等活动。① 产生这一错误的原因很多，其中的关键在于，受中国马克思主义实践哲学范式的局限，人们仅仅从物质生产和阶级斗争等人类活动类型去理解实践，而没有意识到实践无非是人的行动，它可以从极其多样的视角、以极其多样的方式去观察，从而开显出极其多样的问题以及相应的解决之道。在这个意义上，尽管可以说只有马克思的学说才主张以物质生产为基础、通过阶级斗争去改变世界，但不可以说只有马克思哲学才是实践哲学。

通过纠正上述错误，我们就能获得一个符合学术史本来面目的实践哲学概念，即：实践哲学是一种以人的行动为研究和改进对象的哲学。它是西方哲学传统的基本面之一。

以这种实践哲学概念为参照，可以认为，在中国的思想文化传统中，也一直存在着实践哲学。这一点，甚至西方哲学家在近 300 年前就承认了。比如，1721 年，德国哲学家沃尔夫就曾作过"论中国人的实践哲学"的著名演讲。②

综观中外哲学史，实践哲学五花八门，实难统一定义。但不管怎样，可以确认的是，任何实践哲学都必须具有这样两个基本的面向——好比一枚钱币的两面，即：它既是关于实践的哲学，也是作为实践的哲学。在前一面向上，任何堪称实践哲学的学说总要提供一套关于实践的独到理论见解；在后一面向上，任何号称实践哲学的学说总要依其学说实际地对人们的实践发生影响。这与理论哲学颇为不同。比如，希腊第一个哲学家泰勒斯提出"万物的本原是水"，这一观点跟他在城邦中如何做人行事没有直接的关系。可是，如果苏格拉底在宣称"德性就是知识"时，既不身体力行地去寻求关于德性的真知，又不切实地去帮助同胞改变流俗的德性观念，那他提出这一观点的意义就会大打折扣。中国哲学常讲知行合一，究其本意，亦属实践哲学的考量。所以，对实践哲学来说，关于实践的哲学和作为实践的哲学是内在关联在一起的。

在哲学所研究的各种问题中，实践问题最为复杂。这就意味着不存在任何唯一可能和唯一正确的实践哲学。人类不同处境彰显着实践的不同问

---

① 关于西方实践哲学传统的基本脉络，参见拙作《何谓实践哲学》，《理论与现代化》2007 年第 4 期。

② 参见 *The Cambridge Dictionary of Philosophy*, second edition, Cambridge University Press, Cambridge, 1999, p. 980。

题，成就着不同的实践哲学。这些哲学认取并求解各自的问题，并化作改变实践的实践，从而使关于实践的哲学和作为实践的哲学在特定语境中达成一致，由此形成不同的实践哲学范式。一种旧的实践哲学范式之所以会发生危机，并最终为新的范式所取代，归根到底在于特定人类共同体的实际处境改变了，实践的主题不同了。此时，表面上看，旧的范式仍旧讲着实践的话语，可实际上，它所言说的实践问题和当下人们切身感受到的实践问题已经不是同样的问题了，它的言说对现实也不再有实际的作用，因而它虽然还是关于实践的哲学，但已不再是作为实践的哲学。这种情况下，旧的范式的危机就出现了。

古代中国的儒家哲学是一种典型的实践哲学。"仁义礼智、修齐治平、内圣外王、天人合一"，既是关于实践的哲学，也是作为实践的哲学。这种范式存续了两千多年。可近代西方文明的冲击改变了中国社会的实践主题，导致儒家实践哲学范式发生危机。在内忧外患中，革命者选择了一种最革命的实践哲学——马克思主义，从而形成了新的实践哲学范式。

在西方，柏拉图提出最好的政体是哲学所设计的政体，亚里士多德则认为最好的政体还应是最切合实际的政体①。不管怎样，探寻城邦政治改善之路，就是那个时代和地域的实践主题，由此便形成了他们那种特定的实践哲学范式。后来，康德关心普遍的道德原则以及建基其上的普世政治模式，实践哲学的范式又换了模样。马克思的时代，资本的成功和罪恶同时昭彰，造就了广义自由主义和马克思主义两种实践哲学范式。如今，在全球化背景下，马克思主义实践哲学范式已经式微，广义自由主义范式也在转型，各种后现代性质的实践哲学范式则正在成为时尚。

由此可见，没有一成不变的实践，也没有一成不变的实践哲学范式。一种实践哲学范式，只有当其既是关于实践的哲学又是作为实践的哲学时，才能保持足够的活力与凝聚力，让学术共同体的成员们可以继续在同一套话语系统中运思与切磋，否则就只能变成要么只是关于实践的哲学——与现实实践脱钩的纯粹学问，要么只是作为实践的哲学——不问学理是非的谋略之术，并最终崩解。

---

① 参见亚里士多德《政治学》，1288b25 – 27，吴寿彭译，商务印书馆，1965，第 176 页。

二 中国马克思主义实践哲学的原初范式与蜕变范式

马克思本人并没有对自己的学说作学科划分。不管后世对他的思想如何切割和演绎，也不管不同的人们对马克思有着多么不同的需求，其基本理论其实并不复杂，更不隐晦。我们大体可以从"体"和"用"两个层面来认知。"用"的层面是外显的，容易了解，主要内容有：（1）生产力决定生产关系，并进而决定上层建筑的理论，（2）阶级斗争推动历史发展的理论，（3）剩余价值和资本主义危机的理论，（4）无产阶级革命和无产阶级专政的理论，（5）以公有制代替私有制为内核的共产主义理论。"体"的层面是内置的，但并不难于了解，主要内容有：（1）人类普遍自由发展的价值论，（2）历史终结的目的论，（3）社会存在决定社会意识的本体论，（4）辩证的方法论。体用合一，落脚到一点，即：全世界无产者联合起来，消灭私有制，推翻资本主义。如果说存在着马克思的实践哲学，不是别的，就是这些理论所构成的整体。它体现着马克思对人类实践的全新理解和他对时代实践问题的独到把握。其所以有异乎寻常的影响，正是因为它切合全世界普罗大众的实践需求，并直接成为这种实践的一部分。不论对马克思学说的是非曲直如何评说，马克思本人使自己关于实践的学说同时最大范围和程度地成了作为实践的学说，这是他能够在人类实践哲学范式的兴替中引领一代风骚的根本原因。

在马克思主义经过苏联传到中国并成为官方意识形态后，中国的哲学界逐渐形成了一种彻底马克思主义化的实践哲学范式。该范式不仅从内容上——以实践为核心概念，而且从功能上——服务于执政者的政治需要，都属于名副其实的实践哲学。它的原初范式可称为阶级斗争范式，其蜕变形态可称为主体性范式。1949~1976 年为阶级斗争范式的常规时期，20 世纪 80 年代初至新旧世纪之交为主体性范式的常规时期；1977 年到 1970 年代末为阶级斗争范式出现危机并向主体性范式蜕变的时期，世纪之交以来为主体性范式以至整个中国马克思主义实践哲学范式走向更深危机的时期。

马克思主义是由苏联十月革命的一声炮响送到中国的。中国人一开始相中马克思主义的地方就是它的阶级斗争理论。在当时主流的中国马克思主义者心目中，阶级斗争就是人类最重要的实践活动。因此，也许称阶级斗争范式为马克思本人所创造的原初范式不太确当，但称之为中国马克思主义实践哲学的原初范式则不该有什么问题。在该范式中，人们习以为常的东西是：划分唯物主义和唯心主义的哲学党性原则；辩证唯物主义和历史唯物主义作为马克思主义哲学甚至哲学本身的代名词；矛盾和一分为二的辩证法则；公有制代替私有制、无产阶级消灭资产阶级、社会主义战胜资本主义这一不以人的意志为转移的客观规律；解放全人类和实现共产主义的终极目标。贯穿这一切的基本精神就是"以阶级斗争为纲"，落到实处就是"反修防修"、"无产阶级专政下的继续革命"等。

阶级斗争范式是跟当时以大规模政治运动为特点的社会实践相配合的一种范式。它在理论内容上以阶级斗争解释一切社会历史现象，在现实实践中直接充当急风暴雨式的政治批判的武器。它既是关于实践的哲学，又是作为实践的哲学，两方面几乎难以区别。其显著的特征是：哲学的言说动辄卷入政治斗争的风口浪尖，哲学与实践的关切度简直无以复加。该范式支配了中国哲学界将近 30 年时间。如果加上其 1949 年前在共产党内的形成期，它实际发挥了半个多世纪的作用。

作为中国马克思主义实践哲学的原初范式，阶级斗争范式是马克思学说既有革命内涵的一种极端表达形式。共产党人暴力夺取政权的斗争需要这种范式自不待言，用公有制和计划经济取代几千年来自然形成的经济制度的斗争无疑更需要这种范式，至于高度集权体制中的各种权力冲突则尤其需要这种范式。这种斗争在社会机体的能量消耗殆尽时最终缓和下来，从而这种范式也就进入了自己的危机时期。

造成中国马克思主义实践哲学范式从阶级斗争范式蜕变为主体性范式的根本原因，是政治实践主题的变换——从"以阶级斗争为纲"到"以经济建设为中心"。解放思想、改革开放、发展经济、解决人民的温饱问题、实现国家的富强成了当务之急，阶级斗争、清一色的公有制、计划经济不再神圣不可动摇。

主体性范式主要是从马克思早期著作中阐发出来的。之所以称其为主体性范式，在于它以确立人在实践中的主体地位为前提。其所强调的是：实践是主体改造客体的感性活动；人与自然、人与世界的关系是由实践所中介的；人的本质力量的对象化和自然的人化是实践的两个向度；实践既要合乎客观规律也要合乎人的价值目的；实践的根本指向是每个人的自由全面发展；资本主义的问题在于劳动的异化和社会关系的物化；共产主义是异化和物化的扬弃，是人的各种根本矛盾的最终解决。

称主体性范式为中国马克思主义实践哲学的一种蜕变范式，理由主要有两点。其一，与在阶级斗争范式中的情况相比，在这一范式中，中国马克思主义实践哲学与现实实践的关切度明显降低，关于实践的哲学与作为实践的哲学有了一定的区分度。阶级斗争范式主要是由政治领袖根据政治斗争的直接需要建构起来的，学术界是完全被动的一方。主体性范式则主要是由学术界建构的，它配合的是改革开放的大趋势、大潮流，一般而言并不直接为具体政策服务。

其二，从阶级斗争范式到主体性范式，中国马克思主义实践哲学的立足点和作业面从"用"退回到了"体"。阶级斗争范式坚执于公有制代替私有制、无产阶级消灭资产阶级，这是在马克思主义的"用"的层面做文章，或者说是在其外显的理论结论上做文章。可是，改革开放逐步放开私有经济，并建立市场经济体制，这就把阶级斗争范式所立足的上述理论结论给否定了。这种情况下，中国马克思主义实践哲学只能返回到马克思主义的理论前提上去做文章。主体性范式所涉及的实践的主客体结构、马克思的人本主义价值思想等，都属于这种理论前提，它们内置在马克思主义理论结构的"体"的层面。可是，这种返归于"体"并非为了加强原先的"用"，或者说回到前提不是为了更加固守原有的结论，相反，这样做乃是不得已而为之，因为"用"的部分、结论的部分已被实践的潮水浸没，退到"体"的部分、前提的部分是唯一的出路。在这个意义上，主体性范式不是阶级斗争范式的发展或矫正，而是它的蜕变——变成了无"用"之"体"或撤下结论的前提。当然，通过主体性范式或许也能够从马克思主义的理论前提引申出别的结论，从"体"中生发出别的"用"处——实际上，学者们在这方面也的确做了不少工作，可是，如果这些结论和"用"处跟公有制代替私有制、无产阶级消灭资产阶级的革命实践无关，那么它们就跟马克思自己的本意和初衷无关了。

顺带说明一点：把主体性范式称为阶级斗争范式的蜕变形态，丝毫没有在价值上否定主体性范式而肯定阶级斗争范式的意思。就其对中国社会和哲学的实际影响而言，阶级斗争范式的消极性和主体性范式的积极性都是有目共睹的。或者说，就范式而言的蜕变现象，就实际意义而言则是一种历史的进步。只不过这不属于"范式"谈论的关切点。

相比阶级斗争范式，主体性范式从未有过一统天下的局面。相对其"作为实践"的哲学来说，它更多地是"关于实践"的哲学。至于它所受到的挑战，则比比皆是。在这些挑战中，最致命的有两个：一是现实的实践离马克思的思路渐行渐远；二是作为该蜕变范式之轴心的主体性观念遭到了来自后现代思潮的解构。由此，进入新世纪以来，主体性范式乃至整个中国马克思主义实践哲学范式便悄然陷入了深度危机，即"体"的危机、理论前提的危机。

三 实践哲学范式：危机中的思考

其实，马克思只有一个敌人，那就是资本；马克思的实践哲学只有一个目的，那就是消灭资本。可是，中国的马克思主义者及其实践哲学，却总是既跟马克思错位，又跟资本错位。过去，当我们紧跟马克思向资本开战时，其实并没有什么资本——资本主要存在于书本上；如今，资本在生活中成了主角，却轮到马克思存在于书本上了。好比猛药服下时并未真的生这种病，可等病发作后这药劲已经过了。我们离马克思从来没有这么近过，也从来没有这么远过。中国马克思主义实践哲学范式的危机的关键就在这里。

中国马克思主义实践哲学如果既不再讲消灭私有制、推翻资本主义制度，也不再讲人的主体性、自然人化、人类普遍的自由解放，或者说，既不讲"用"也不讲"体"，既不讲理论结论也不讲理论前提，那它还可以讲些什么呢？它讲什么还可以继续算是马克思主义，并继续算是实践的哲学呢？更重要的是，即使中国的马克思主义实践哲学家们继续讲着上述一切，可现实生活中并没有与之对应的实践课题，那么这样讲又有什么实践意义呢？难道不断重申一种关于实践的哲学就等于使它变成了作为实践的哲学吗？

时过境迁，对今天中国的实践来说，主体不同了，主题也不同了。十多年前，透过姓"社"姓"资"的争论还能依稀看到中国马克思主义实践哲学之为实践的哲学的身影。可如今，还有几个人在乎从前那些所谓理论上的大是大非问题？又有哪一项事关全局的重大实践在指望这种实践哲学去破除迷信、解放思想，像30年前"真理标准问题"的讨论一样？即使那些关于哲学回到现实生活的呼声也只是在学者们各自的书房内回响，至于那些批判资本和市场的激烈言辞也不过震撼着批判者们自家电脑的键盘而已。有那么多在权钱联手圈地的浪潮中遭受剥夺的农民，有那么多在官商勾结引发的矿难等事故中冤死的民工，试想，如果马克思看到这一切，他会怎么做？这一点，复习一下《资本论》就知道了。可是，我们中国的马克思主义实践哲学家们又做了什么？他们在用什么证明着自己的哲学不仅是马克思意义上的关于实践的哲学，而且是马克思意义上的作为实践的哲学？

当然，这一切并不妨碍中国马克思主义实践哲学研究仍然保持一派繁荣的景象。各项投入和产出的统计指标显示着这种繁荣，追逐指标的竞争与合作撑持着这种繁荣。对于学者们来说，讲什么已经越来越无关痛痒，要紧的是在哪里讲，讲了多少次，怎样运作才讲得出来。借用亚里士多德的术语来说就是：实体可有可无，地点和数量至高无上，而关系则决定一切。这种状况本身就表明这一实践哲学范式之实践品质的严重退化和扭曲。如果马克思当年如愿地在德国的大学工作，并当上哲学教授，也置身类似的繁荣景象，追逐类似的科研指标，那他还会创立这套改变世界的主义吗？

不管怎样，中国马克思主义实践哲学范式毕竟还起着法定的主导作用。至少可以一如既往地随着政治的节律起舞，把凡是政治上需要的都诠释成马克思主义的，反正马克思已不可能再次宣布自己不是马克思主义者了。或者，可以跟着西方把马克思主义后现代化，使之成为对发达资本主义社会各种富贵病的反讽与调侃，甚至可以把这些病症直接想象成中国自己的病症并痛作针砭之状。可这样一来，真正属于我们这个社会的实践问题和学者们各自打扮的马克思主义实践哲学之间就再也没有什么实质性的关联了，从而就意味着曾经将一个人数庞大的学术共同体维系在一套话语系统中的根本纽带断裂了。果真如此的话，实践哲学的范式革命就到来了。

参考文献

亚里士多德：《政治学》，吴寿彭译，商务印书馆，1965。

库恩：《科学革命的结构》，金吾伦、胡新和译，北京大学出版社，2003。

高清海、徐长福：《力求哲学范式的及早转换》，《哲学动态》1998年第12期。

徐长福：《何谓实践哲学》，《理论与现代化》2007年第4期。

The Cambridge Dictionary of Philosophy, second edition, Cambridge University Press, Cambridge, 1999.

说明：写于2007年初秋，发表于《学习与探索》2008年第6期，被过度删改。

改革哲学分科体制，
解放民族理论思维

——从《大同书》的原创性看现行哲学分科的弊端

一 问题：现行哲学分科体制下能否产生《大同书》这样的作品？

我不是研究康有为的专家，这里也不是要发表关于康有为研究的专业成果。因为这个会议①的主题是中、西、马对话，并且规定要从中国哲学角度谈问题，所以我选取康有为的《大同书》作为一个思想个案，想借以审视中国现行哲学分科体制的问题。

学术总要分科，自古皆然。哲学作为一个大的学科门类还要细分，亦无可厚非。甚至任何一种分科方案都难免有其局限，这也可以接受。但把一种特定的学科划分长期固定下来，变成一种体制，即变成安排一切教学和科研活动、配置各种学术权力和资源、监管和评价所有学者的作为、规划和运作整体学科发展的制度框架，就会使其局限不断累积和放大，并最终导致严重弊端。目前我国的哲学分科体制就到了这种积弊深重、非改不可的地步。

我们这些学者都是现行哲学分科体制的局中人，但南海康先生不是。

---

① 指中国社会科学杂志社和深圳大学国学研究所联合举办的"对话、融通与当代中国哲学的新开展：中哲、西哲、马哲专家论坛"，2007 年 12 月 3～6 日于深圳召开。本文系专为这次会议所写的发言稿，在会上宣读后引起热议，后据以有所改动，但语气一仍其旧。谨此说明。

他开始撰写《大同书》时①，中国的大学还处在萌动状态②，更谈不上隶属于大学制度中的哲学学科③。那时，甚至连"哲学"这个名称都还在试用之中。④

百余年后的今天，中国的学科制度已臻完备，哲学被视为若干一级学科之一，其下又分为八个二级学科，包括：马克思主义哲学、中国哲学、外国哲学（主要是西方哲学）、科学技术哲学（又称自然辩证法）、伦理学、美学、宗教学、逻辑学。这是一个分类标准混乱⑤但实践意图清楚的分科体系。按照这一体系，康有为的学说，特别是其大同思想被放到哲学学科，具体属于中国哲学，再细分的话属于近代中国哲学。这种学科归属恐怕是康有为本人不会料想到的。

不过，我想跟各位专家交流的不是上面这些，而是下面这种设想：如果今天再出现类似《大同书》这样的作品，在现行八个哲学二级学科中，哪个学科可能认可它？或者说，在目前八个哲学二级学科中，哪个学科会允许产生《大同书》这样的思想作品？

---

① 《大同书》起稿时间无定论。在《大同书》"绪言"中，康有为自述生于"英帝印度之岁"，即英国宣布印度为殖民地的1858年，谓其著此书时为26岁，即1884年，其时正值中法战争（1883～1885年），"强国有法者吞据安南，中国救之，船沉于马江，血蹀于谅山；风鹤之警误流羊城，一夕大惊，将军登陴，城民走迁，空巷无人。康子避兵，归于其乡。"参见《大同书》，《康有为全集》第七集，姜义华、张荣华编校，中国人民大学出版社，2007，第3页。又，《大同书》头二部刊布时，康有为亲笔题词说："吾年二十七，当光绪甲申（1884年），法兵震羊城……感国难，哀民生，著《大同书》。"转引自李泽厚《中国近代思想史论》，天津社会科学院出版社，2003，第134页。不过，专家们大多不采纳他本人的说法，而各有论断。其中，断其较晚者如房德邻，认为"它起稿于1892年以后"。参见房德邻《〈大同书〉起稿时间考》，《历史研究》1995年第3期，第103页。不过，初稿完成时间基本没有争议，一般认为是1901～1902年。

② 格致书院（岭南大学前身）创办于1888年，北洋西学学堂（天津大学前身）创办于1895年，京师大学堂（北京大学前身）创办于1898年。

③ 中国最早的哲学系为北京大学中国哲学门，创办于1914年，1919年改名为哲学系。

④ 有考证称，"汉语'哲学'一词是日本哲学家西周的发明，他在其《百一新论》（1874）中首先用'哲学'来翻译philosophy一词，但同时特别声明：他用它来与东方的儒学相区别。直到1902年中国人才在《新民丛报》的一篇文章中第一次将'哲学'用于中国传统思想。"《中国古代哲学史》上，复旦大学哲学系中国哲学教研室编，上海世纪出版股份有限公司、上海古籍出版社，2006，"导论"，第1页。不过，梁启超在1901年发表的《南海康先生传》中已专辟一章介绍"康南海之哲学"，其"哲学"一词近于今日之用法。参见《康有为全集》第十二集，姜义华、张荣华编校，中国人民大学出版社，2007，第429页。

⑤ 俞吾金早就撰文指陈过这方面的问题。参见其"哲学研究与哲学学科分类"，1995年5月4日《光明日报》。

二 作为原创思想作品的《大同书》

要回答上述问题，必须先确认《大同书》的学术特质，即：《大同书》是一部原创思想作品。

梁启超在《南海康先生传》第七章"康南海之哲学"中说："先生者，天禀之哲学者也。不通西文，不解西说，不读西书，而惟以其聪明思想之所及，出乎天天，入乎人人，无所凭藉，无所袭取，以自成一家之哲学，而往往与泰西诸哲相闇合，得不谓理想界之人杰哉？"①

当然，学者们并不同意梁启超的夸张之辞，仍然辨析出了《大同书》的理论渊源。如钱穆认为："长素思想之来历，在中国则为庄子之寓言荒唐，为墨子之兼爱无等，又炫于欧美之新奇，附之释氏之广大，而独以孔子为说。"②

又如张汝伦认为："康有为在十九世纪八十年代受到儒家大同思想、佛教以及西方社会主义思想的影响，已经有了他的大同学说的基本框架，即所谓'手定大同之制'，以后逐渐成书，并根据他后来游历欧美的经历，和对西方社会主义思潮的进一步了解，不断修改完善，成为今天这个样子。虽然康有为的大同学说实际上是社会主义性质的思想，西方社会主义思想的影响十分明显（虽然我们还无法辨别究竟是哪些社会主义思想），但传统思想对他的影响仍是不可忽视和否认的。即使他对《礼运》等传统资源采取'六经注我'的态度，但并不能由此得出这些传统资源对他毫无影响的结论。梁启超说康有为在著《大同书》时，'固一无依傍，一无剿袭，'恐怕是言过其实。"③

在承认《大同书》有其理论渊源的前提下，再认可其为原创思想作品，这样就比较令人信服了。也借用张汝伦的说法："康有为虽然从未使用过'社会主义'的字样，但他却可说是中国第一个社会主义者。……虽然他以'大同'一词来指称他的社会主义思想，但他的大同学说却不是古代大同思想的翻版，而是现代中国社会主义思潮的先声。……《大同书》

---

① 梁启超：《南海康先生传》，《康有为全集》第十二集，姜义华、张荣华编校，中国人民大学出版社，2007，第429页。
② 钱穆：《中国近三百年学术史》下册，商务印书馆，1997，第738页。
③ 张汝伦：《现代中国思想研究》，上海人民出版社，2001，第251～252页。其中，梁启超的话见其《清代学术概论》，东方出版社，1996，第74页。

不是《礼运》或《昨梦录》之类古代大同思想的余绪，而是近代中国第一部，也可能是唯一一部社会主义（乌托邦）著作。仅此一点，就足以让人们认真对待这部著作。"①

萧公权的评价是："他足可称为中国第一个乌托邦作者，他的大胆设想足令他与其他国家的伟大乌托邦思想家并驾齐驱。""他有意无意借自前人，但他所借者融合得十分彻底，合之以极多的想象，遂成其独创的思想，他创造了'一个新理想'，因此他可自称为中国最伟大的乌托邦思想家，与西方杰出的乌托邦主义者匹敌。"②

马洪林的评价是："这个大同思想体系是中国有史以来乃至世界有史以来最空想、最杰出、最详尽的乌托邦思想，它不仅是中国近代社会也是全世界人民灾难深重的曲折反映，而且在一定程度上代表了千百年来中国人民和全世界人民向往美好生活的愿望，可以说康氏大同思想是中国传统文化和世界进步文化追求理想社会的映像。因此，《大同书》不仅是属于中国，也是属于全世界的珍贵思想文化遗产。"③

据《大同书》编校专家介绍，该书在1926年用德文出版，1928年被译成英文，易名为《中国之魂》。1958年，伦敦出版了汤普森翻译的《大同书》英文本，题名是《大同书：康有为一个世界的哲学》，译者称该书是西方和东方古今一切著作中最杰出的一部分。1974年，西德出版了《康有为〈大同书〉》德文本。1983年，日本出版了《大同书》节译本。④

中国近代以来的原创性思想作品凤毛麟角，而有《大同书》这般成就和影响者真不知还可以列出哪些。

三 《大同书》与"中国特色社会主义理论体系"

近来举国学习"中国特色社会主义理论体系"。这让我不能不想到康有为的《大同书》。

"中国特色社会主义理论体系"有其特定的政治含义，这自不待言。

---

① 张汝伦：《现代中国思想研究》，上海人民出版社，2001，第249页。
② 萧公权：《近代中国与新世界：康有为变法与大同思想研究》，汪荣祖译，江苏人民出版社，1997年4月，第387～388、448～449页。
③ 马洪林：《康有为评传》，南京大学出版社，1998，第324～325页。
④ 参见李似珍《康有为与〈大同书〉》，《大同书》，李似珍评注，中州古籍出版社，1998，第28～29页。

但若从这个短语本身的题中应有之义来看，用来说南海康先生的《大同书》可谓实至名归。首先，《大同书》无疑是"社会主义的"，甚至是像共产主义那样超社会主义的，是关于全人类的终极理想的。其次，《大同书》是"中国特色的"，这是中国人在遭遇西方强势冲击后所独创的一套社会主义学说，甚至是唯一的一套由中国人原创的社会主义学说。这跟马克思主义、列宁主义不同，它们是从德国和俄国输入的社会主义学说。再次，《大同书》是"理论体系"。相比之下，孙中山的三民主义、毛泽东的新民主主义、邓小平的改革开放思想等严格说来都属于建国或治国方略，属于实践思想的体系，而不是理论的体系。当然，称邓小平的思想为"邓小平理论"也未尝不可，但即便如此，也要区分关于实践操作的理论和纯粹思辨的理论，而后者更加符合"理论"一词本来的含义。《大同书》就是一种纯粹思辨的理论体系。

我这样讲，别无他意，只是想提醒人们、特别是学者们注意一下在中国持续了至少一个半世纪的社会主义情结，尤其是提醒大家把这种情结在不同时期的各种表现联系起来思考。这对于我们更加深切地领会改革开放的伟大意义大有裨益。

按今天的学术标准，康有为的《大同书》无论如何是不得了的科研成果，但他当年居然硬是秘而不宣。他的理由是："生当乱世，不能骤逾级超，进而至太平。若未至其时，强行大同，强行公产，则道路未通，风俗未善，人种未良，且贻大害。""其志虽在大同，而其事只在小康也"。①

对此，梁启超也说："有为虽著此书，然秘不以示人，亦从不以此义教学者，谓方今为'据乱'之世，只能言小康，不能言大同，言则陷天下于洪水猛兽。……自发明一种新理想，自认为至善至美，然不愿其实现，且竭全力以抗之遏之，人类秉性之奇诡，度无以过是者。"②

连最得意的弟子都不能理解的事情，其他人就更难理解了。

毛泽东在《论人民民主专政》中信心十足地说："中国人找到了马克思列宁主义这个放之四海而皆准的普遍真理，中国的面目就起了变化了。""十月革命一声炮响，给我们送来了马克思列宁主义。十月革命帮助了全

---

① 康有为：《礼运注》，《康有为全集》第五集，姜义华、张荣华编校，中国人民大学出版社，2007，第556、557页。
② 梁启超：《清代学术概论》，东方出版社，1996，第74页。

世界的也帮助了中国的先进分子，用无产阶级的宇宙观作为观察国家命运的工具，重新考虑自己的问题。走俄国人的路——这就是结论。"又说："康有为写了《大同书》，他没有也不可能找到一条到达大同的路。……唯一的路是经过工人阶级领导的人民共和国。"①

时过境迁。在强制推行"一大二公"和计划经济体制，经历了"反右"、"大跃进"和"文革"等灾难，遭遇到苏东剧变的冲击后，中国共产党定位这个国家处在社会主义初级阶段，并把社会主义市场经济作为自己的经济基础，把全面建设小康社会作为自己的执政目标，并把这种全新的治国理念概括为"中国特色社会主义理论体系"。

抚今追昔，我们是否能够多少领悟一点康有为当年对自己大同思想之实践后果的恐惧呢？是否会觉得至少在这一点上，康有为其实比所有唾弃他、嘲弄他、贬低他的后来者都更加高明一些呢？

张汝伦感慨道："看来，康有为这个'空想家'真要比后来那些'没有条件创造条件也要上'的'实践家'高明多了。他至少看到了理想与现实之间的距离是难以消除的。"② 此言极是，不过还远远没有说到位。

四 突破马克思主义范式，重新理解《大同书》

1955 年，李泽厚对《大同书》是这样评价的："'大同'空想是比较彻底的反封建呼声，而并非对资本主义的批判；它实际上不是导向社会主义，而是导向资本主义；《大同书》是近代启蒙思想家渴望中国走向光明未来的欢乐颂。"③ 这算是从马克思主义范式对《大同书》的最好评价了，可是其主要判断都不符合《大同书》观点的基本事实。康有为在书中明确主张"去国界合大地"、"去级界平民族"、"去种界同人类"、"去形界保独立"、"去家界为天民"、"去产界公生业"、"去乱界治太平"、"去类界爱众生"、"去苦界至极乐"。这其中哪有什么反封建却不批资本主义、不导向社会主义而导向资本主义的问题呢？康有为所探讨的东西完全属于另外一套范式。

---

① 《毛泽东选集》，人民出版社，1967 年 11 月袖珍版，第 1359～1360 页。
② 张汝伦：《现代中国思想研究》，上海人民出版社，2001，第 257 页。
③ 李泽厚：《论康有为的〈大同书〉》，《文史哲》1955 年第 2 期；转引自李泽厚《中国近代思想史论》，天津社会科学院出版社，2003，第 132 页。

后来有代表性的哲学史教科书的评价是："康有为的'大同'理想，虽然是针对封建专制制度，具有资产阶级民主主义性质，是当时的先进思想，但是这种理想不是建立在对社会发展客观规律的认识上，因而它不可能是科学的，只能是一种空想。……他认为，只要实行'均产'，就可消除贫富差别；只要'大明天赋人权之义'，就能使有产者放弃私有财产。这些都是善良的愿望而已。"① 这段话一方面把康有为的思想定性为资产阶级性质，另一方面又提到康有为想使有产者放弃私有财产，这显然是一种逻辑错乱的评论。

本来，马克思主义范式也有其所长，也有助于见其他范式所不能见，但这种范式被庸俗化、教条化、政治意识形态化后，其遮蔽的东西远多于其揭示的东西。如果固守这样的范式去分析、评论《大同书》，这部经典之作的丰富理论内涵和精神价值就不可能被真正认识到。

至少说来，《大同书》是在中国被西方强行拖入全球化进程之后中国人原创的关于人类未来前景的唯一一套系统理论观点。其他的理论观点或者直接就是西方的舶来品，或者以西方思想为宗主。这就让我们没有理由不对《大同书》另眼相看并倍加珍视。至于它究竟具有哪些尚待重新认识、发掘的东西，那只有在我们研究之后才知道。

五 从《大同书》看现行哲学分科体制的弊端

康有为的《大同书》被放在现行哲学分科中的中国近代哲学门类，是哲学中的历史学科所裁量的对象，而不是哲学中的理论学科所阐发的对象。这是颇有深意的制度安排，尽管不是某个人蓄意所为。

在现行哲学分科中，只有马克思主义哲学才是理论学科，只有马克思主义哲学才具有不断发展的正当性和必要性。中国哲学和外国哲学学科都属于历史学科，其中的各种理论只具有史料的价值，只具有资源的价值，而不具有独立发展的正当性和必要性。并且，按照这两个学科的体制本分，它们都必须以马克思主义哲学为指导，都必须服务于坚持和发展马克思主义哲学的需要。在剩下的学科中，科学技术哲学按其体制本分是马克思主义自然观即自然辩证法起作用的领域，伦理学是马克思主义人生观起作用的领域，美学是在艺术领域贯彻马克思主义的学科保证，宗教学是在

---

① 《中国近代哲学史》上册，冯契主编，上海人民出版社，1989，第217页。

宗教领域贯彻马克思主义的学科保证，逻辑学属于工具性学科。

当《大同书》这样的原创性思想作品落入这种学科框架后，它的独立的理论生命就终止了，或者说至少被冻结起来了。其他既往的非马克思主义思想作品也有同样的体制命运。所以，即使像正统儒学这样树大根深的思想传统，要挣脱体制束缚而谋求进一步的独立发展，也无比困难，至于《大同书》这样"一无依傍"的孤立理论体系，要展现其当代价值，就难上加难了。

这种学科体制已经变成了学者们的集体无意识。大家都在这种体制中乐此不疲地工作着，即使有时愤愤不平，也是体制内的相互龃龉。

尽管这些年来，在哲学各二级学科中都正在苏醒着一种学术主体性，出现了一种撇开马克思主义哲学教条而各自发掘学术资源、开辟理论空间的态势，但愈是这样，愈是显出了现行分科体制的弊端，以及这种体制对哲学学术所造成的扭曲。

对马克思主义哲学学科来说，任何资源的发掘和理论的发展都必须是马克思主义的，甚至必须是与时俱进地符合最新政治需要的，否则就不具有政治和学术的正当性。这就注定了这个学科的研究或者是对马克思主义文本的解读，或者是对当下政治需要的附和。在中国哲学学科，学者们固然可以比过去更加大胆地阐发传统思想的当代价值，甚至可以激发起一股"继绝学、开太平"的学术与政治豪情，但这个学科的体制定势使得其中的研究早已习惯了面对历史的文本，最多做到借古讽今。这种做法甚至被许多学者不自觉地视为理所当然，好像做中国哲学无非就是这样。外国哲学自然以研究外国古今哲学文本为职分，即使有所主张，那也不过或者作研究对象的代言者，或者在研究对象的诠释上勉力出新。其他二级学科的情况类似。这种由现行哲学分科体制所培育起来的学科意识和运思模式严重损害了当代中国哲学学者正常、健康的思维品质和思维能力。

如今，人们要么热炒西方时尚，要么一头扎进各种原教旨，而像《大同书》这样敢于自任天命、自创新说的作品则备受冷落。这绝不是作品本身不够好，而是当今哲学学术的口味集体出了问题。

六　现行哲学分科体制对哲学思想创作的束缚

康有为的《大同书》是已经写就的作品，现行哲学分科体制不管怎样对待它，总要给它一个位置。这一点没有问题。但是，我的问题是：如果我们还希望和指望中国哲学界、思想界再创作出类似《大同书》这样分量的思想作品的话，那么，这种希望和指望能否在现行哲学分科体制中得到落实？或者说，在现行的哲学八个二级学科中，有没有或有哪些学科首先是鼓励思想创作的，其次是有愿望进行思想创作的，然后是有能力进行思想创作的？退一步讲，即便体制内的这些学科既不鼓励、也无意愿、更无能力进行思想创作，如果体制外出现了一部《大同书》式的佳构，这些学科能够接受或容忍它吗？

换个问法。这个会议叫专家论坛。我想大家多半都是博士、硕士研究生的指导教师。请问：有哪一个马克思主义哲学博士点或硕士点在千方百计鼓励学生去进行哲学创作？在规划生产《大同书》式的思想作品？据我所知，没有。马克思主义哲学专业，顾名思义，一定要研究马克思主义，因此，研究生必须撰写跟马克思主义的经典文本、历史发展、中外最新理论动态和现实政治相关的论文。至于这些论文中能否出现《大同书》一类原创性的思想作品，从来不是本学科的关切所在。

外国哲学，其中主要是西方哲学，顾名思义，是以外国的哲学文本为对象。不管是古老的文本还是时新的文本，翻译、介绍、评述、阐释是这个学科研究的正道。研究生的论文或者做人头，或者做流派，或者做时期，或者做国别，或者做领域，或者做专题，或者做比较，总之以既有的文本为对象。如果在这个学科中，竟然有学生就是要创作《大同书》这样的思想作品，那他在论文的开题报告中会遭到当头一棒；就算扛过去了，等到论文外审时，也不知道会被哪个同行专家理由十足地枪毙掉；就算躲过去了，答辩一关肯定无法通过。外国哲学这个专业规定清楚了它的职责和工作模式，它没有从事思想创作的任务和必要。

再看中国哲学。在座有不少中国哲学专家，有些更是在"国学研究所"之类机构工作。请问：诸位是否把创作《大同书》式的思想作品作为自己和学生的基本任务之一？我猜回答会是否定的，至少是困难的。因为如果是，则跟"中国哲学"、特别是"国学研究"脱节；如果不是，好像还得给出说得过去的理由。根据我本人对中国哲学学科的有限了解，这种尴尬状态是普遍存在的。在这个学科中，不乏创新的冲动和热情，但一旦说到创新，就得首先找到坚实的依傍，儒家、道家、佛家，理学、心学、实学，总得靠着哪一家、哪种学，就算传统的门派都不靠，至少也得有一种强大的西方理论做支撑，如马克思主义、基督教、自由主义、现象学、解释学等。否则，像康有为那样，明明也利用了一些资源，却偏偏标榜

"无所凭藉，无所袭取，以自成一家之哲学"，这样做出来的科研成果，是肯定不会被同行认可的。

其他学科呢？如果科学技术哲学学科的从业人员写出了《大同书》那样的作品，大家一定认为这个人改行做马哲了，似乎马哲出这种"不伦不类"成果的几率还大些。如果伦理学的学者或研究生写出了《大同书》式的专著，大家最多承认这是一个跨学科研究的成果，跟本学科的关系反而不大，因为它不是德性伦理学、道义论和功利主义中的任何一种，也看不出跟自由主义、社群主义之类的思潮有什么关联，甚至跟老马克思主义、新马克思主义、后马克思主义都沾不上边。至于美学，显然不可能有哪一个博士、硕士点会为提交《大同书》这样论文的人授予本专业的学位。宗教学就更不用说了，除了法定的宗教外，难道还可以自创新教吗？怎么可能把一种具有新宗教色彩的思想作品接纳到本学科来呢？这不是惹火烧身吗？逻辑学可能最无动于衷，如果康有为不是提交《大同书》而是提交那套斯宾诺莎式的用几何学方式写作的《实理公法全书》，兴许还可能被瞄上一眼，但学位肯定是拿不到的。这也怪不了逻辑学。

现行哲学分科体制已使"天下英雄尽入吾彀中"，散落体制外的零星的哲学作家们则由于缺乏专业条件，创作质量难以尽如人意，虽往往不无创作《大同书》式作品的雄心，但可惜没有康有为那样的才气和实力，其辛苦劳作常常只有自娱自乐的价值，甚或沦为体制内专家的笑柄。

不管怎样，这就是中国哲学工作的现状：有着数以万计从业人员、年产论文数以万篇的专业队伍，拥有康有为时代不能比拟的研究条件，却不仅没有产生出第二部像《大同书》那样品质的思想作品，而且集体无意识地压制和拒斥着类似的思想创造。试问，在《大同书》完稿以来的一百余年间，特别是在有了现行分科体制的半个多世纪里，中国学界有几部著作在思想的深度、广度、原创性程度、视野、胸襟、跟当代生活的关切度和不朽性等方面堪比《大同书》？为什么这个民族的哲学智慧会被体制性地消磨掉，而不能用于持续不断的建树和创新？这种现状和这些问题难道不发人深省吗？

我们陷溺于这样的分科体制太久，久到习以为常、麻木不仁。因为这个缘故，我们习惯于思想的净进口和零出口；只要一提到出口，下意识地就想到倒卖"文物"和"古董"；而一提到本土化，就不由得要回头去看，并忍心让老几十辈的前人披挂上阵，自己则躲在其后甘作喽啰，虚张声势。为什么今天的中国不能生产思想？不能让思想生产像在西方诸思想大国那样保持为一种正常的状态，使江山代有才人出？为什么康有为在那样一个时代都可以理直气壮地自创一套哲学，且真的写出了《大同书》那样的不朽杰作，而今反而不准、不能、不愿？

七 改革指向：伸张三个研究向度，解放哲学理论思维

必须改革把哲学分为八个二级学科的现行体制，把中华民族的哲学思维、理论思维和思想创造力解放出来。只有这样，产生《大同书》式的原创性思想作品才是可以期待的事情，中国才可能出活着的哲学家，这些人也才可能用自己的名义去跟同时代强势国家的哲学家对话、抗辩和沟通，而不至于总是让孔子、老子去跟人家一茬又一茬的活人对话。

哲学按其当代政治角色可以分为现行八个二级学科，但按其学术本性却不应该受制于任何学科畛域，它应当在一切可以理知的领域里通行无碍。

哲学是最自由的学问，也是最规范的学问。它包含三个向度：文本向度、问题向度和学理向度。

文本向度是我们最熟悉的。在现行八个二级学科中，哲学主要意味着解读文本、梳理文本、绍述文本、诠释文本、阐发文本。文本向度固然是哲学的一个基本向度，却不是唯一向度，甚至不是主要向度。文本向度只是哲学的历史向度，是哲学的过去时态。文本对哲学活动起学科规训、理路借鉴和思想给养的作用。这就像《回顾》、《礼运》、《公羊春秋》等对《大同书》的作用一样。

问题向度似乎也是我们熟悉的。特别是马克思主义哲学从来强调理论联系实际。可是，现行分科体制中的理论联系实际只是用马克思主义的法定理论联系当下法定政治需要的实际。在其本真的意义上，哲学的问题向度所指的是哲学家以自己的哲学去面对和回应现实问题。这是哲学的实践向度，也是哲学的现在时态。康有为通过《大同书》所表达的就是他自己对现实问题的深切关怀。

学理向度应该是我们最熟悉的，但实际上却是我们最生疏的。自从我们共有了马克思主义这种放之四海而皆准的真理，就不觉得还有什么学理需要去探求了。或者，只要我们找到了各自可以寄托生涯的主义，不管它是老祖宗的还是外来的，也就可以不必辛苦地再去亲自探究什么了。然而，学理才是哲学的根本，才是哲学可以提供给世界的最实在的东西。学理就是纯粹的道理，不管形诸什么样的文本，也不管人们喜欢还是不喜

欢，它都会成立，都会起作用。哲学学理就是这种纯粹道理的道理。学理向度是哲学的本质向度，是哲学的将来时态。哲学劳作始终以探寻新的学理为目的，是为亚里士多德所谓"理论学术"①；而新的学理以及新的学理所表达的意义始终在哲学理论活动的将来。一种哲学发现了新的学理，就等于找到了自己的魂魄。一种失魂落魄的哲学不过是理智世界的行尸走肉。《大同书》之所以可以位列经典，就是因为它不仅有文本的学问、问题的关怀，而且讲出了一套关于人类大同的道理，其中许多是只有中国人才讲得出的道理，并且至今仍然言之成理，——这是真正的"理论学术"。

哲学的理论成果而非一般意义的学术成果是哲学学科的终端产品。不出理论成果的哲学，好比一棵光开花不结果的果树，好比一头草不少吃却挤不出奶的奶牛，好比一片只见耕耘不见收成的田野，好比一条机器轰鸣但没有成品下线的生产流水线。

哲学理论思维是全部理论思维的基础。没有一个哲学贫困的民族会在别的学科上出现真正的理论创新，而没有理论创新的民族在如今的全球化体系中最多只能成为理论生产大国的附属实验基地、制作车间与倾销市场。没有能力从事理论思维的民族是可怜的，而有理论思维能力却自限甚至自残其能力的民族则是可悲的。

现行的哲学分科体制限制哲学学者自主地去面对现实问题，压制新原理的探求和新哲学的创发，就学科内部影响而言，也反过来局限了哲学文本研究的水准和成就，而就学科外部影响而言，更贻误了我们民族整体理论思维的发育和成长。这使得我们的哲学、我们的理论跟我们的经济、政治和社会一样，都处于初级阶段，都处于启动不久的发展中状态。只有改革这种体制，哲学的三个向度才能逐步伸张开来，才能有助于形成思想活动的宽广空间和健康氛围，新的《大同书》才可能从中产生出来——尽管还需要其他条件。只有这样，一个崛起的中国才会有崛起的理论思维为之导航、与之匹配。

让我们始终铭记恩格斯的教导："一个民族想要站在科学的最高峰，就一刻也不能没有理论思维。"②

---

① 参见亚里士多德《形而上学》，吴寿彭译，商务印书馆，1959，第 119 页。
② 恩格斯：《〈反杜林论〉旧序》，《马克思恩格斯全集》第 20 卷，人民出版社，1971，第 384 页。

也让我们永远不忘高清海先生的遗言："中华民族的未来发展需要有自己的哲学理论！"①

主要参考文献

（一）康有为原著

康有为：《康有为全集》（第 1～12 集），姜义华、张荣华编校，中国人民大学出版社，2007。

（二）《大同书》研究的相关文献

梁启超：《南海康先生传》，收入《康有为全集》第 12 集，姜义华、张荣华编校，中国人民大学出版社，2007。

梁启超：《清代学术概论》，东方出版社，1996。

钱穆：《中国近三百年学术史》，商务印书馆，1997。

毛泽东：《毛泽东选集》，人民出版社，1967 年 11 月袖珍版。

李泽厚：《中国近代思想史论》，天津社会科学院出版社，2003。

《中国近代哲学史》，冯契主编，上海人民出版社，1989。

萧公权：《近代中国与新世界：康有为变法与大同思想研究》，汪荣祖译，江苏人民出版社，1997。

马洪林：《康有为评传》，南京大学出版社，1998。

张汝伦：《现代中国思想研究》，上海人民出版社，2001。

房德邻：《〈大同书〉起稿时间考》，《历史研究》1995 年第 3 期。

李似珍：《康有为与〈大同书〉》，《大同书》，李似珍评注，中州古籍出版社，1998。

（三）其他文献

亚里士多德：《形而上学》，吴寿彭译，商务印书馆，1959。

《中国古代哲学史》，复旦大学哲学系中国哲学教研室编，上海世纪出版股份有限公司、上海古籍出版社，2006。

恩格斯：《〈反杜林论〉旧序》，《马克思恩格斯全集》第 20 卷，人民出版社，1971。

俞吾金：《哲学研究与哲学学科分类》，1995 年 5 月 4 日《光明日报》。

高清海：《中华民族的未来发展需要有自己的哲学理论》，《吉林大学社会科学学报》2004 年第 2 期。

　　说明：写于 2007 年 11～12 月，发表于《东南学术》2009 年第 3 期。

---

① 高清海：《中华民族的未来发展需要有自己的哲学理论》，《吉林大学社会科学学报》2004 年第 2 期，第 5 页。

马克思与康有为对中国社会进程的预见及其启示
——为改革开放 30 年而作

　　今年有好多事情值得纪念。其中，最重要也是最多人记起的无疑是中国改革开放 30 周年。不过，今年还是其他几桩相关事情的大数周年：其一，今年是马克思诞辰 190 周年以及他和恩格斯的《共产党宣言》发表 160 周年；其二，今年是康有为诞辰 150 周年和他所策动的"改革开放"——戊戌维新 110 周年；其三，今年是发动"大跃进"和人民公社运动 50 周年。我在此将这些周年放到一起纪念，也算应个景吧。

　　不过，本文不拟逐一议论这些事情，而只拟回顾和比较马克思（以及恩格斯）对中国社会进程的一个预见和康有为的另一个预见，借以反省一些东西，并拿来跟同道们商讨。

一　马克思（以及恩格斯）对中国社会进程的预见

　　本文主要讲马克思，在涉及合著作品时也提及恩格斯。

　　按照马克思的理论，共产主义迟早要在全世界实现。由此推知，他必定相信迟早也要在中国实现。不过，他毕竟没有专门提及中国实现共产主义的事情，不像他在俄罗斯的发展道路问题上曾颇费思量。今天，如果他知道幅员最广的俄罗斯在高扬他的旗帜 70 多年后已改弦易辙，而人口最多的中国竟然成了他的主义的最重要堡垒，亦即如果他知道自己跟中国如此有缘，他一定会为自己没有看到这一点而遗憾，正如我们在他的著作中找不到这种预见而一直遗憾一样。

不过，马克思对中国并非毫无预见。正如许多人所了解的那样，他说了关于中国不少的话。在其中，有许多话至今看来仍发人深省。

马克思出道的第一篇著作是谈希腊哲学的博士论文，不过这篇著作在他在世时没有发表。他出道后撰写的第一篇且发表了的政论文章是《评普鲁士最近的书报检查令》。该文写于 1842 年 1 月底至 2 月初，由于辗转送到瑞士，于次年 2 月才发表，因而在发表时间上略晚于后写的、连载于《莱茵报》上的第一篇文章。① 在这篇开山之作中，马克思就不只一次提到了中国。这足见马克思跟中国的缘分。

在这篇文章中，马克思说："旧的书报检查法令……不仅不准坦率地讨论普鲁士的事务，甚至也不准坦率地讨论中国的事务。"② 这种制度的不得人心是显而易见的，于是，政府又颁布了新的检查令。但马克思依然讽刺说："我们不要有弊病的书报检查制度，因为甚至你们自己也不相信它是十全十美的，请给我们一种完善的报刊吧，这只要你们下一道命令就行了；几个世纪以来中国一直在提供这种报刊的范本。"③ 第一句话提"中国"是要说中国的远，远到不相干，不相干还不准说，可见报禁之严。第二句话提"中国"是要说这个遥远的东方帝国历来是言论控制的典范，报刊——其实那时的中国才刚开始有现代意义的报刊，且都为西方人所办④——都是官方的，因而按照官方自己的标准就是完善的，为此，普鲁士应该学习中国，禁绝民间报刊，都搞官方报刊，这样一来，也就不需要费劲地搞书报检查了。

马克思在如此不经意地打趣中国的时候，才不到 24 岁。他哪里想得到他所讽刺的中国的这种传统会跟自己的主义最终挂起钩来，尤其是他所讽

---

① 参见《马克思恩格斯全集》第 1 卷，人民出版社，1995，注释 37、50，第 1008、1010 ~ 1011 页。

② 马克思：《评普鲁士最近的书报检查令》，《马克思恩格斯全集》第 1 卷，人民出版社，1995，第 115 页。

③ 马克思：《评普鲁士最近的书报检查令》，《马克思恩格斯全集》第 1 卷，人民出版社，1995，第 129 页。

④ 用中文出版的第一份定期刊物是英国传教士米怜于 1815 年在马六甲创办的《察世俗每月统记传》，在中国境内出版的第一份中文月刊是后面会提到的德国传教士郭士立（郭实猎，Karl Friedrich August Gutzlaff）于 1833 年在广州创办的《东西洋考每月统记传》。第一份中文商业报纸是英文报纸 The Daily Press 所附设的中文版《香港船头货价纸》，"大约在 1857 年 11 月 3 日创刊"。至于中国人自办的近代化报纸，则晚至 1873 年才出现，为艾小梅在汉口创办的《昭文新报》。参见陈玉申《晚清报业史》，山东画报出版社，2003，第 2、7、32、55 页。

刺的完善报刊竟然是在他的主义一统天下后才真正搞起来的。

尽管马克思对中国的上述看法已经足够让人回味了，但我在本文中想讲的马克思对中国社会进程的预见却是指另外一件事。

1850年初，马克思流亡英伦数月之后，跟恩格斯合写了一篇时评，其中有言：

> 最后，再谈一件由著名的德国传教士郭士立（Karl Friedrich August Gützlaff）从中国带回来的有代表性的新鲜奇闻。这个国家的缓慢地但不断地增加的过剩人口，早已使它的社会状况变得为这个民族的大多数人难以忍受。后来英国人来了，夺得了在五个口岸自由通商的权利。成千上万的英美船只开往中国；这个国家很快就为英国和美国用机器生产的廉价工业品所充斥。以手工劳动为基础的中国工业经不住机器的竞争。牢固的中华帝国遭受了社会危机。不再有税金收入，国家濒于破产，大批居民落得一贫如洗，这些居民起而闹事，迁怒于皇帝的官吏和佛教僧侣，打击并杀戮他们。这个国家现在已经接近灭亡，已经面临着一场大规模革命的威胁，但是更糟糕的是，在造反的平民当中有人指出了一部分人贫穷和另一部分人富有的现象，要求重新分配财产，甚至要求完全消灭私有制，而且至今还在要求。当郭士立先生离开20年之后又回到文明人和欧洲人中间来的时候，他听到人们在谈论社会主义，于是就问：这是什么意思？别人向他解释以后，他便惊叫起来：
>
> "这么说来，我岂不是到哪儿也躲不开这个害人的学说了吗？这正是中国许多暴民近来所宣传的那一套啊！"
>
> 当然，中国社会主义之于欧洲社会主义，也许就像中国哲学与黑格尔哲学一样。但是有一个事实毕竟是令人欣慰的，即世界上最古老最巩固的帝国八年来被英国资产者的印花布带到了一场必将对文明产生极其重要结果的社会变革的前夕。当我们欧洲的反动分子不久的将来在亚洲逃难，到达万里长城，到达最反动最保守的堡垒的大门的时候，他们说不定就会看见上面写着：
>
> Republique chinoise
Liberté，Egalité，Fraternité
［中华共和国
自由，平等，博爱］

1850 年 1 月 31 日于伦敦①

这段话中，基督教在华传教、弱势的中国与强势的欧洲、资本主义与社会主义等影响至今的历史性要素都有了。令人惊叹的是，其中不仅看到了中国的社会危机即将爆发，次年便有太平天国起义，更是相当于提前 60 年就预告了"中华民国"的诞生，而中国人自己差不多半个世纪以后才想到这样的名称——"中华民国"的法语翻译就是"Republique chinoise"。尽管马克思和恩格斯并不确切知道中国当时危机的具体情况，更不可能获悉洪秀全起事的秘密情报，并且，他们对中国社会主义的定位也很低，议论"中华民国"的口气也很随意，但是，这一切都掩蔽不住这番预言的理论光芒。想当年，马克思不过 30 出头，恩格斯还不满 30 岁，并且跟中国相距万里，他们竟能预见到中国半个多世纪的社会进程，而当时 3 亿多中国人自己反而懵然不知，这一点着实令人感慨！

当然，马克思和恩格斯在此所说的"中国社会主义"并不是今天我们所说的"中国特色社会主义"，尽管其间确有某种微妙的相似性。马、恩二人明确把中国的社会主义看作一种低层次的东西，认为这种社会主义跟欧洲社会主义的关系就像中国哲学跟黑格尔哲学的关系一样。在马、恩心目中，黑格尔哲学代表了他们之前的哲学顶峰，但比起他们自己的理论来却已经过时了。与之相似，欧洲的社会主义也代表了马、恩之前社会主义的顶峰，而马、恩的共产主义或后来所谓科学社会主义则已超越了这个顶峰。在这样一个坐标中，中国社会主义革命不过是天朝帝国开始解体的一种表现而已。

对于中国社会主义革命的意义，马克思在 3 年多以后所写的第一篇专论中国的文章《中国革命和欧洲革命》中是这样说的：

> 如果不发生什么意外事情的话，到一定的时候，市场的扩大仍然会赶不上英国工业的增长，而这种不相适应的情况也将像过去一样，必不可免地要引起新的危机。这时，如果有一个大市场突然缩小，那么危机的来临必然加速，而目前中国的起义对英国正是会起这种影响。②

---

① 马克思、恩格斯：《时评。1850 年 1~2 月》，《马克思恩格斯全集》第 10 卷，人民出版社，1998，第 276~278 页；"人名索引"，第 859 页。在本书中，这段话已被笔者在《马克思的宗教观及其当代省思》一文中引用过，见本书第 150 页。

② 马克思：《中国革命和欧洲革命》，《马克思恩格斯选集》第 1 卷，人民出版社，1995，第 693 页。

这篇文章所说的"中国革命"应当就是指太平天国革命了。从马克思的论述可以清楚地看到，他关注中国革命，并不是因为这场革命具有超越资本主义的那种社会主义性质，而是因为它会引起中国市场的萎缩，并继而引发和加剧英国的经济危机，而英国的危机所可能导出的革命才是超越资本主义的，也才是他真正感兴趣的东西。至于中国社会主义革命的前景，则不外乎是"自由、平等、博爱"的"中华共和国"，即一个资本主义社会。

事实表明，即使对中国革命之于欧洲革命的诱发作用，马克思也估计过高。他从1850年开始就不断搜寻英国经济危机的征兆，并根据种种诱因预言危机的爆发，中国革命不过是其1853年进行预言时所认定的一个诱因而已。他的预言由于总是不中，还一度成了同志们的笑柄。直到1857年，马克思一再预言的经济危机才终于到来了。①

马克思对中国及其革命的上述定位和分析视角，直到1862年，在他所写的最后一篇专论中国的文章《中国记事》中，还依然保持着。在这篇文章中，他称中国为"活的化石"，称太平军为"灾星"。他说：

> 除了改朝换代以外，他们没有给自己提出任何任务。……他们给予民众的惊惶比给予老统治者们的惊惶还要厉害。他们的全部使命，好像仅仅是用丑恶万状的破坏来与停滞腐朽对立，这种破坏没有一点建设工作的苗头。②

这表明，马克思从未对中国的社会进程寄予过任何高于"中华共和国"的期望。也就是说，他只看到了中国的"中华民国"前景，而没有看到其"中华人民共和国"前景；换言之，只看到了中国的资本主义前景，而没有看到其超越资本主义之上的社会主义前景。尽管如此，马克思对中国社会进程的这种洞见已经远远超出了同时代所有中国人的水准。

二　康有为对中国社会进程的预见

康有为比马克思小40岁。跟马克思不同，康有为是一位中国本土思想

---

① 参见麦克莱伦《卡尔·马克思传》（第3版），王珍译，中国人民大学出版社，2005，第256、271页。

② 马克思：《中国记事》，《马克思恩格斯全集》第15卷，人民出版社，北京，1963，第545页。

家；跟马克思一样，康有为也对中国社会进程有重要预见，并且这种预见跟马克思的预见颇多英雄所见略同之处，其间还有一种意想不到的互动。

在《春秋董氏学》（写于 1893 年至 1897 年）中，康有为明确阐述了他的"三世"说。他认为：

> 《春秋》分十二世，以为三等：有见，有闻，有传闻。有见三世，有闻四世，有传闻五世。……"三世"为孔子非常大义，托之《春秋》以明之。所传闻世为据乱，所闻世托升平，所见世托太平。乱世者，文教未明也。升平者，渐有文教，小康也。太平者，大同之世，远近大小如一，文教全备也。[①]

在《论语注》（1902 年后补成）中，他把"三世"说发挥成了一套类似黑格尔三段式辩证发展模式的社会进化学说。他认为：

> 三十年为一世。……孔子之道有三统、三世，此盖借三统以明三世，因推三世而及百世也。……由独人而渐立酋长，由酋长而渐正君臣，由君主而渐为立宪，由立宪而渐为共和。……据乱世则内其国而外诸夏，升平世则内诸夏外夷狄，太平世则远近大小若一。……然世有三重：有乱世中之升平、太平，有太平中之升平、据乱。……一世之中可分三世，三世可推为九世，九世可推为八十一世，八十一世可推为千万世，为无量世。太平大同之后，其进化尚多，其分等亦繁，岂止百世哉？[②]

在《春秋笔削大义微言考》（写于 1901 年）中，康有为对其三段演化的具体内容有一个集中交代。他说：

> 《春秋》只明人道，不暇及鸟兽道；即人道仅及拨乱，未能遽躐等言升平、太平，何能越级言鸟兽道乎？……但正道有三，有据乱之

---

① 康有为：《春秋董氏学》，《康有为全集》第二集，姜义华、张荣华编校，中国人民大学出版社，2007，第 324 页。

② 康有为：《论语注》，《康有为全集》第六集，姜义华、张荣华编校，中国人民大学出版社，2007，第 393 页。

正，有升平之正，有太平之正，各视其时所当世而与之推迁。……其有同在一时而治化迥异者，如今美国之自由，当进以太平；欧洲之政治，当进以升平；非洲之野蛮，当进以据乱。且据乱之中，又有升平、太平。……《春秋》始于据乱立君主，中于升平为立宪君民共主，终于太平为民主。……故知将来必入升平、太平之世，又必至众生、大生、广生之世，诸星、诸天之世。①

　　从上面三段引文可知，康有为对于人类社会历史的演进有自己独到的理解。在其代表作《大同书》中，这种理解被演绎成了一套完备周详的理论体系。不管人们对他的观点作何评论，不可否认的是：近代以来，即在中国人开始意识到自己的全球处境以来，像康有为那样，不仅心系本民族而且胸怀全人类，建树了如此系统的独创性思想理论的，还真找不出第二人。在这点上，他跟马克思确有可比之处。

　　以多重三世进化学说为坐标，康有为定位中国当时的发展主题为从据乱世入升平世，即从君主专制进到君主立宪。这种定位跟马克思十分接近。有所不同的只是：马克思预言的是"共和国"，而康有为认可的是"立宪制"；马克思是这场变局在早期的旁观者，康有为则是其关键阶段的局中人。

　　康有为如此定位中国，决定了他"其志虽在大同，而其事只在小康"。② 就此而言，他虽比所有人都更有理想，但也比所有人都更加现实。戊戌变法失败后，众情激愤，革命浪潮势不可挡。可康有为却竭力劝阻革命，其结果众所周知：为大家所唾弃。对康有为的这段表现，历史似乎早已盖棺定论：他后来不过是个螳臂当车的可笑角色。

　　然而，事情没有这么简单。如果我们再回过头去认真读一读他的东西，就会发现：他预见到了所有唾弃他的人都不曾看到的一个重大历史后果——"骤逾级超，……强行大同，强行公产"③，"陷天下于洪水猛兽"④。

---

① 康有为：《春秋笔削大义微言考》，《康有为全集》第六集，姜义华、张荣华编校，中国人民大学出版社，2007，第 309～310 页。

② 康有为：《礼运注》，《康有为全集》第五集，姜义华、张荣华编校，中国人民大学出版社，2007，第 557 页。

③ 参见康有为《礼运注》，《康有为全集》第五集，姜义华、张荣华编校，中国人民大学出版社，2007，第 556 页。

④ 参见梁启超《清代学术概论》，东方出版社，1996，第 74 页。

康有为对这个话题论述极多,这里谨介绍他一篇不太为人谈论却极有价值的文章《答南北美洲诸华商论中国只可行立宪不能行革命书》中的相关看法。该文写于1902年,集中表述了他主张立宪而反对革命的基本理由。

文中,他先比较了欧美各国的情况,再拿来跟中国相比,说明立宪比较切实,革命祸患无穷。接着,他阐述了中国不可逾级发展的观点。他说:

> 据乱则内其国,君主专制世也;升平则立宪法,定君民之权之世也;太平则民主,平等大同之世也。孔子岂不欲直至太平大同哉?时未可则乱反甚也。今日为据乱之世,内其国则不能一超直至世界之大同也;为君主专制之旧风,亦不能一超至民主之世也。[①]

他进而说明了在这个问题上欲速不达的道理。他指出:

> 仆在中国实首创言公理、首创言民权者,然民权则至在必行,公理则今日万不能尽行也。盖今日由小康而大同,由君主而至民主,正当过渡之世,孔子所谓升平之世也,万无一跃超飞之理。凡君主专制、立宪、民主三法,必当一一循序行之;若紊其序,则必大乱,法国其已然者也。既当过渡之时,只得行过渡之事,虽有仁人志士欲速之而徒生祸乱,必无成功,则亦可不必矣。[②]

对于当时已走上历史前台的废君主、行共和的革命,康有为结合中国历史,指出了其可能导致的祸乱。他说:

> 夫革命非一国之吉祥善事也。就使革命而获成矣,为李自成之入燕京矣,为黄巢之破长安矣,且为刘、项之入关中矣。然以中国土地之大,人民之众,各省各府语言不相通,各省各府私会不相通,各怀私心,各私乡土;其未大成也,必州县各起,省府各立,莫肯相下,互相攻击,各自统领,各相并吞,各相屠灭,血流成河,死人如麻,

① 康有为:《答南北美洲诸华商论中国只可行立宪不能行革命书》,《康有为全集》第六集,姜义华、张荣华编校,中国人民大学出版社,2007,第313页。
② 康有为:《答南北美洲诸华商论中国只可行立宪不能行革命书》,《康有为全集》第六集,姜义华、张荣华编校,中国人民大学出版社,2007,第314页。

秦、隋、唐、元之末季，必复见于今日。加以枪炮之烈，非如古者刀矛也，是使四万万之同胞死其半也。①

何谓中国革命？内乱相残，必至令外人得利也。②

对于革命或成或败的后果，他做了决然的预断。他说：

革命未成，而国大涂炭，则民权自由且不可得也。是故真有救国之心、爱民之诚，但言民权自由可矣，不必谈革命也。然则革命者之言民权自立，不过因人心之所乐而因以饵之，以鼓动大众，树立徒党耳。假令革命果成，则其魁长且自为君主，而改行压制之术矣。不见法之拿破仑乎？始则专倡民权，每破一国，辄令民背其主，既为民主，事事皆俯顺民情，而挟其兵力以行之，于是复自为君主矣。又不见拿破仑第三乎？……盖能以革命成大事之人，其智术必绝伦，又必久拥兵权者。

中国枭雄积于心脑者，人人有汉高、明太之心，吾见亦多矣。古今天下，安得遇尧、舜、华盛顿？……夫华盛顿之时，美国人仅四百万，中国乃百倍之，其人之才能控制十八省四万万人、破万里之全国者，非有秦政、刘邦、曹操、刘裕、朱元璋之枭雄术略，好杀自私，必不能也。夫秦政、刘邦、曹操、刘裕、朱元璋再出，方出新法，以大肆屠戮而行其压制，而立其君权，其先言民权者，亦不过为拿破仑第三之买民心耳。今所见革命之人，挟权任术，争锱铢小利而决裂者，不可胜数。如此之人，使其有天下而望其行尧、舜、华盛顿之事，是望盗跖之让国也。……一二文学好异求速之人，日读法、美之书，而不审中国之势，妄为此说，此以四万万之人命为戏场也。……

……假而有成，而得一秦政、刘邦、曹操、朱元璋、拿破仑为民主，则益水深火热矣。③

---

① 康有为：《答南北美洲诸华商论中国只可行立宪不能行革命书》，《康有为全集》第六集，姜义华、张荣华编校，中国人民大学出版社，2007，第316~317页。

② 康有为：《答南北美洲诸华商论中国只可行立宪不能行革命书》，《康有为全集》第六集，姜义华、张荣华编校，中国人民大学出版社，2007，第317页。

③ 康有为：《答南北美洲诸华商论中国只可行立宪不能行革命书》，《康有为全集》第六集，姜义华、张荣华编校，中国人民大学出版社，2007，第318~319页。

上述看法体现了康有为作为一个既有全球眼光又熟知中国国情的本土学者的优势和特点。这些看法不用附加任何点评，谁读了都不会无动于衷。

更重要的是，康有为不仅以全球为背景分析中国革命的问题，而且还立足中国的处境去预言西方发达国家的前景。其中，他特别对当时国际工人运动的态势做了分析与评估。他说：

> 近年工党之变日起，均产之论日多。夫论转石流川之势，则千数百年后，必至太平大同之世、群龙无首之时、公产平均之日；若在今日，则无君、均产之事，中国固未萌芽，而欧美亦岂能行哉？夫美之不能遽行无君、均产，犹中国之未可行革命、民主也。①

他的意思非常清楚：即使欧美也没有达到可以实现大同理想的地步。康有为的这个判断，较之马克思当年的判断和同时期列宁的判断，显然要谨慎得多。中国思想家能够对世界大势做出如此富有自信的判断，也实在不多见。

不过，对于西方各种新异学说可能对中国造成的影响，康有为则估计得非常严重，并且显得高度警惕。他说：

> 若夫异说之倡、新说之出，则四万万人之众困于八股则已耳；既浸以欧美之说，导以自由之路，则为人心之趋，好异厌常，人之情也。……好奇立功名之士，亦何所不为？不待十五年之内，极奇之异论必横出无数，可逆料也。②

这段话讲在 1902 年，15 年后就是 1917 年的十月革命，然后就是马克思列宁主义在中国的传播和中国共产党革命的开始。康有为的预见力实在令人惊叹！

对于接下来会发生的一切，康有为心中有数，却无可奈何。他说：

---

① 康有为：《答南北美洲诸华商论中国只可行立宪不能行革命书》，《康有为全集》第六集，姜义华、张荣华编校，中国人民大学出版社，2007，第 325 页。
② 康有为：《答南北美洲诸华商论中国只可行立宪不能行革命书》，《康有为全集》第六集，姜义华、张荣华编校，中国人民大学出版社，2007，第 325～326 页。

　　盖向者人犹望复辟之自强，今则别谋革命自强矣；向者不过变自小民，今则变自士夫矣。此其大变，又洪秀全之时所无也。①

　　再过一二年乎，则人心尽变，神州陆沉，天地惨黩，虽有圣者，无如之何。……光绪戊子之冬，吾上书言日本朝鲜事，举朝笑之，及甲午乃不幸而言中。今吾复言此，若又不信，大祸复见，重不可救。②

　　康有为曾被称为"康圣人"。到后来，他的所言所行至少在一点上确实越来越像孔圣人了，那就是：知其不可而为之。

三　共识与事实：志在大同，事在小康

　　马克思和恩格斯预见到了天朝帝国变成中华民国，但不曾设想过中国可以一跃变成以他的主义为旗号的社会主义国家。康有为只认为中国处在从据乱世向升平世转变的历史阶段，连变成中华民国都过于超前，更谈不上可以变成大同社会。也就是说，尽管他们都有自己的太平盛世理想，但都不觉得中国当时已达到了可以迈进太平盛世的发展程度。这算得上是作为西方思想家的马克思和恩格斯跟作为中国思想家的康有为之间不约而同的一个共识。不过，这个共识在大半个世纪中却没有成为他们跟一代又一代中国革命家们之间的共识。

　　在康有为上述反革命言论发表之后，中国革命汹涌澎湃，一浪高过一浪。马克思关于中华民国的预言在1911年实现了，康有为关于革命致乱的预言也同样"不幸而言中"了。但革命并没有止步于民国，而是成了一辆没有制动装置的列车，一路狂奔了大半个世纪，直到"文化大革命"结束才消停。

　　1949年，毛泽东在《论人民民主专政》一文中信心十足地说："中国人找到了马克思列宁主义这个放之四海而皆准的普遍真理，中国的面目就起了变化了。""十月革命一声炮响，给我们送来了马克思列宁主义。十月革命帮助了全世界的也帮助了中国的先进分子，用无产阶级的宇宙观作为

---

① 康有为：《答南北美洲诸华商论中国只可行立宪不能行革命书》，《康有为全集》第六集，姜义华、张荣华编校，中国人民大学出版社，2007，第332页。

② 康有为：《答南北美洲诸华商论中国只可行立宪不能行革命书》，《康有为全集》第六集，姜义华、张荣华编校，中国人民大学出版社，2007，第333页。

观察国家命运的工具，重新考虑自己的问题。走俄国人的路——这就是结论。"又说："康有为写了《大同书》，他没有也不可能找到一条到达大同的路。……唯一的路是经过工人阶级领导的人民共和国。"①

1958 年 3 月 16 日，康有为诞辰 100 周年之际，在"成都会议"期间，毛泽东读《大同书》竟到爱不释手的地步。他说："《大同书》正是我们共产党人追求的目标。""康有为，虽然没有读过马克思的书，但他把理想的社会具体化了。他能跟洋务派、顽固派作斗争，胆识过人。我们现在的人，就需要这种精神。""但是，我不喜欢他的'一姓能顺天时时自变，则一姓虽万世存可也'，什么进化有渐进，欲骤变而不能也，都不是干事业的思想。要有一种改天换地的气概，可上九天揽月，可下五洋捉鳖（当时还没有成诗，是随便这么说的，1965 年 5 月毛泽东上井冈山时写进了《水调歌头·重上井冈山》）。""搞建设也是这样，要来狠的，要来有力量的。没有狠的，没有有力量的，社会主义建设就不可能突飞猛进。"②

接下来就是"大跃进"和人民公社运动。这种做法，按马克思的理论，显然违背了生产力决定生产关系、经济基础决定上层建筑的基本原理；按康有为的理论，则犯了据乱世行大同的错误。

当初，对于俄罗斯的"农业公社"可否不"通过资本主义卡夫丁峡谷，而把资本主义制度所创造的一切积极成果用到公社中来"，③ 马克思颇为犹豫。这给后来的极端做法留下了理论余地。相比之下，康有为对于越级发展则持一贯坚决反对的态度，毫不妥协。对此，连他最得意的弟子梁启超都觉得大为不解。梁启超说："自发明一种新理想，自认为至善至美，然不愿其实现，且竭全力以抗之遏之，人类秉性之奇诡，度无以过是者。"④

然而，事实表明，康有为既没有故作神秘，也绝非杞人忧天。"跑步进入共产主义"不是葬送了几千万无辜百姓的性命吗？"文化大革命"不是被公认为"十年浩劫"吗？这不是康有为所担心的"洪水猛兽、水深火热"又是什么呢？

---

① 《毛泽东选集》，人民出版社，1967 年 11 月袖珍版，第 1359～1360 页。

② "毛泽东与李达不欢而散"（毛卓），《共和国要事珍闻》上卷，郑毅、李东梅、李梦主编，吉林文史出版社，2000，第 592～593 页。

③ 马克思："给查苏利奇的复信"（初稿），《马克思恩格斯选集》第 3 卷，人民出版社，1995，第 764～765 页。

④ 梁启超：《清代学术概论》，东方出版社，1996，第 74 页。

不幸中万幸的是：在付出了所能想象的所有惨痛代价之后，在康有为的"改革开放"失败 80 年后，中国重又走上了改革开放的正道。30 年来，中国变成了一个市场经济制度加共产党领导的初级发展中国家。执政党很少再提共产主义，而把坚持一党领导确立为根本政治原则，把"全面建成小康社会"确立为自己的社会建设目标。这种定位跟康有为当初给中国社会的定位恍若隔世，却何其相似！又跟马克思和恩格斯关于中国将变成"自由、平等、博爱"的共和国的预期不觉间接近起来——或者说，从来没有这么接近过！

中国的社会进程似乎想溜出中外两位顶级思想巨人的预见范围，但兜了一个圈子，又回到了原来的地方——还得老老实实地去解决从吃饭穿衣到社会公正等一个一个的具体问题。反复折腾的结果只不过是旧账未还又添新账罢了。

"志在大同，事在小康"。这恐怕就是改革开放 30 周年之际，中国的实践家们最终跟马克思、康有为这样的思想巨人之间首度达成的一个基本共识，尽管这个共识本可以来得更早些。

四　若干启示

回顾上述情况，目的不在于炫示事后的聪明，而在于认真吸取教训。

1. 马克思与思想自由

一个数亿人的民族，自己的命运自己看不到，却被其他民族洞若观火，这是非常严重和可怕的事情。

为什么马克思和恩格斯于万里之遥都能看到的东西，中国的几代智识精英却看不到？这是必须问责的。

这个问题至少跟一个事实有关，那就是：马克思的头脑是自由的，或者说他力争到了自己头脑的自由，尽管他为此牺牲了很多东西；而中国智识精英的头脑则一直被束缚在"完善报刊"的网罗中，或者说他们甘愿出让头脑的自由而博取功名利禄。我们很难设想，跟马克思同时代的中国士大夫会说出下面这种话：

> 整治书报检查制度的真正而根本的办法，就是废除书报检查制度，因为这种制度本身是恶劣的，可是各种制度却比人更有力量。我们的意见可能是正确的，也可能是不正确的，不过无论如何，新的检查令终究会使普鲁士的作者要么获得更多的现实的自由，要么获得更

多的观念的自由，也就是获得更多的意识。

> 当你能够想你愿意想的东西，并且能够把你所想的东西说出来的时候，这是非常幸福的时候。①

西方人历来有把真作为独立价值来追求的智识趣味，在近代经过无数像马克思那样的斗士的奋力抗争，又逐步争取到了自由地追求真知的政治权利及其制度保障。这样一种智识传统和法权制度使得西方的智识生产发展成了一个新知识、新思想层出不穷的庞大产业。所以，马克思能够预见到中国的社会进程，绝不是一种偶然的智识现象，也不能仅仅拿他的天才和其理论的真理性去解释，其更加基本的原因还在于他在那片天地里能够养成崇尚真理的旨趣，并足以实际追求到思想自由。有了那样的条件，即使不是马克思，也会有其他思想家会洞见到类似的东西。或者说，实际上，除了马克思，确实还有许多西方思想家也从不同方面、在不同程度上看到了中国的问题——这在马克思时代是如此，后来也一直如此。

由此，我们可以醒悟的是：一个民族，无论如何不能禁锢其成员的头脑，否则就会丧失把握命运的能力；一个学者，无论如何不能放弃自由思想的权利，否则就会思想失职而有负天下。

2. 康有为与群体理性力量

进而要问的是：康有为预见到了强行大同的灾难，为什么灾难还是避免不了？

中国只有乱世才出思想家，这是这个国家的悲哀；思想家在乱世中只能慨叹"不幸而言中"，这是思想家个人的悲哀。近代中国出了一个康有为，这是思想管制无奈松动的结果；康有为预见到了灾难却无法避免，这是因为他势单力薄、众叛亲离。

在一个人口众多的国家中，只有一个人觉悟是无济于事的。他的下场屈原和苏格拉底都经历过了——尽管他们还身处小国寡民时代，柏拉图在《理想国》中也专题探讨过了。柏拉图说，假如有这么一个人，他从洞穴囚徒的行列中挣脱出来，上到洞外的地面上，看到了太阳下真实的一切，然后返回洞中拯救同伴，那么，这个人肯定会遭到众人嘲笑，甚至被逮住杀害。②

---

① 马克思：《评普鲁士最近的书报检查令》，《马克思恩格斯全集》第 1 卷，人民出版社，1995，第 134~135 页。

② 参见柏拉图《理想国》，郭斌和、张竹明译，商务印书馆，1986，第 275~276 页。

这说明，要使一种对灾难的预见转化为足以阻止灾难发生的实践力量，除了通常所能想到的各种软硬条件外，至少要有一大批有康有为这般情怀和水准的智识精英，他们的真知灼见本身足以形成一股哪怕最低限度的精神合力，可以充当抵御极端主义思潮和群体暴力倾向的思想抗体。

尽管现实生活各种软硬条件的创造不是思想家可以做主的，但思想家可以替自己的头脑做主，就像马克思和康有为那样。做自己头脑主人的人多起来了，预见并避免灾难的群体理性力量就增强了，这个国家也就有希望了，康有为式的悲剧就不会重演了。

3. 如何重新定位中国的社会进程

160 年前，在《共产党宣言》中，马克思和恩格斯还有过一段于今有关的预言。他们说：

> 资产阶级，由于一切生产工具的迅速改进，由于交通的极其便利，把一切民族甚至最野蛮的民族都卷到文明中来了。它的商品的低廉价格，是它用来摧毁一切万里长城、征服野蛮人最顽强的仇外心理的重炮。它迫使一切民族——如果它们不想灭亡的话——采用资产阶级的生产方式；它迫使它们在自己那里推行所谓的文明，即变成资产者。一句话，它按照自己的面貌为自己创造出一个世界。①

这段话虽未明言"中国"，却提到了"万里长城"，提到了资本力量所必然导致的全球化局面，提到了落后民族可能的抗拒与终被征服的命运。如今，中国已经成了世界贸易组织的成员，成了世界第四大经济体、第三贸易大国，从害怕西方的廉价商品到让西方害怕我们的廉价商品，从极端仇洋到今年做东举办纯洋模式的国际游戏——奥运会。抚今追昔，两相参照，对马克思和恩格斯的理论预见力，我们不能不深为折服。

改革开放 30 年，刚好合康有为所谓一"世"。如果让他来判断，不知今日之中国该如何定位。但不管怎样，他当年的一席话仍值得我们体味。他说：

> 仆生平言世界大同，而今日列强交争，仆必自爱其国，此《春

---

① 马克思、恩格斯：《共产党宣言》，《马克思恩格斯选集》第 1 卷，人民出版社，1995，第 276 页。

秋》据乱世所以内其国而外诸夏也。仆生平言天下为公，不可有家界，而今日人各自私，仆必自亲其亲、自私其子，此虽孔子，亦养开官夫人伯鱼，而不能养路人也。仆言众生皆本于天，皆为兄弟，皆为平等，而今当才智竞争之时，未能止杀人，何能戒杀兽？故仆仍日忍心害理，而食鸟兽之肉、衣鸟兽之皮，虽时时动心，曾斋一月而终不戒。①

这就是说，在一个以民族国家为单位参与全球化竞争的历史阶段，爱国、爱家、爱人类仍是一种需要秉持的基本价值。不过，最值得记取的还是他的基本原则："曰'穷则变'，曰'观其会通以行其典礼'，盖深虑守道者不知变而永从苦道也。"②

于是，就不免要有这样的问题：那今后呢？接下来的一"世"该是哪一世？是马克思和恩格斯所说的"中华共和国"吗？我们近60年来一直就叫"中华人民共和国"，台湾还继续用着"中华民国"的名号。是康有为所说的"君主立宪"吗？我们告别皇帝也快100年了，宪法更是换了又换，修了又修。进而，还要不要有更远大的目标呢？若有的话又是什么？是否有朝一日还是要行马克思之共产、康有为之大同呢？

这些问题考验着当代中国人的理论思维及其预见能力。我的态度是：取法前贤，独立思考，用我们各自的头脑去求解大家共同的命运！

最后还有一个感慨。本文初稿无意间刚好完成于康有为诞辰150周年那一天——夏历二月初五。次日，我应邀去康有为故乡南海参加当地哲学社会科学课题结项的评审活动。其间，我提起康有为，并问当地一位主管官员：今年康先生故里可有纪念他诞辰150周年的活动？回应竟是一脸茫然……

　　说明：写于2008年3月，基本内容分别发表于《河北学刊》2008年第6期和2008年11月10日《中山大学报》第四版。

---

① 康有为：《答南北美洲诸华商论中国只可行立宪不能行革命书》，《康有为全集》第六集，姜义华、张荣华编校，中国人民大学出版社，2007，第321页。
② 康有为：《大同书》，《康有为全集》第七集，姜义华、张荣华编校，中国人民大学出版社，2007，第6页。

图书在版编目（CIP）数据

马克思主义研究的学术化探索／徐长福著 . —北京：社会科学文献
出版社，2010.7（2021.1 重印）
（马克思主义哲学与现代文明）
ISBN 978 – 7 – 5097 – 1539 – 0

Ⅰ.①马…　Ⅱ.①徐…　Ⅲ.①马克思主义 – 文集　Ⅳ.①A81 – 53

中国版本图书馆 CIP 数据核字（2010）第 109863 号

马克思主义哲学与现代文明

马克思主义研究的学术化探索

著　　者／徐长福

出 版 人／王利民
组稿编辑／宋月华
责任编辑／袁卫华

出　　版／社会科学文献出版社 · 人文分社（010）59367215
　　　　　　地址：北京市北三环中路甲 29 号院华龙大厦　邮编：100029
　　　　　　网址：www. ssap. com. cn
发　　行／市场营销中心（010）59367081　59367083
印　　装／北京玺诚印务有限公司

规　　格／开　本：787mm × 1092mm　1/16
　　　　　　印　张：19.25　字　数：321 千字
版　　次／2010 年 7 月第 1 版　2021 年 1 月第 2 次印刷
书　　号／ISBN 978 – 7 – 5097 – 1539 – 0
定　　价／49.00 元